乡村振兴背景下农村产业创新发展研究

耿树海　成雅君　李占平　著

吉林出版集团股份有限公司

图书在版编目（CIP）数据

乡村振兴背景下农村产业创新发展研究 / 耿树海，成雅君，李占平著. -- 长春：吉林出版集团股份有限公司，2021.3

ISBN 978 - 7 - 5581 - 9873 - 1

Ⅰ. ①乡… Ⅱ. ①耿… ②成… ③李… Ⅲ. ①农业产业 – 产业发展 – 中国 Ⅳ. ①F320.1

中国版本图书馆 CIP 数据核字（2021）第 053682 号

乡村振兴背景下农村产业创新发展研究

作　　者 / 耿树海　成雅君　李占平　著

责任编辑 / 蔡宏浩

封面设计 / 万典文化

开　　本 / 787mm×1092mm　1/16

字　　数 / 300 千字

印　　张 / 16

版　　次 / 2021 年 3 月第 1 版

印　　次 / 2022 年 5 月第 1 次印刷

出　　版 / 吉林出版集团股份有限公司

发　　行 / 吉林音像出版社有限责任公司

地　　址 / 长春市福祉大路 5788 号

电　　话 / 0431-81629667

印　　刷 / 吉林省金昇印务有限公司

ISBN 978 - 7 - 5581 - 9873 - 1　　　　定价 / 45.00 元

前　言

　　农业、农村、农民问题是关系国计民生的根本性问题，必须始终把解决好"三农"问题作为全党工作重中之重。党的十九大提出，实施乡村振兴战略，要坚持农业、农村优先发展，按照产业兴旺、生态宜居、乡风文明、治理有效、生活富裕的总要求，建立健全城乡融合发展体制机制和政策体系，加快推进农业农村现代化。巩固和完善农村基本经营制度，深化农村土地制度改革，完善承包地"三权"分置制度。保持土地承包关系稳定并长久不变，第二轮土地承包到期后再延长三十年。深化农村集体产权制度改革，保障农民财产权益，壮大集体经济。确保国家粮食安全，把中国人的饭碗牢牢端在自己手中。构建现代农业产业体系、生产体系、经营体系，完善农业支持保护制度，发展多种形式适度规模经营，培育新型农业经营主体，健全农业社会化服务体系，实现小农户与现代农业发展的有机衔接。促进农村第一、二、三产业融合发展，支持和鼓励农民就业创业，拓宽增收渠道。加强农村基层基础工作，健全自治、法治、德治相结合的乡村治理体系。培养、造就一支懂农业、爱农村、爱农民的"三农"工作队伍。

　　农业丰则基础强，农民富则国家盛，农村稳则社会安。我们党历来重视"三农"问题，中华人民共和国成立后，党和政府为解决"三农"问题，采取了一系列措施，取得了巨大成就。改革开放以来，党中央非常重视"三农"问题，重视推进农村综合改革，持续把增加农民收入作为重点，切实减轻农民负担，从而推动农业和农村经济的快速发展，不仅解决了13亿中国人的吃饭问题，而且对世界农业也做出了积极贡献，取得了举世瞩目的辉煌成就。尤其是党的十八大以来，以习近平同志为核心的党中央坚持把解决好"三农"问题作为全党工作重中之重，贯彻新发展理念，勇于推动"三农"工作理论创新、实践创新、制度创新，使农业、农村发生了历史性变革、取得了历史性成就，为党和国家事业全面开创新局面提供了有力支撑。

主编简介

耿树海

耿树海，男，出生于1976年6月，河北元氏人，河北交通职业技术学院 副教授，市场营销教研室主任，连锁经营与管理专业的人才培养方案制定人，主要从事农业经济、市场营销教学和研究工作，近5年来主持、参与省厅级、院科研课题10余项；参与教材编写3部。并在国内外期刊发表近十余篇学术论文，代表作有：《商业经济研究》、《湖北农业科学》、《河北科技师范学院学报（社会科学版）》《开放导报》、《经济研究参考》等；学院第七届连锁经营管理专业骨干教师。指导学生参加省教育厅主办的市场营销技能大赛中分别获得省二等奖1次，三等奖3次和优秀指导教师称号。2016年获的河北省先进德育工作者，2018年获得学院首届学生最喜爱的十佳教师称号。多次获学校"优秀共产党员"、"先进个人"、"优秀教育工作者"等荣誉称号。

成雅君

成雅君，女，出生于1987年6月，河北定州人，河北经贸大学硕士研究生，经济师，现为河北交通职业技术学院，经济师，主要从事经济学及管理学方面的教学和研究工作，近三年来主持、参与省厅级、院科研课题8余项，参与的河北省第四次全国经济普查课题研究获得三等奖，河北省人社厅课题项目获得二等奖；教学期间指导学生参加职业技能竞赛获得全国一等奖，河北省一等奖，河北省二等奖等多次奖励。参与教材编写多部，在国内外期刊发表数篇文章。多次获学校"优秀共产党员"、"先进个人"、"优秀教育工作者"等荣誉称号。

李占平

李占平，男，出生于1966年10月，河北石家庄人，现任河北交通职业技术学院讲师，主要从事农业经济、市场营销教学和研究工作，有着二十余年的市场营销、证券投资与期货投资实战经验，教学期间指导学生参加"金融技能炒股比赛"获得国家二等奖，指导学生参加"学创杯"比赛获得河北省二等奖。近5年来主持、参与省厅级、院科研课题10余项；参与教材编写多部。并在国内外期刊发表近十余篇学术论文，多次获学校"先进个人"、"优秀教育工作者"等荣誉称号。

目　录

第一章 乡村振兴概述

自改革开放以来，我国社会经济发展取得了显著成效，人民的社会文化生活呈现出和谐稳定的状态，人民生活水平日益提高，物质文化需要的满足已经达到了相当高的水平。人们对未来的美好生活有了更高的追求。但从现实情况来看，中国发展还存在不平衡不充分的方面，如城乡发展不平衡、乡村发展滞后等问题日益凸显，农业、农村、农民问题仍然是全面建成小康社会路上的绊脚石。习近平总书记在十九大报告中强调要"实施乡村振兴战略"，"乡村振兴战略"为今后乡村发展、农村改造指引了方向，指明了中国农村未来之路，是从根本上促进农业发展、农民增收、城乡融合的必然之路，是农村在结合自身特色的情况下向城市过渡的重大创新，是决胜全面建成小康社会、全面建设社会主义现代化国家的重大历史任务，是新时代"三农"工作的总抓手。"乡村振兴"是新时代实现中华民族伟大复兴的重要举措。

第一节 乡村振兴战略目标任务

2018 年中央农村工作会议深入贯彻了党的十九大精神、习近平新时代中国特色社会主义思想，全面分析了"三农"工作所面临的重要形势和艰巨任务，提出了实施乡村振兴战略的目标任务，全面地多方向地部署了乡村振兴工作中农业农村发展工作，围绕"农，天下之大业也"各级政党就深化发展农业供给侧结构性改革、乡村振兴战略、脱贫攻坚、保障和改善民生等问题发表个人看法，畅所欲言，提出各自意见及建议。中共十八大报告中提到的"两个一百年"奋斗目标是：第一个一百年，是到中国共产党成立 100 年时（2021年）要全面建成小康社会；第二个一百年，是到新中国成立 100 年时（2049 年）要建成富强、民主、文明、和谐的社会主义现代化国家。"两个一百年"奋斗目标，是我们的中国梦，且成了中国乡村振兴的航标，引领中国乡村振兴稳步前行，响应新时代的号召，带领中国迈向新的高度。

一、乡村振兴指导思想

我党和人民将全面贯彻落实党的十九大精神，以习近平新时代中国特色社会主义思想为指导，加强党对"三农"工作高度的领导，坚持稳中求进的工作总基调，牢固树立新时代先进发展理念，落实高质量发展的要求，并紧紧围绕"五位一体"的总布局和持续协调推进"四个全面"战略布局，坚持把解决好"三农"问题作为全党工作的重中之重，坚持农业农村优先发展的原则，按照产业兴旺、生态宜居、乡风文明、治理有效、生活富裕的总要求，建立且健全城乡融合发展体制机制和政策体系，统筹推进农村经济建设、政治建设、文化建设、生态文明建设、社会建设和党的建设等，加快推进乡村治理体系和治理能力现代化，加快推进农业农村现代化，走中国特色社会主义乡村振兴道路，让农业成为有奔头的产业，让农民成为有吸引力的职业，把农村打造成安居乐业、美丽和谐的新家园。

二、乡村振兴目标任务

2018 年，在党的中央一号文件《中共中央国务院关于实施乡村振兴战略的意见》中明确地指出了要坚定不移地按照党的十九大中提出的实施乡村振兴战略。按照十九大中提出的决胜全面建成小康社会、要分两个阶段稳步实现第二个百年奋斗目标的战略安排，中央农村工作会议明确了实施乡村振兴战略的目标任务：

（一）2020 年乡村振兴取得重要的进展，制度框架和政策体系基本形成

在尊重农民的基础上，提高农业综合生产能力，使农业稳步推进，农业供给体系和制度框架基本形成，使农业发展水平明显提高，使农村一二三产业融合发展水平进一步提升；拓宽农民的增收渠道，创新产业布局，从而减小城乡贫富差距，促进城乡产业的交融和进一步的发展；如今政府大力推行落实乡村振兴，使大部分农村贫困人口实现脱贫，原先的贫困县已不复存在，解决了所在地区整体性贫困难题；增进农村基础设施建设工作，改善农村人口居住环境，全面推进美丽宜居、宜游的乡村改良工作；城乡的差距正在逐渐缩小，基本公共服务均等化水平进一步提高，城乡融合发展体制机制已经初步建立；农村建设对人才的吸引力逐步增强；农村完善环境后，周边生态环境明显好转，农业生态旅游服务能力进一步提高；更重要的是以党组织为核心的农村基层组织干部建设进一步得到加强，乡村治理体系进一步完善；且党的农村工作领导体制机制进一步健全；各单位、各地区、各部门推进乡村振兴的思路举措得到群众的认可和响应。

（二）2035 年乡村振兴取得决定性进展，农业农村现代化基本实现

2035 年乡村振兴取得决定性进展，农业结构得到根本性改善，农民就业质量显著提高，乡村人民的贫困程度得到改善，奔向更美好的生活，走共同富裕道路，且稳步前行；城乡基本公共服务都相继实现，且发展体制机制更加完善；乡风文明迈向新的高度，乡村治理体系进一步完善；农村生态环境有很大的好转，美丽且宜居乡村基本实现。

（三）2050 年乡村全面振兴，农业强、农村美、农民富全面实现

实施乡村振兴战略是根据新时代做好三农工作新旗帜的总抓手，如果没有农业农村的现代化，那就没有当代国家的现代化，乡村振兴战略是党中央和国家从全局出发着手于实现奋斗目标的战略，乡村振兴不仅顺应亿万农民对美好生活的向往，做出了富有极大挑战性的突破，还是决胜全面建成小康社会，全面建设社会主义现代化国家的一大历史任务。

乡村振兴战略的最终目标，是要不断提高村民在产业发展中的参与度和受益面，彻底解决农村产业和农民就业问题，确保当地群众能够长期稳定增收、安居乐业，享乡村振兴丰硕之果。

三、乡村振兴基本原则

（一）坚持党管农村工作

要毫不动摇地坚持和加强党对乡村振兴工作的领导，健全党管农村工作领导体制机制和党内法规，确保党在农村工作中始终总揽全局、协调各方，为乡村振兴提供坚强有力的政治保障。

（二）坚持农业农村优先发展

在乡村振兴中，首先需从农业着手，坚持农业农村优先发展，把实现乡村振兴作为全党的共同意志。由党带领，共同行动，做到认识统一、步调一致，在干部配备上优先考虑乡村，在要素配置上优先满足乡村发展需要，在资金投入上优先乡村提供保障，在公共服务上优先解决乡村的服务设施，从而加快补齐农业农村短板。

（三）坚持农民主体地位

在乡村振兴中，应充分尊重广大农民意愿，切实发挥好农民在乡村振兴中的主体地位，调动亿万农民振兴乡村的积极性、主动性、创造性，在维护农民群众根本利益的同时，把促进农民共同富裕作为出发点和落脚点，促进农民持续增收，不断提升广大农民心中的获得感、幸福感、安全感和民族自豪感。

（四）坚持乡村全面振兴

要想全面振兴乡村，还需准确把握乡村振兴的科学内涵，挖掘乡村多种致富渠道，学会发现乡村发展优势，并统筹规划农村经济建设、政治建设、文化建设、社会建设、生态文明建设和党的建设，注重协同性、关联性，整体部署，协调推进且坚持乡村全面振兴。

（五）坚持城乡融合发展

摒弃旧体制机制的弊端，使市场在资源配置中起决定性作用，充分发挥政府的作用，推动城乡融合发展，充分利用城乡各自的发展优势，互利共补，促进要素自由流动、平等交换，推动新型工业化、信息化、城镇化、农业现代化同步发展，加快形成工农互促、城乡互补、全面融合、稳步发展、共同繁荣的新型工农城乡关系新局面。

（六）坚持人与自然和谐共生

在振兴乡村的过程中，要注意坚持人和自然和谐发展，牢固树立和践行绿水青山就是金山银山的新时代理念，落实保护环境，节约且合理使用生态资源，保证自然界平衡自身恢复能力，统筹起山水、林田、湖草等的治理，严守生态保护红线，以绿色发展引领乡村振兴，以人和自然的和谐发展打造美丽乡村。

（七）坚持因地制宜、循序渐进

乡村振兴需坚持因地制宜发展策略，科学把握乡村的差异性，充分利用好乡村发展的优势特征，做好顶层设计，注重规划先行、突出重点、步步推进、分类施策、典型引路。既要尽力而为，又要量力而行，不搞层层加码，不搞一刀切，不搞形式主义，久久为功，扎实推进，循序渐进地推进乡村振兴。

第二节 乡村振兴战略与习近平总书记"三农"思想

2017年10月18日，在党的十九大报告中，习近平总书记提出乡村振兴战略，指出农业、农村、农民问题是关系着国计民生的根本性问题，必须始终把解决好"三农"问题作为全党工作的重中之重。食为政首，农为邦本，"三农"的战略地位是由我国经济社会发展的实际情况所决定的。近年来，我国农业现代化稳步推进，农产品供应充足，农民收入持续增长，但是也要看到，我国农业发展水平仍然低缓，农村发展仍然滞后，农民收入仍然不高，农民流入城市现象较为严重，城乡发展差距较大。在新时代的发展条件下，农业在国民经济中的基础地位没有改变，农民仍是最值得关怀的最广大群体的现实没有变化，农村是全面建成小康社会的短板没有变。做好"三农"工作，关系到城镇化战略是否顺利推进，关乎内需的有效拉动，关乎全面小康社会是否能如期建成。习近平总书记多次强调，要始终观全局，论"三农"，结合我国发展的国情，明确人口大国、发展中国家的基本立足点，提出发展目标，落实发展策略。习近平总书记阐述的"新农村建设一定要是符合农村实际的路子，遵循乡村自身发展规律，充分体现农村的特点，注意乡土味道，保留乡村风貌，留得住青山绿水，记得住乡愁"等生动朴实的语言，都体现了关于"三农"问题的重要论述，表现了对农村发展、对乡村人民共同过上美好生活的殷切希望。

一、加强和改善党对农村工作的领导，为"三农"发展提供坚强政治保障

加强和改善党对农村工作的领导，完善"三农"工作，是新时代做好"三农"工作的前提，是提高新时代发展农村工作的政治保障。在十九大报告中，实施乡村振兴战略包括：坚持农业农村优先发展，巩固和完善农村基本经营制度，保持土地承包制关系稳定，深化农村集体产权制度改革，确保国家粮食安全，构建现代农业产业体系、生产体系、经营体系，推动乡村治理体系与治理能力的现代化等各个方面和层次的战略部署。要实现"三农"发展，离不开党对农村工作的领导，加强和改善党对"三农"工作的领导，推动乡村改革、发展乡村经济。

（一）通过价值性治理加强基层党建工作

通过价值性治理，就是要通过思想观、信仰问题等价值观因素进行农村基层党组织治理。近几年，由于一些乡村基层党组织建设存在思想观念陈旧、建设观念"虚化"等问

题，农村基层党建思想政治工作亟待深化。面对乡村基层党建存在的种种问题，只有深化加强基层党员的思想建设、灌输先进理念才能真正推动乡村振兴，基层党组织要努力学习新时代习近平总书记关于"三农"的思想，领会习近平总书记在中央农村工作会议上的讲话精神和各纲领文件的深刻内涵，理解新时代的"八个坚持"的具体内涵和"七个之路"的实践要求，走新时代中国特色社会主义乡村振兴道路。通过学习十九大精神等，使农村广大党员干部进一步学会运用新时代中国特色社会主义的先进理念、观点、方法、立场等来分析和解决乡村振兴的诸多问题，提高乡村振兴的实践能力，进一步加强基层党组织的统一和共进。

（二）通过结构性治理加强基层党建工作

农村党组织工作包含核心小组、党分部、党支部、民兵组织等党的基本组成部分，他们之间有着密切的协调关系，层层联系。党组织是乡村党员干部的直接归属，各个组织与组织之间的结构性变动对党员的行为和活动有着重要的影响。正因有结构性的治理组织，党的农村振兴改革政策才得以实施，目标才得以明确和实现，这就更离不开基层的组织载体。基层党员干部组织是将思想行为意志转化为具体行动实施方案。

（三）通过制度性治理加强基层党建工作

中国共产党有自己的一套内部规范和章程，制度是农村基层党组织生存的基础条件，农村党员必须遵守党内制度和规范。因此，要加强基层党组织的制度建设，加强基层党组织对党建工作制度的了解和熟知程度，保证党建制度传达清楚，让制度建设更系统化、适用化和配套化，从而为乡村振兴提供强大的制度支撑和保障。十九大报告中指出，要全面推进党的政治建设、思想建设、组织建设、作风建设、纪律建设、文化建设，把制度建设紧紧贯穿其中，足以说明党的制度建设是以基层党建推动乡村振兴战略的制度为基础。在乡村振兴制度建设的系统性方面，要不断完善和健全民主集中制，认真执行党章和党内政治生活规定的制度，建立健全乡村基层党组织的各项制度。在乡村党的制度建设的适用化方面，要根据当地乡村的实际情况制定各项党内制度，确保党内制度的合理实施，同时强化和完善农村党支部工作制度、农村公务监督制度、党员积分制度、经费保障制度、绩效考核制度等，推动乡村振兴有切实的制度保障。在基层党的制度建设的配套化方面，要建立乡村党建的考核制度、党务工作责任制度、党的群团工作责任制度等，增进党内各项制度的关联配套性，提升乡村党内制度的配套效能，推行村级小微权力清单制度。强化农村基层党组织遵守政治纪律，树立明确的政治方向、政治立场和政治原则。

二、坚持重中之重战略地位，切实地把农业农村优先发展落到实处

农业生产的发展是我国人民生活水平提高、现代化发展水平提高、社会稳定的基础保障，最终决定着国民经济的发展规模和速度，是能否实现现代化战略目标的关键，是我国社会全面发展的重中之重。农业是广大国民经济最根本也是最基础的产业，也是关系百姓

生计的民生产业，只有切实地把农村农业优先发展切实落到实处，才能推进农业现代化水平，坚持农业重中之重战略地位，加快社会主义新农村建设及建成。

（一）发展农业农村是推动经济发展、保持社会稳定的基础支持

农村农产品发展能否满足新时代人群对农产品的所需，日益受到社会各界人士的关注，发展农村农业，是推动经济发展、保持社会稳定的基础支持。现如今人民群众对农产品的价格波动也越来越敏感，特别是高人口密度城市，低收入群体更为在意。在工业化、城镇化快速发展的过程中，如果农业、农产品的发展跟不上现代社会经济发展情况，主要是农产品特别是粮食供给出了问题，人民日常生活将会受到严重的影响，通货膨胀风险加大，整个社会就难以安定，现代化建设全局就会受到影响。因此加快发展现代农业，是经济稳步发展的必要保障，农村农业应与经济齐发展，在夯实农业发展基础的前提下，应该努力使农业现代化与工业现代化、城镇化协调发展、共同进步。

（二）发展农业农村是增加农民收入的重要渠道

虽然近几年来我国农业对国内生产总值和财政税收的贡献率呈现下降趋势，但是农业仍然是我国发展的重中之重，农村农业是关系到农民生计的最大产业。据统计分析，目前全国还有近3.2亿劳动力靠农业为生，农民纯收入中有49%左右来自农业。在这一数据统计中必须看到的是建设现代农业、发展农业、开发农业多方向性发展的必要性，这就要求各村镇党员干部要延伸农业产业链条，大力发展兴农产业。我国不仅有近18.3亿亩耕地，还有60亿亩草原、42.7亿亩林地、42亿亩大陆架渔场、2.6亿亩内陆水域，要合理利用现代化经营方式和科学技术把这些资源充分利用起来，让农业广度和深度都大幅度地拓宽，拓宽农民增收的重要渠道，充分调动广大农民发展农业的积极性和创新性。

（三）发展农业农村是应对农村经济社会发展转型的必由之路

当今社会，由于大量农村青壮年劳动力大量前往城市务工，引发了农业发展的搁置甚至落后，并引发了农村农业发展的深刻转变和农村社会结构的深刻转型，一些地方的"农民老龄化""农业兼业化""农村空心化"等问题日益严重。在这种情况下，应对之道一是要引导农地让种田能手接收，二是要发展全村覆盖型、全程型的农业产业生产经营服务项目，在农户经营基础上把乡村人民全部带动起来，在各个环节中以农民自身为主体，结合农民专业合作社、农业龙头企业和其他服务组，通过全程性、专业性服务解决农户生产经营的规模化、集约化、专业化、标准化等。在发展现代各项经济的同时，要全面搞好农业发展，助力农业大规模发展，发展好现代农业。

（四）发展农业农村是增强农业国际竞争力的迫切要求

我国加入世界贸易组织以来，农业面临的国际竞争日趋激烈。近几年，我国农产品进得多、出得少，已经由传统的农产品贸易顺差国家，转变为逆差国家。特别是我国大豆产业遭受了巨大冲击，奶制品、食用油产业遭受的冲击也日益显现。农产品的市场竞争能

力，实质上是生产条件、科技含量和经营方式的竞争，必须加快发展现代农业，提高农业的整体素质和竞争力，才能在国际市场强劲的竞争较量中立于不败之地。

三、坚持把推进农业供给侧结构性改革作为主线，加快推进农业农村现代化

近几年，农产品的供求结构比例失衡、农产品的要素配置不太合理、农村的资源环境压力大、农民的收入增长速度比较缓慢等问题仍很突出，我国也正积极探索农业转型方式、调结构、促进农业改革等方面，为更好地推进农业转型升级打下了一定基础，增加农产品的产量与提升农产品的品质、降低成本攀升与定价低廉、库存量较大与对外销售渠道不畅、农村的小生产与城市的大市场、国内外农产品价格倒挂等矛盾亟待破解。我国是农业大国，坚持推进农业上行，必须顺应当下形势新要求，坚持以问题为导向，调整农业工作重心，逐步推进农业供给侧结构性改革，加快培育农业农村发展新领域、新功能，开创当下农业现代化建设新阶段。

（一）优化产业结构，着力推进农业提质增效

优化产业结构，首先要统筹调整农业稳粮、优经、扩饲种植结构，按照农产品的要求，加快构建粮经饲协调发展的三元种植结构。

高效发展农村养殖业规模，做大做强优势特色产业，全面提升农产品质量和食品安全，积极发展农业经营者适度规模经营，建设现代农业创新产业园，创造国际性农产品贸易环境。

（二）推行绿色生产方式，增强农业可持续发展能力

改善农业生产环境。农业离不开化肥、农药等物质，推进用有机肥替代化肥，促进农业节本增效，而且对人们的健康也是很有好处的。国家政府建立化肥农药行业生产监管及产品追溯系统，严格执行行业准入管理，大力推行生态循环的种养模式，对畜禽粪便集中处理，进而推动规模化大型沼气系统，让农业生产健康发展。现在以县为单位，推进乡村农业废弃物资源化利用试点工作，不断探索建立农业可持续运营管理机制，同时鼓励各地加大农作物秸秆综合利用力度、执行秸秆多元化利用补贴机制，继续开展地膜清洁生产试点示范，推进我国农业可持续发展试验示范区。

实施农业节水工程。完善农业节水政策体系，加大大中型灌排骨干工程节水的改造与建设力度，同步完善乡村田间节水配套设施，建立健全农业节水技术及灌溉的标准体系。集中治理农业环境荒芜等突出问题，加强生态工程建设。

（三）壮大新产业、新业态，拓展农业产业链、价值链

深化乡村休闲旅游产业，拓展产业链。发挥乡村各类物质与非物质资源的独特优势，利用"旅游＋""生态＋"等模式，农业、林业与旅游、教育、文化、康养等产业深度融合，打造乡村旅游业态和相关产品。

推进农村电商发展。利用现代互联网的优势，支持农产品电商平台和乡村电商服务站

点建设，推动商贸、供销、邮政、电商、物流互联互通。

（四）强化科技创新驱动，引领现代农业加快发展

加强农业科技研发与推广，完善科技创新激励机制。加快农业落实科技成果转化收益、科技人员兼专职取酬等制度规定，制定农业科研杰出人才培养计划，深入推进科研成果市场化以及权益改革试点化，鼓励市场的新型农业技术研发，建设成果转化和产业孵化机构，完善符合农业科技创新规律的基础研究，建立农业科技评价制度，加强农业知识产权保护的意识。

四、坚持立足国内保障自给，牢牢把握国家粮食安全

"民以食为天"，粮食是关乎国计民生的大事。习近平总书记曾多次强调，中国人的饭碗任何时候都要牢牢端在自己手上。我们的饭碗应该主要装"中国粮"。习近平总书记在2014 年年底召开的中央农村工作会议中强调，推进农业现代化，要坚持把保障国家粮食安全作为首要任务，确保谷物基本自给、口粮绝对安全。2015 年中央一号文件明确提出"不断增强粮食生产能力"，对粮食安全问题进行了全面细致的战略部署。

在推进农业现代化的进程中，我国经济发展已经进入了"新常态"，正在从高速增长中转向中高速增长。在"新常态"下更加注重经济运行的质量与产业发展的效率，这对保障我国粮食安全提出了新要求，也带来了新机遇。在明确的目标导向下，地方政府在区域经济社会发展中更加注重促农抓粮的职能本分，进而制定并施行一系列从"田间"到"餐桌"、从生产到消费的确保粮食安全的策略。

五、坚持深化农村改革，激发农村发展新活力

如今我国经济发展已经进入了一个新常态，农业农村发展面临十分复杂的新情况，坚持深化农村全面改革，需要应对前所未有的新挑战，激发起农村发展的新活力。

第一，深化农产品价格形成机制和储存制度改革。在粮食收购的价格上合理调整适合市场的需求，形成合理的比价关系，健全生产者补贴制度，鼓励多元市场主体入市收购，适应市场的需求而制定收购价格和出售价格，防止出现卖粮难。科学确定粮食等重要农产品国家储备规模，优化中央储备粮品种结构和区域布局，改革完善中央储备粮管理体制，充分发挥政策性职能作用，严格政策性粮食监督管理，严防跑冒滴漏，确保储存安全。

第二，完善国家对农业补贴制度。国家政府制定农业补贴制度，提高农业补贴政策的指向性和精准性，重点补主产区、适度规模经营、农民收入、绿色生态依然更好的存留。深入推进农业"三项补贴"制度改革，完善粮食主产区利益补偿机制，稳定产粮大县奖励政策，调整产粮大省奖励资金使用范围，更好激励农民在农业上更好地发挥其主导作用。

第三，改革财政支农投入机制。农业农村作为财政支出最基本的保障领域优先考虑，确保当地农业投入适度增加，吸引更多的农民回归农村，政府在投入农村资金时着力优化

投入结构、创新使用方式、提升支农效能。多层次、多形式推进涉农资金整合，固定资产投资继续向农业农村倾斜，形成"大专项＋任务清单"的管理方式。建立健全全国农业信贷担保体系，拓宽农业农村基础设施投融资渠道，支持社会资本以特许经营、参股控股等方式参与农林水利、农垦等项目建设运营。鼓励地方政府和社会资本设立各类农业农村发展投资基金。对各级财政支持的各类小型项目，优先安排农村集体经济组织、农民合作组织等作为建设管护主体，强化农民参与和全程监督。

六、坚持遵循乡村发展规律，扎实推进和谐美丽宜居乡村建设

习近平总书记提出"新农村建设一定要走符合农村实际的路子，遵循乡村自身发展规律，充分体现农村特点，注意乡土味道，保留乡村风貌，留住青山绿水，记得住乡愁"的重要指示。要始终将美丽宜居乡村建设放在首位，并且作为破解"三农"问题的重要抓手、推进城乡一体化发展的重要平台、改善农村人居环境的重要载体。目前农村有了很大的变化，很多农村已完成由典型示范阶段向全面推进阶段的转型升级，农村面貌发生变化也是农民的生活方式发生变化，但是这样的变化大多数是农民自发建设自己的房屋，没有一个很好的整体规划，现在政府着力统筹和打造乡村建设，为实现农村跨越式发展、全面建成小康社会打下了坚实基础，相关的保障制度也在不断地完善和落实，和谐美丽宜居的乡村正稳步前行。

七、坚持保障和改善民主，让广大农民有更多的获得感

我们党一直坚持以人民为中心，一切为人民利益而出发，全心全意为人民服务为根本宗旨，为人民对美好生活的向往而行动。乡村建设是人们生活水平有所提高后，对环境的建设有了新的要求，农民也很向往城市的便捷生活方式和医疗设备、教育环境等，因此党在乡村振兴的战略上，全面推进农村集体产权制度改革，探索形成农村集体经济新的实现形式和运行机制，总体部署，重点推进，坚持保障和改善民主，唤醒农村沉睡资产，促进保值、增值，让广大农民有更多的获得感和加快富裕的步伐。

第三节　乡村振兴战略"七条之路"解读

一、必须重塑城乡关系，走城乡融合发展之路

重塑城乡关系，城市要带动乡村共同发展，城乡资源优势互补，把公共基础设施建设的重点放在农村，优先完善农村的公共基础设备，推动农村基础设施建设提档升级，优先发展农村的教育事业，优先配备农村教师，提高农村教师的师资；圆广大农村孩子的读书梦，促进农村劳动力的转型就业和农民增收，保证村民过上幸福的生活。再者加强农村社会保障体系建设，保证农民"病有可医"，推进健康文明和谐乡村建设，持续改善农村人

民的居住环境，逐步建立健全农村人民覆盖、普惠共享，完全建立城乡一体的基本公共服务体系，让符合条件的农业转移人口在城市落户定居，发展新型产业，推动新型工业化、信息化、城镇化、农业现代化等同步且稳步发展，加快形成工农互促、城乡互补、全面融合、共同繁荣的新型工农城乡关系，以便更好地融合城乡发展。

二、必须巩固和完善农村基本经营制度，走共同富裕之路

巩固和完善农村基本经营制度体系，要坚持农村土地集体所有，坚持家庭经营基础性地位，坚持稳定土地承包关系，壮大集体经济，建立符合市场经济要求的集体经济运行机制，确保集体资产保值、增值，确保农民受益，走共同富裕之路。

三、必须深化农业供给侧结构性改革，走质量兴农之路

深化农业供给侧结构性改革，坚持质量兴农、绿色产业兴农，实施质量兴农等战略，加快推进农业由增产导向转向提质导向的转变，夯实我国农业总体生产水平，确保国家粮食安全卫生，构建农村一二三产业全面融合发展，积极培育新型农业经营主体，促进当地农民和现代农业发展的有机衔接，推动"互联网＋现代农业"等新型发展模式，加速构建现代农业产业体系、生产体系、经营体系等等，从而不断明确农民的发展方向，提高农民发展创新力、竞争力和全要素生产率，加快实现由农业大国向农业强国的转变。

四、必须坚持人与自然和谐共生，走乡村绿色发展之路

在发展中必须保障人和自然的和谐共生，不能单拎一方，以绿色发展之道引领生态振兴、乡村振兴，统筹山水林田湖草系统治理，加强农村突出的环境问题综合治理，畅通农村突出环境问题的治理渠道，引入相应设备，从而建立起市场化多元化生态补偿机制，增加农业生态产品和服务供给，实现百姓富、生态美的统一，以绿色发展之道一路前行。

五、必须传承发展提升农耕文明，走乡村文化兴盛之路

乡村发展坚持物质文明和精神文明一同抓，传承和发展农耕文明，形成当代乡村文化，弘扬和践行社会主义核心价值观，提升农村思想道德建设，保证优秀的传统文化树立于中华民族的国土之上，强化农村公共文化建设，为农村普及生活常识，强化教育事业，开展移风易俗活动，提升广大农民的精神风貌和知识文化水平，培育乡风文明、家风文明、淳朴民风，不断提升乡村社会文明，提升农耕文明，走乡村文化兴盛之路。

六、必须创新乡村治理体系，走乡村善治之路

创新乡村治理体系，建立及健全党委领导、政府负责、社会协同、公众参与、法治保障的现代乡村社会治理体制，健全自治、法治、德治相结合的乡村治理体系，加强农村基层基础工作，加强农村基层党组织建设，深化村民自治实践，严肃查处侵犯农民利益的腐

败分子，建设平安乡村，走乡村善制之道，确保乡村社会充满活力、和谐有序、文明前行。

七、必须打好精准脱贫攻坚战，走中国特色减贫之路

打好精准脱贫攻坚战，要坚持精准扶贫、精准脱贫，走中国特色减贫之路，把提高脱贫质量放在首位，注重扶贫同扶志、扶智相结合，瞄准贫困人口的特点及自身优势，精准帮扶，聚焦深度贫困地区集中发力，激发贫困人口内生动力，外感冲劲儿，同时要强化脱贫攻坚的责任和监督部署，对扶贫领域腐败和作风问题进行严肃治理，提高人民重视力度，并采取更加有力的举措、更加集中的支持、更加精细的工作，坚决打好精准脱贫这场对全面建成小康社会具有决定意义的攻坚战，让减贫之路畅行。

第四节 乡村振兴战略"六个推动"解读

"农业强不强、农村美不美、农民富不富，决定着全面小康社会的成色和社会主义现代化的质量。"要深刻认识实施乡村振兴战略的重要性和必要性，扎扎实实地把乡村振兴战略实施好。习近平总书记强调实施乡村振兴战略要统筹谋划，科学推进。"六个推动"，即"推动乡村产业振兴""推动乡村人才振兴""推动乡村文化振兴""推动乡村生态振兴""推动乡村组织振兴""推动乡村振兴健康有序进行"。

一、推动乡村产业振兴

要紧紧围绕发展现代农业，围绕农村一二三产业融合发展，构建乡村产业体系，实现产业兴旺，把产业发展落到促进农民增收上来，全力以赴消除农村贫困，推动乡村生活富裕。要发展现代农业，确保国家粮食安全，调整优化农业结构，加快构建现代农业产业体系、生产体系、经营体系，推进农业由增产导向转向提质导向，提高农业创新力、竞争力、全要素生产率，提高农业质量、效益、整体素质。

二、推动乡村人才振兴

丰富人力资源（人才）是乡村发展的重要前提之一，把人力资本开发放在首要位置，提高乡村教育水平，加强乡村优秀人员培养，加快培育新型农业经营主体才能推动乡村人才振兴，让愿意留在乡村、建设家乡的人留得安心，让愿意上山下乡、回报乡村的人更有信心，激励各类有志青年和想创造天地的人才来到农村施展自己的才能、显示自己的身手。为乡村创造出一支属于乡村自己的人才队伍，在乡村中实现人力、资金、产业汇聚的良好循环，进而进一步推动乡村发展。

三、推动乡村文化振兴

乡村振兴离不开文化的引领，文化振兴是乡村振兴的题中之意。为推动乡村文化振兴，必先加强农村思想道德建设和公共文化建设，以社会主义核心价值观为引领，深入挖掘优秀传统农耕文化蕴含的思想观念、人文精神、道德规范，培育挖掘乡土文化人才，弘扬主旋律和社会正气，培育文明乡风、良好家风、淳朴民风，改善农民精神风貌，提高乡村社会文明程度，焕发乡村文明新气象。

四、推动乡村生态振兴

生态振兴是乡村振兴的载体，村民没有一个良好的生活环境，美丽就无从谈起，产业发展也会没有依托。习近平提出"坚持绿色发展，加强农村突出环境问题综合治理，扎实实施农村人居环境整治三年行动计划，推进农村'厕所革命'，完善农村生活设施，打造农民安居乐业的美丽家园，让良好生态成为乡村振兴支撑点。"推进乡村生态更要农村居民共同努力维护，让乡村一直美丽。

五、推动乡村组织振兴

乡村振兴离不开组织振兴，在农村打造培养一批批农村基层党组织，培育一批批优秀的农村基层党组织书记，把农村基层党组织建成坚强的战斗堡垒，切实以抓党建来促乡村振兴，这是一项"衣领子"工程。深化村民自治实践，发展农民合作经济组织，建立一个政府负责、社会齐心、公民参与、法治保障的现代乡村社会治理体制，共建乡村。

六、推动乡村振兴健康有序进行

科学掌握各个地区的差异和特点，注重地方特色，体现风土人情，在发展过程中，将乡村文化精华保存，保护好当地传统部落、传统建筑，不搞一刀切、不搞统一模式，要一步一步落实。精确规划、分步实施、分类推进，杜绝只在口头讲大话或只做表面形象工程，要实实在在落实、真真切切实施。

第五节　乡村振兴战略"四个优先"解读

一、在干部配备上优先考虑

在乡村干部配备中要优先解决尚未配备大专以上学历的村班子成员优先接受在职教育，同时，动员各村加大对具有大专以上学历人员的摸排，通过引导、带动、示范等在各村吸收一批具有高学历的后备干部，加大对他们的培养力度，适时把他们充实到村两委班子中来。其次注重对年轻干部的发掘与培养，利用年末外出务工青年返乡过年、节假日返乡探亲以及部分退伍军人转业返乡等有利机会，同他们沟通交流、深入了解他们现今对农村的看法和他们的思想动机。介绍留在农村的好处，积极引导他们留在农村，为农村经济社会发展贡献出自己的力量。对于具有村级事务处理能力的，有意识地加以引导与培养，尽可能多地给他们提供参政议政的平台。再者加大对致富带头人的思想动员。在各村动员一批致富带头人，特别是具备党员身份、有带领群众发家致富意愿的农村致富带头人，在他们发表自己的意见时充分听取，并赞同他们对的意见，引导他们多多参与到村务、政务上来，做好他们的思想工作，努力把他们吸收到村两委班子中来。

实施乡村振兴战略，必须破解人才瓶颈制约。要在干部配备上优先考虑乡村，要把人力资本开发放在首要位置，畅通智力、技术、管理下乡通道，造就更多乡土人才，从而加快推进乡村治理体系和治理能力现代化，加快推进农业农村现代化，走中国特色社会主义乡村振兴道路，谋划新时代乡村振兴的顶层设计，聚天下人才而用之。

二、在要素配置上优先满足

党政一把手是第一责任人。要以完善产权制度和要素市场化配置为重点，习近平总书记在会议指出，加强农村公共文化建设，要建立实施乡村振兴战略领导责任制，加快推进农业农村现代化；坚持立足国内保障自给的方针，在要素配置上优先满足。农村人居环境整治全面展开，开展移风易俗行动，深化村民自治实践，确保农民受益，会议深入贯彻党的十九大精神、习近平新时代中国特色社会主义思想。

在要素配置上优先满足乡村，资源要素与人要同步。管资源就是对人、机、料、法、环、信息流等管理要素实现合理配置，给人的工作行为规划路径，从而提高管理效率；管人就是对人的工作行为进行约束，使人在资源有效配置的路径中发挥更大的能动性，激发人的行为潜力，不断创新，实现企业最大效益。管资源与管人不能割裂开来，主观的进行对立，而是需要步调一致，共同作用、共同发力，在满足乡村要素优先配置后达到实现同一个管理的目标。

构建农村一二三产业融合发展体系，是中国特色社会主义进入新时代做好"三农"工作的总抓手，在有强大的经济实力支撑及各要素的支撑下，实施质量兴农战略。乡村是一个可以大有作为的广阔天地，它可以为我们再创机遇，要加强"三农"工作干部队伍的培养、配备、管理、使用，形成人才向农村基层一线流动的用人导向，培育文明乡风、良好家风、淳朴民风，加强农村基层党组织建设，有旺盛的市场需求，走乡村文化兴盛之路。

三、在公共财政投入上优先保障

坚持将"三农"作为公共财政支出的优先保障领域，建立健全实施乡村振兴战略财政投入保障制度，公共财政更大力度向"三农"倾斜，切实做到力度不减弱、总量有增加、结构更优化，确保财政投入与乡村振兴目标任务相适应。

（一）加大涉农资金整合

出台探索建立涉农资金统筹整合长效机制的实施意见，分财政涉农专项转移支付资金和涉农基建投资资金两类。按照"放管服"的工作要求，进一步下放涉农项目审批权限，充分赋予县级政府统筹使用财政涉农资金的权力，支持县级政府以乡村振兴战略规划等为引领，统筹使用财政涉农资金，切实提高财政涉农资金使用合力和使用绩效，且拓宽资金投入渠道。积极配合相关部门，调整完善土地出让收入使用范围，进一步提高用于乡村振兴等农业农村的比例；对新增耕地指标调剂和流转所得收益，通过支出预算全部用于巩固脱贫攻坚成果和支持实施乡村振兴战略。积极盘活财政存量资金，按规定比例用于脱贫攻坚。

（二）同时撬动金融资本投入

充分发挥财政资金的杠杆作用，通过"资金改基金、拨款改股权、无偿改有偿"等方式，撬动金融和社会资本投入乡村振兴。继续统筹安排资金支持农业产业化发展基金，通过股权投资的方式引导金融资本支持农业产业化发展。持续推动全省农业信贷担保体系建设，农业担保业务向基层一线延伸，确保2018年实现农业县全覆盖，着力解决好新型农业经营主体融资难、融资贵的问题。抓好政策性农业保险实施，积极争取扩大农业大灾保险试点范围，重点抓好"政策险＋大灾险＋商业险"三级保险试点实施，及时总结推广试点经验，支持各地探索开展商业性农业保险。

不仅如此提升财政资金绩效。按照党的十九大报告提出的全面实施绩效管理的要求，牢固树立"提升绩效就是增加投入"的理念，推进财政涉农资金绩效管理全覆盖。完善涉农资金绩效评价制度，强化绩效评价结果运用，推动绩效评价结果与预算安排和资金分配双挂钩，优先保障乡村公共财政，实施乡村振兴。

四、在公共服务上优先安排

公共服务设施建设通过作用于生产成本、生产效率和组织形式，直接推动农村产业发展，为农村非农产业发展提供良好的物质条件，从而促进农民增收，提高农村地区的福利水平。此外，西方发达国家关于农村基础设施建设的成功案例也充分表明，加强农村地区的公共服务设施建设，在公共服务上优先安排，能够促进传统农业向现代农业转型，构建农村产业链，优化农村的生存环境。

统筹城乡发展、规划合理布局，对乡村空间布局进行考虑分析，在村民居住集聚处布置相应的公共服务设施，为了提供服务设施的功能，需要对公共服务设施之间的互补性进行考虑，在一定程度上集中布置各类设施，进而发挥公共服务设施的集聚效应。另外，政府作为一个服务机构，需不断加强对农村公共服务设施的投入力度，保障农村公共服务设施，省级政府在公共设施方面给予一定的财政支持，在一定程度上解决基层政府的财政困难，提高当地政府的公共服务的水平和服务质量。在渠道方面，实现服务主体的多元化。

拓宽农村公共服务供给的渠道，逐渐从单一的政府直接供给转变为民间资本参与农村公共服务的建设。在公共服务建设中，逐步形成以政府为主体，各种社会公共机构、非营利组织，以及其他社会组织和农户广泛参与的方式，进而形成多渠道、多元化的服务农村公共体系的新格局。

不仅如此，还要构建多元化的供给模式。通常情况下，主要是通过政府和村集体供给农村的公共服务设施，在一定程度上缺乏相应的市场竞争机制。在今后的工作中，要发挥市场经济调节的作用，对企业、组织或个人进行积极的引导，逐步对公共服务设施的供给主体通过法律规范等进行统一的管理，进而形成对公共服务设施进行多中心的配置模式，不断扩大公共服务设施使用者的选择范围和选择途径，也可以吸引资金投入，创新投融资机制，在建设公共服务设施过程中，不断吸引信贷资金和社会资金的广泛投入，不断遵循市场经济规律，构建一个吸引民间资金进入的融资平台，在一定程度上为农村公共服务设施筹集更多的资金。一是有效利用财政政策工具，不断吸纳信贷资金的投入；二是对财政支农方式进行创新，随社会资金进行引导和鼓励，进而增大投入的力度；三是建议财政应花大力气安排财政资金，加大对纯公益性农村公共产品建设的支持力度。继续采用政策激励的办法，鼓励金融机构进入农村公共服务建设领域，利用财政资金引导社会资金投入公共服务设施建设和运营，开拓农村公共服务设施建设融资渠道，丰富农村吸纳社会资金的手段。同时鼓励工商企业主担任村经济顾问与村进行结对帮扶，解决村集体经济不足的难题；由村集体组织农民群众自愿投工投劳，参加村道整治、河道保洁、村庄美化等以投劳为主的建设任务。

农村公共服务设施建设工作是一项庞大而重要的工程，不能杂乱无章，要保证农村和农民受益，就要建立农村公共服务设施管护的机制，同时注重环境问题，最大限度地发挥农村公共服务设施的使用效率。

优先安排农村基础设施和公共服务用地，做好农业产业园、科技园、创业园用地安排。规划建设用地指标，用于零星分散的单独选址农业设施、乡村设施等建设。统筹农业农村各项土地利用活动，优化耕地保护、村庄建设、产业发展、生态保护等用地布局，细化土地用途管制规则，加大土地利用综合整治力度，引导农田集中连片、建设用地集约紧凑，推进农业农村绿色发展。

第二章　产业发展理论

第一节　经济发展理论

经济发展是近现代世界各国面临的主题，也自然地成为经济学家的"第一等优先的经济论题"。

一、马克思主义论经济发展

（一）马克思论经济发展

马克思的经济发展思想至少包括以下基本内容：

1. 唯物史观提供了研究经济发展的理论框架

运用唯物史观，我们可以得出如下结论：

（1）生产力的发展是经济发展的实质内容

马克思指出，人类社会的发展史首先是物质资料生产发展的历史，而一切生产都是个人在一定的社会形式中，并借着这种社会形式而进行的对自然的占有，即一切生产都是在人与人的关系中协调人与自然的关系的过程。马克思进而认为生产力是人类社会发展的最根本的推动力和实质内容。生产力的发展决定着人类社会发展的各个方面，并决定着生产关系、上层建筑相应的变革。

生产力的发展是人们征服自然、改造自然、协调人与自然的关系，以及创造物质财富的能力、数量的扩张，当然同时伴随着生产力要素的分布和结构的演进。由此可见，经济增长的实质内容是生产力的发展。

（2）经济发展的永续性和递增性

由于知识进展以及人力资本与物力资本的累积效应，经济的发展有一种自加速趋势，生产力的发展具有永续、递增特性，由此增长也具有永续、递增特性——从给定一种长时期和有效率的制度的条件下看尤其如此。

（3）制度是至关重要的

马克思认为，没有抽象的生产，也没有离开制度（生产关系是其实质内容）的生产力及其发展。生产力总是在一定的生产关系中组织和运行。先进的生产关系会促进生产力的发展，而落后的生产关系又会阻碍生产力的发展。一种持续一定时间跨度的相对稳定的生产关系（制度框架）为生产力提供了一个相应发展的制度"空间"。马克思的这些思想揭示了制度对经济发展的极端重要性，这对后来的发展理论尤其是对新制度学派产生了巨大的影响。

2. 经济发展是生产力逐步提高、经济结构逐步演化的过程

马克思在论述剩余价值生产的两种方法时指出，依靠延长劳动时间、提高劳动强度的办法而生产的绝对剩余价值是与早期技术相适应的；相对剩余价值的生产是与技术的发展联系在一起的。与相对剩余价值生产相适应的有三个发展阶段，即简单协作、工场手工业、机器大工业。这种发展过程反映了资本主义生产方式的演进过程，也反映了物质资料生产发展阶段的客观规律性。即使生产不采取资本主义形式，生产力水平的提高、经济结构的演化也是一个渐进过程。生产力逐步发展、演化的规律不以生产的社会形式为转移，只是改革其借以表现的外在形态。

3. 提高劳动生产率对于促进经济发展具有重要作用

马克思指出，个别企业提高劳动生产率，能带来超额剩余价值；社会普遍提高劳动生产率，能创造相对剩余价值。由于劳动生产率同剩余价值具有同一方向的直接相关性，因此，剩余价值的生产主要由于劳动生产率的提高而扩张。只要我们抽象掉生产剩余价值的资本主义形式，这个理论呈现在我们面前的就是物质财富的增长。生产力水平的提高、经济结构的升级与优化的主要途径是借助于科技革命而实现的劳动生产率的普遍提高。

4. 资本积累的不可抗拒性和不断进行科技革命的趋势

（1）资本积累的不可抗拒性

资本积累是经济增长的关键，考虑到生产资料的私有产权有其社会历史的根源，资本只能以众多资本的形式出现。"众多资本"意味着不可避免的竞争。资本主义生产方式下的竞争状态就是在千篇一律的市场上销售商品。这不能保证生产的所有商品都能找到买主，并获得预期利润。

由于这些不确定因素，资本家只得不懈地战胜其竞争对手，而这只能靠更多的资本。所以资本主义的内在逻辑是：不仅"为利润而工作"，还要"为资本积累而工作"。马克思在《资本论》第一卷中说："积累啊，积累啊！这就是摩西和先知们。"由于竞争，资本家被迫这样做，竞争给这可怕的滚雪球逻辑添加了燃料：资本最初价值——价值增值——资本增长——剩余价值再增长——资本再增长，如此等等。"没有竞争，增长之火焰就将熄灭。"

（2）不断进行科技革命的趋势

在资本主义的生产方式中，资本积累首先是生产资本的积累。因此，竞争首先是生产资本的竞争。资本主义企业竞争的主要武器是减少产品的成本。要达到这一目的，主要方法是使用更先进的生产技术和更合理的劳动组织。因此，在资本主义生产方式中，资本积

累的趋势是使用越来越精密复杂和有效率的机器。资本主义的发展就表现为越来越高的资本价值构成和生产技术不断更新的趋势。

5. 建立合理的产业结构、按比例分配社会资源是经济发展的前提条件

在社会化大生产条件下，无论是在什么样的社会制度中，国民经济都是由互相联系、互相制约的各产业部门组成的经济网络。各产业部门只有按照客观要求的比例关系实现均衡的增长，社会经济的总体才会有稳定、持续的发展。马克思的再生产理论以严谨的逻辑推理和数学公式的推导证明，倘若社会生产的实现条件遭到破坏，价值实现和物品的补偿不能按比例地实现，那么，社会生产就将被迫中断。因此，在社会化大生产中存在一条不以人的主观意志为转移的客观规律，即按比例地分配社会资源的规律。一切求增长、求发展的经济，只有妥善地处理增长速度与发展比例的关系，合理地分配社会资源，使国民经济各部门均衡地增长，国民经济才能得到发展。

6. 社会经济在生产和流通的统一中得到发展

价值生产和价值实现同等重要。生产和流通相统一的理论是马克思经济增长理论的重要组成部分。它不仅适用于国家的宏观经济运行，而且适用于企业的微观经济活动。马克思认为，在社会再生产的各个环节中，生产决定流通，流通反作用于生产。两者统一于一国经济的微观与宏观活动中，生产要素的提供和产品的实现都离不开流通。

7. 经济活动的效率

马克思对经济活动的效率也有深刻的论述。单个资本追求超额剩余价值的结果是相对剩余价值的实现，个别资本的周转次数、有机构成的提高决定着个别资本乃至整个社会资本获利的能力与数量，即整个经济活动的效率。

总之，在马克思的经济理论中，包含着丰富的经济增长与经济发展理论，需要我们深入地研究与发展。马克思的经济增长理论是社会主义国家经济增长与发展的指导思想与理论基础。我们需要吸收和借鉴西方的经济增长与发展理论，以马克思的理论为指导，以社会主义经济增长与发展实践为依据，深入地研究并探索社会主义经济的发展规律，建立具有中国特色的社会主义经济增长与发展理论。

二、现代经济发展的特点、过程与趋势

（一）现代经济发展的特点

根据库兹涅茨对经济发展的概括，现代经济发展呈现下列特点：（1）按人口平均的产量增长率和人口增长率都很高。200多年来，按人口平均的产量平均增长率为2%，人口增长率为1%，总产量平均增长3%。在一个世纪内，人口差不多增长3倍，按人口平均的产值增长5倍多，生产总值至少增长了15倍；（2）生产要素使用效率本身增长的程度高。与现代经济增长相联系的人口平均产值的高增长率，应主要归功于生产率的高增长率，即单位投入的产出的高增长率，而不仅在于生产要素的投入的高增长率；（3）经济

结构的转变率高。生产要素的投入产出分布由以农业为主向以工业和服务业为主转变，经济活动的范围由以家族企业为主转向以国家和跨国企业为主。工业技术高度发展是现代人口平均的产值和生产率高增长的主要源泉，并且是引起经济结构惊人改变的主要因素；（4）密切联系和至关重要的社会结构迅速改变；（5）技术进步，特别是交通运输的进步，产生了增长走向世界其他地方的倾向，使得世界成为一体；（6）现代经济发展的范围和内容是不受限制的。

（二）现代经济发展的一般过程

波特对经济发展阶段的描述表明了他所理解的现代经济发展的一般过程。波特在《国家的竞争优势》中描述了世界主要国家经济的"四个发展阶段"。

1. 要素推动的发展阶段

这里的比较优势在于廉价的生产要素（劳动力、土地、其他初级资源）。波特观察到大多数国家目前停留在这一阶段内。

2. 投资推动的发展阶段

工业化国家已进入第二个竞争发展阶段，即投资推动的发展阶段。以大规模投资为特征，产品价格大幅度下降，内涵和外延的市场规模不断扩张引致新的更大规模的投资，技术被不断物化于物质资本中，社会进步以分工和专业化为"代价"。

3. 创新推动的发展阶段

随着闲暇和收入的增加，消费者的口味越来越精细，教育水平大幅度提高，信息积累速度加快。人口转移已经完成和人口结构趋于老化，服务业开始增长和占主导地位，产品向多样化、高质量和小批量发展。技术创新越来越重要，于是经济开始了第三个阶段，即创新推动的发展阶段。根据波特的说法，日本这样的国家尚停留在第三阶段以前，只有美国和德国已经进入此阶段。在创新推动的发展阶段里，社会必须调整以改善创新的环境，个人价值必须受到尊重。知识产权的保护、学术交流和学术机构的运营、人力资本的高度积累、一般性智力活动的普及、国民素质的普遍提高和教育回报率的增加等，所有这些因素必须已经具备。波特似乎认为这是经济发展的最高阶段。

4. 衰落阶段（财富推动的发展阶段）

英国被认为是在这个阶段里，财富积累到特定的程度，会使人们（口味的变化）从专注于生产性投资转向非生产性活动。波特观察到的是生产率下降、经济停滞、消费不能相应节制，从而引起长期通货膨胀。但是他没有讨论社会进入这一阶段的原因，也没有分析经济发展与人的发展之间的关系。

从更高、更远的角度来看，经济发展毕竟只是社会历史长河中短暂的一环，后工业社会已经展露的危机的方向是把人从分工的异化中解放出来，波特的第四阶段不应当被视为一种衰落，而应视为富裕起来的人们为追求自由而进行的非专业化和非生产性的人文活动的产物。福兰克·奈特早就指出过，分工的最大代价是人的异化。

（三）现代经济发展的一般趋势

根据库兹涅茨概括的现代经济发展的一般特点和波特所总结的经济发展四阶段论以及已有的经济发展理论与实践，我们尝试对现代经济发展的一般趋势做出如下概括：（1）经济发展越来越倚重单位要素产出效率的提高，而不是要素投入量的增加，即经济发展由以所谓的"粗放增长"为主向以"集约增长"为主转变；（2）经济发展越来越倚重以技术创新（技术进步）和组织创新为核心的"知识进展"，而不是凭资本和劳动的投入；（3）经济发展越来越倚重促进、协调和保护社会分工与交易，旨在降低交易费用的组织与制度上的安排与创新；（4）经济发展越来越倚重自然、经济与社会三者的可持续协调发展；（5）经济发展越来越倚重人力资本的高度积累和人的全面发展，而不是单纯财富的增长，即经济发展越来越具有人文含义。

第二节　速度与结构、质量、效益

党的十六大报告曾指出：实现速度和结构、质量、效益相统一。党的十七大和十八大报告又都指出：促进国民经济又好又快发展。党的十九大报告强调指出：我国经济已由高速度增长阶段转向高质量和高效益发展阶段。这些指示是我们在建设社会主义过程中积累的十分宝贵的经验。在社会主义现代化建设方面，回顾过去，展望未来，如何正确处理"好与快"和速度与结构、质量、效益的关系，始终都是一个重要的经济理论问题，同时是一个领导经济工作的指导思想和领导艺术问题。我国的建设实践反复证明：要求的经济持续、快速、健康发展，就必须实现"好与快"和速度与结构、质量、效益相统一。经济与其他事物一样，都是质与量的统一体，但在不同历史发展阶段，这个统一体的主导方面和主要方面是有差别的。在短缺经济条件下，经济量的扩张总是主导方面和主要方面，而发展到买方市场基本形成的，质的提高才是经济发展的主导方面和主要方面。我们要实现又好又快，速度与结构、质量、效益相统一，就必须坚持"两论"，即统一论和重点论。本章主要讨论速度与结构、速度与质量、速度与效益、评价与考核经济效益。

一、速度与结构

长期以来，总有些同志在实际经济工作中自觉或不自觉地有一种重速度轻结构的倾向。这种倾向也是导致结构不合理现象迟迟得不到有效纠正的主观原因之一。

（一）统一论和重点论

经济发展速度是经济量的规定性，而结构乃是经济质的规定性的主要表现。我们既要求高速度，又要求结构优化升级。但当前我国经济统一体的主导方面和主要方面，已经开始从量的扩张转变到质的提高方面来了。那种不以优化结构和提高效益为基础和前提的速度，翻多少番我们也不能要，因为我国经济发展历史告诫我们，那种速度是百害无一利的速度。在速度与结构的关系上，我们既是统一论者，又是重点论者。

（二）产业结构优化升级方向

产业经济理论研究成果表明：产业结构优化升级的基本方向和标准，是产业结构协调化和高度化的统一。

1. 协调化

实现协调化，不仅要通过制度创新，进一步完善市场机制，提高产业政策的科学性，增强产业间的有机联系，形成科学的产业序列，加快产业向符合演进规律的方向发展，还应达到结构效益最大化，即在投入品与中间产品之间、中间需求品与最终产品之间、最终产品与用户消费之间，保持一种动态和谐的比例关系，使产业结构在协调化的同时具有向高度化转换的功能。

协调化主要有下列七点要求：（1）劳动、资源、资本、技术和知识密集型多层次产业协调发展，特别是吃穿用协调发展，城乡经济协调发展；（2）产业间相对地位协调化；（3）产业间关联关系协调化；（4）产业部门增长速度协调化；（5）产业阶段交替协调化；（6）产业间及各产业部门间素质协调化；（7）巨型、大型企业与中小企业并举。

2. 高度化

高度化过程必须反映协调化的要求。高度化既要达到高加工度、高附加值、高科技含量的要求，又要通过技术创新、技术引进和传统产业技术改革等方式促进产业结构优化升级。高度化是指产业结构从较低水平向较高水平发展的动态过程，包括以下几点要求：（1）知识产业化和国民经济知识化；（2）由第一产业占优势比重向第二、三产业占优势比重的方向演进；（3）由劳动密集型产业占优势比重向资本、技术、知识密集型产业占优势比重的方向演进；（4）由低附加值产业占优势比重向高附加值产业占优势比重的方向演进；（5）由低加工度产业占优势比重向高加工度产业占优势比重的方向演进；（6）由制造初级产品的产业占优势比重向制造中间产品、最终产品的产业占优势比重的方向演进。

3. 高度化与协调化的统一

有效实现产业结构转换和升级，必须达到高度化和协调化的辩证统一。产业结构高度化和协调化是相互渗透、相互作用的。实现高度化必须首先实现协调化，协调化是高度化的基础。只有先实现协调化，才能达到高度化。任何脱离协调化的高度化都是一种虚高度化。产业结构发展水平越高，实现高度化对协调化的要求就越高。协调化是任何国家在任何阶段的产业结构调整中都追求的首要目标。高度化是在一定经济发展阶段，协调化达到一定水平后要实现的产业结构调整的目标。协调化是发展过程中的协调，是动态的，而不是静态的。协调化的目标是经济持续发展，这就注定在协调化过程中必须不断调整产业间的比例关系，增强产业关联效应，促进产业结构从比较低的水平向比较高的水平转移，这本身就是高度化的过程。换言之，在促进高度化过程中实现的协调化才是有意义的协调化，高度化和协调化密不可分。近现代经济发展史突出显示了高新技术的经济倍增作用，实现产业结构协调化和高度化，即产业结构优化升级离不开高新技术的催化作用。

（三）产业结构优化升级途径

总结历史经验，产业结构优化升级的基本途径是存量调整与增量调整相结合。我们应采取两者并举、以存量调整为主、在存量调整的基础上进行增量调整的对策；在增量调整中，采取基建与技改并举、以技改为主、在技改基础上进行基建的对策。

存量调整和增量调整都是不可缺少的。增量调整有利于建立新兴的产业部门，对从根本上改变落后低级的产业格局有重大作用，但是它要求大量的资金和技术的投入。存量调整与增量调整相比，虽然不能新建原来没有的新兴产业部门，只是对原有的产业部门进行合理组合，但它可以在不增加新的投资、新的资产的条件下，实现扩大投资的目的。这既有利于扩大规模经济效益，使企业集团内部原有生产诸要素实现新的合理组合，也可以使被兼并企业的劣质产品被淘汰，其厂房、设备等生产要素向优质产品集中，促进产品结构的优化，消除产品销售市场疲软，不会加剧通货膨胀。

总结过去多次经济调整的经验，我们都偏重于增量的调整，而对存量调整重视不够。长期以来，不管企业经营好坏，企业产权长期固定不变，生产要素不能转移，致使大量国有资产的潜力和活力没有充分发挥出来。大批经营效益好的企业因受资金、设备和人才等要素占有的质与量的制约，得不到应有的扩大发展；相反，不少经营不善、长期亏损的企业却长期占有国有资产，从而使以往多次产业结构的调整收效很不理想。而在改革中产生和发展起来的企业产权转让，事实证明它确实是一种合理调整资产存量、使生产要素合理流动、进行优化组合的有效机制。经营好的企业可以通过承包、企业兼并和组织企业集团等形式，去挽救和帮助那些经营不好的企业，使它们获得新生。这样先进企业可以充分地施展其才能，落后的企业得到应有的发展，真可谓是两全其美，不仅有利于产业结构优化，而且能够保证国有资产的增值。即使在资金比较富裕的情况下，调整重点也应当放在存量调整方面。要知道投入在任何时期总是有限的，在事物的发展全过程中，不平衡是绝对的，平衡是相对的。所以存量调整对增量调整来说，总是大量的、经常存在的。

进行产业结构的增量调整，一般有两种做法：一是增加基本建设投资；二是加强技术改造。根据目前我国经济建设所处的历史阶段，我们认为，在以上基建与技改的关系上，应采取二者并举、以技改为主的对策。因为我们的耗能加工产业技术落后，在解决能源短缺问题时，采取对耗能加工产业部门的技术改造是非常重要的。

二、速度与质量

一说到全面建成小康社会，有的同志总是习惯于片面想到抓速度，不大重视提高质量，看不到高质量和高速度之间存在辩证的关系。我们不但要求高速度，而且要求高质量。提高产品质量，不但不会妨碍夺取高速度，而且有利于我们赢得更高的速度。

什么叫高质量？简单说来，就是产品的性能好，效率高，用途广，经久耐用，可靠性和精密度保持性强；就是产品的品种、规模、花色、外形、尺寸多样，在满足需要方面有更好的适应性；就是在产品再生产过程中废品率低，成品率高，从而燃料、动力、原材料、劳动力和资金消耗少、成本低，也就是说，用同等的人力、物力和财力能够生产更多、更好的产品。前两个表现是直接的增产形式、间接的节约形式；第三个表现是直接的节约形式、间接的增产形式。总之，提高产品质量，既能增产，又能节约，必然带来高速度的生产。

数量相同而质量不同的产品，具有不同的使用价值。一万吨钢锭和一万吨钢材的使用价值就不同。大钢锭对于一般的生产和建设单位来说，是没法用的"废物"，钢材却是在生产和建设中能够直接使用的原材料。一万台普通机床连一个普通工厂也装备不起来，一万台型号齐全的机床则可以装备十个乃至几十个现代化大工厂。只要我们在品种和质量上狠下功夫，尽快赶上先进水平，就无异于使产量成倍甚至成几十倍地增加。

提高产品质量也是很好的节约形式。有的同志一听说提高质量，就怕增加消耗，影响速度。提高产品质量，有的时候是要增加一些消耗，但是，提高质量和增加消耗、降低速度没有必然的联系。许多事实正好相反，提高质量恰恰可以降低消耗，加快速度。而产品质量低劣则是最大的浪费行为，这不仅在生产过程中白白浪费大量的燃料、动力、原材料、劳动力和资金，而且会给那些使用这些产品的部门和个人造成一系列的浪费。

反过来看，如果产品是优质品，情况就完全不同了。这样不仅效率高、消耗低，而且在以后的生产过程中会生产出第二代、第三代优质品，由此形成一个产品质量不断提高的良性循环，这必将带来很大的节约效益，大大有利于加快现代化建设的速度。

在向质量要增产、要节约效益方面，我国的潜力是很大的。拿钢材生产来说，据有关部门调查，提高钢的强度，扩大合金钢和低合金钢的生产，增加各种型材、板材和异型轧材的比重，可以大大降低消耗，带来增产和节约效益。国产高档数控机床在品种、水平和数量上还远远不能满足国内发展需求，仍然需要大量进口；作为数控机床核心技术的高档数控系统关键功能部件发展滞后，仍然受到发达国家的封锁和限制。我们在提高质量、争取速度方面是大有可为的。

应特别提出的是：我们之所以要在强调"统一论"的同时，还必须坚持"重点论"，是因为事物的本质是由其主导方面和主要方面决定的。现阶段我国的基本情况是：从整体看，买方市场已基本形成，绝大多数人民的需求重点已经从量的扩张转移到质的提高上来。一句话，这是人民的需要，满足人民的需要是我们发展经济的根本出发点和归宿。

三、速度与效益

（一）正确处理速度与效益关系的意义

经济增长速度是社会主义制度最终战胜资本主义制度、后起国家赶上并超过发达国家的重要条件；我们要实现全面建成小康社会的目标，经济发展没有符合国情和国力的增长速度是不行的，即使是在国民经济调整时期，也必须保持一定的增长速度。而提高经济效益乃是整个经济工作的出发点和归宿；经济效益的好坏是检验一切经济工作的最终标准和尺度。

正确处理速度与效益的关系，走一条既有较高速度又有较好效益的国民经济发展路子，这是实现经济增长方式由粗放型向集约型转变的迫切需要，是在国内外剧烈市场竞争中站稳脚跟的客观要求，也是社会主义市场经济的本质要求，是现代化建设的必由之路。

中华人民共和国成立以来，我国形成了比较完整的工业体系和国民经济体系，经济总规模已经相当可观。但是多年来的经验表明，我们讲发展，难就难在把速度与效益有机地结合起来。问题往往出在偏重数量的扩张，单纯追求增长速度，而忽视经济质量、效益和整体素质不高。在生产、建设和流通各个领域，资源消耗高、产出效益低的问题都很突出。当今国内外市场竞争主要是科技、质量和效益的较量。衡量国家综合国力的强弱，重点不在于数量的多少，而在于质量和效益的高低。

事实上，多年来我国的经济发展速度可谓世界第一，但经济效益低下，产值增长速度高于经济效益增长速度。这就意味着这种产值增长速度是脱离经济效益的速度，是不切合实际的速度，是违背客观经济规律的速度，到头来只能取得欲速而不达的后果。这种后果是由现有速度和效益两个指标的不同含义，以及速度增长高于效益增长而给经济建设所带来的不良影响所决定的。

现在我们所讲的速度是产值增长速度。产值这个指标是按工厂法计算的，有重复因素，不能准确地反映经济发展的实际速度；产值指标还包括过去的物化劳动，不能反映出新创造多少国民收入，不能全面地反映经济发展的实际水平。而经济效益不同于产值，它是以尽可能少的费用取得尽可能多的效用为主要内容的综合性指标，它对于实现国家的兴旺发达和人民的富裕幸福，比产值具有更重要的意义。

正是因为效益与速度具有上述不同的含义，目前产值增长速度高于效益增长速度，就说明在这种产值中有"水分"。它包括了那些不为社会所需要的产品的无效劳动。这种无效劳动的产品还白白浪费了紧缺的能源、原材料和活劳动，从而进一步加剧了人力、财力、物力的缺口。这种缺口的存在和加剧又是造成建设挤生产、生产挤生活、比例关系失调的主要原因之一。在历史上，我们吃这种片面追求产值速度、忽视经济效益的苦头，实在太多了。

根据以上分析不难看出，要保证国民经济持续、快速、健康地发展，我们必须坚持以效益为中心安排速度，防止和克服片面追求产值增长速度的错误倾向。

（二）正确处理速度与效益关系的基本原则

1. 坚持速度与效益的统一

我们要求的速度是有良好经济效益的速度，我们所要求的效益是有一定增长速度的效益。真正符合国情和国力的增长速度，能够给国民经济带来良好的经济效益；取得了良好的经济效益，也必然会形成一定的增长速度。任何把效益和速度割裂开来或绝对对立起来的看法和做法，都是不对的。

我们既要速度，又要效益。社会主义经济增长速度高于资本主义经济增长速度，这是社会主义制度优越性的重要表现，是发展中国家赶上并超过发达国家的重要条件，是社会主义最终战胜资本主义的重要条件。但是，经济效益更为重要，它是我们全部经济工作的出发点和归宿，也是衡量和检验速度和比例是否正确的尺度和标准。马克思曾引用大卫·李嘉图的话说："真正的财富在于用尽量少的价值创造出尽量多的使用价值，换句话说，就是在尽量少的劳动时间里创造出尽量丰富的物质财富。"邓小平同志也曾指出："社会主义制度优于资本主义制度。这要表现在许多方面，但首先要表现在经济发展的速度和效果方面。"

速度与效益的统一是有充分的客观依据的。社会主义初级阶段的以公有制为主体、多种所有制经济共同发展的基本经济制度，就是这种统一的经济基础；在这个基础上产生并发挥作用的客观经济规律也要求这种统一。

正是因为在社会主义制度下建立了生产资料公有制，劳动人民当家做主，积极性和创造性得到了充分发挥；社会主义制度消除了资本主义固有的矛盾，消灭了社会生产无政府状态，国家的人力、物力、财力能够得到合理有效的使用，社会主义制度消除了资本主义制度在采用新技术、新材料、新工艺、新产品方面的阶级局限性，可以不断地进行技术革新和科技革命，实现技术进步，使劳动生产率不断提高。所有这一切都为取得速度与效益的统一创造了客观可能性。

速度与效益的统一也是社会主义经济规律的客观要求。速度与效益的统一要求生产建立在高度发展的技术基础之上，不断增长，不断完善，降低劳动耗费，提高产品质量，增加品种花色，增加产值和积累，更好地满足人民日益增长的美好生活需要。而这些正是社会主义基本经济规律的客观要求。速度与效益的统一，要求充分合理地利用各种物质资源和劳动力，使工业和国民经济各部门、各部门内部各分部门和行业之间协调发展。而这些又是有计划按比例发展规律的客观要求。速度与效益的统一，不仅要求个别企业努力降低劳动耗费、增加劳动效益，而且要求降低全社会劳动耗费、增加盈利。而这些又是符合社会主义节约规律要求的，也是价值规律在社会主义条件下发生作用的表现。

2. 坚持以效益为中心

在速度与效益的关系上，我们既是统一论者，又是重点论者。

一般说来，速度与效益是一致的，但在实际工作中，两者的要求也常出现矛盾，有时增长速度很快，但经济效益很差。在这种情况下，应当使速度的要求服从效益的要求。只有这样，我们所实现的速度才是有科学根据的速度，才是切实可行的速度，才是有实际效益的速度。

反之，假如在速度与效益的要求发生矛盾时，我们使提高经济效益的要求服从了提高速度的要求，那么这种速度就可能是脱离实际的速度或虚假的速度、没有实际效益的速度。因为增长速度快而经济效益差，那就是说，我们的劳动付出了，产品也增加了，但是我们的劳动有许多是白白浪费掉了，生产的产品不能用，不能满足社会需要和人民的需要。就像过去所出现过的情况，大家都保速度，追求产值，结果是计算出来的速度增长很多倍，产品的质量常常被忽视，品种常常减少，各种消耗往往有所增加，产品成本有所提高，利润也有所减少，整个经济效益比较差。因此，在速度与效益的关系上，重点不宜倒置。

3. 坚持以效益求速度

怎样抓速度，从何处入手抓速度，才更加符合实际，才更有利于实现国民经济发展的良性循环，这里有两种做法和两种结果。

一种做法是：就速度抓速度。以提高速度为中心和目标，层层往下压产值任务。这样一来，常常出现大家只顾增加产值，而顾不上去研究如何提高经济效益的状况，甚至没有人过问提高效益的问题。正因为如此，所以也就不能取得良好的经济效益，而没有良好的经济效益，其结果也保证不了所要求的发展速度。

另一种做法是：以效益求速度。把提高经济效益作为整个经济工作的出发点，从提高经济效益入手抓速度。在经济效益的指标体系中，主要的指标是看能为国家建设和人民生活提供多少品种对路、质量高、消耗少、成本低、利润高、交货及时、物美价廉的最终产品，产值和其他指标作为辅助性指标。这种主要以最终产品指标来表示的经济效益，就一定能形成相应的增长速度。只有这样的速度，才是符合实际的速度，才是切实可靠的速度。

总而言之，根本没有增长速度的经济效益，不是真实的效益；判定增长速度合理与否的最终标准和尺度，只能是经济效益。

第三节　生态文明与可持续发展

生态文明是经济可持续发展的前提和必备条件。党的十八大报告强调指出："大力推进生态文明建设。建设生态文明，是关系人民福祉、关乎民族未来的长远大计。面对资源约束趋紧、环境污染严重、生态系统退化的严峻形势，必须树立尊重自然、顺应自然、保护自然的生态文明理念，把生态文明建设放在突出地位，融入经济建设、政治建设、文化建设、社会建设各方面和全过程，努力建设美丽中国，实现中华民族永续发展。"党的十九大报告指出："建设生态文明是中华民族永续发展的千年大计。"本节着力讨论生态文明与可持续发展的必然性、必要性与发展目标，林业与生态建设的历史选择与战略重点，生态文明与可持续发展取得的成效、存在的问题与制约条件以及战略与对策。

一、生态文明与可持续发展的必然性、必要性与发展目标

（一）必然性

1. 人类生存发展的客观要求

物质文明是人类在社会发展中改造自然的物质成果，它表现为物质生产的进步和人们物质生活的改善。生态文明是人类在发展物质文明过程中保护和改善生态环境的成果，它表现为人与自然和谐程度的进步和人们生态文明观念的增强。

从全球范围看，自工业革命以来，人类在物质生产取得巨大发展的同时，对地球资源的索取超出了合理的范围，对地球生态环境造成了破坏。其严重后果就是全球气候变化，以及过度开发土地、滥伐森林、过度捕捞、环境污染等所产生的其他负面效应。近些年来暴雨、高温等极端气候频繁发生，就是大自然向人类敲响的警钟。

就我国而言，我国人均资源不足，人均耕地、淡水、森林拥有量在世界排名落后，石油、天然气、铁矿石等资源的人均拥有储量也明显低于世界平均水平。由于长期实行主要依赖投资和增加物质投入的粗放型经济增长方式，能源和其他资源的消耗增长很快，生态环境恶化问题也日益突出。因此，提出建设生态文明，不论对于实现以人为本、全面协调可持续发展，还是对于改善生态环境、提高人民生活质量，都是至关重要的。实践充分证明，物质文明建设，不仅同精神文明建设、政治文明建设相互依存、互为条件，而且同生态文明建设互相依存、互为条件。

2. 工业化、城镇化加快发展的客观要求

工业化、城镇化加快发展阶段往往也是资源环境矛盾凸显的时期。靠过量消耗资源和牺牲环境维持经济增长是不可持续的。人类发展的历史已经表明，人类文明的发展和延续与资源、环境密切相关。资源条件特别是生态环境的恶化，不仅会破坏人们的生存条件，甚至会导致人类文明的消亡。如果再不重视节约资源和保护环境，我们就可能犯难以改正的历史性错误。我们绝不能做吃祖宗饭、断子孙路的蠢事。

我们必须以对国家、民族、子孙后代高度负责的精神，切实把建设资源节约型、环境友好型社会放在工业化、现代化发展战略的突出位置，推动经济社会全面协调可持续发展。

3. 深入贯彻落实新时代中国特色社会主义思想的客观要求

新时代中国特色社会主义思想的精髓就是为人民谋幸福、为民族谋复兴、为世界做贡献。我们搞工业化、现代化建设的根本目的是提高人民群众的生活水平，促进人的全面发展。如果工业化、现代化搞上去了，经济发展了，物质生活丰富了，而人却由于喝的是受到污染的水、呼吸的是受到污染的空气、吃的是受到污染的食品，身体健康受到严重威胁，那么建设这种工业化、现代化还有什么意义？所以，各级党委和政府在推动经济社会发展的过程中，一定要把建设资源节约型、环境友好型社会放在突出位置，使老百姓喝上

干净的水，呼吸到清新的空气，吃上放心的食品，有一个良好的生产生活环境。

（二）必要性

生态文明和可持续发展是实现全面建成小康社会奋斗目标的需要。全面建成小康社会，不仅包括经济建设、政治建设、文化建设、社会建设，还包括生态文明建设，使整个社会走上生产发展、生活富裕、生态良好的文明发展道路。必须看到，满足全面建成小康社会对资源环境的要求难度相当大。今后，随着经济总量不断扩大和人口继续增加，对能源资源的消费需求量将越来越大，各类污染物产生量也将不断增多，生态压力还会进一步加大，环境问题将会更加突出。人对环境质量的需求总是随着物质生活质量的不断改善而逐步提高的。在全面建成小康社会进程中，必须更加重视节约资源和保护环境工作，在实现国内生产总值等经济目标的同时，采取切实有效的措施，使主要污染物排放得到有效控制，生态环境质量明显改善。

（三）发展目标

建设生态文明，必须坚持走中国特色新型工业化道路，大力调整优化产业结构，加快发展第三产业，提高其比重和水平；优化第二产业内部结构，大力推进信息化与工业化融合，提升高新技术产业，限制高耗能、高污染工业的发展。同时，要立足我国国情，正确引导消费结构升级，形成有利于节约能源资源和保护环境的城乡建设模式和消费模式。应当看到，西方发达国家的消费模式是建立在索取全球资源基础上的。当今的时代条件和国际环境决定了我国不可能走先污染后治理的旧式工业化道路；人口众多、人均资源不足的基本国情决定了我国不应当也不可能模仿一些发达国家以挥霍资源为特征的消费模式。比如，城市应以发展公共交通为主，适度发展私家车；建设应大力发展节能省地型的建筑，限制建设占地多的别墅、高尔夫球场等。

二、林业与生态建设的历史选择与战略重点

（一）生态建设的战略重点

我国林业与生态建设取得了巨大成就。多年来特别是改革开放以来，在森林资源保护与发展、发展碳汇林与生物质能源、沙化土地治理、湿地保护与恢复、水土流失治理、野生动植物保护与自然保护区建设、发展林业产业、构建生态文化体系、加强生态领域国际合作等方面，都取得显著的成就。但是，我国政府还清醒地认识到，实现生态良好的目标，任务极其艰巨。中国政府站在维护国家和全球生态安全的战略高度，将继续实施宏大的生态建设工程，力争改善中华民族的生存条件并为维护全球生态安全做出较大贡献。

1. 积极应对全球气候变化

为减缓全球气候变暖，降低大气中二氧化碳含量，中国政府将加大植树造林力度，增加森林的固碳总量。加快构建"亚太森林恢复与可持续管理网络"，推动亚太地区森林资源的恢复和发展。

2. 建设和保护森林生态系统

继续实施好天然林资源保护、退耕还林、沿海防护林体系建设等重点工程，促进森林生态系统的自然修复和人工修复。

3. 治理和改善荒漠生态系统

坚持科学防治、综合防治、依法防治的方针，加强"三北"防护林工程、京津风沙源治理工程建设管理，加强重点地区防沙治沙和石漠化治理，加快推进从"沙逼人退"向"人逼沙退"的历史性转变。

4. 保护和恢复湿地生态系统

力争到2030年，中国湿地自然保护区达到713个，国际重要湿地达到80个，90%以上天然湿地得到有效保护，形成较为完整的湿地保护和管理体系。

5. 严格保护生物多样性

国家重点保护野生动植物种群数量得到恢复和增加，所有的典型生态系统类型得到良好保护，维护物种安全。

6. 努力保障木材供应

立足国内保障和改善木材等林产品供给，大力发展速生丰产林。

7. 积极开发林业生物质能源

积极开发现有森林中能源原料，充分利用现有宜林荒山荒地培育能源林，开发相关的配套技术，逐步形成原料培育、加工生产、科技开发的"生物质能一体化"格局。

加强生态建设，维护生态安全，已经成为全人类的共识和国际社会的共同行动。中国作为一个负责任的发展中大国，解决好自身的生态问题，是增加中国人民福祉的要求，也是维护全人类共同利益的要求。中国政府和人民将与世界各国人民一道，为维护全球生态安全、实现人与自然和谐做出更大贡献。

（三）走新型工业化道路

党的十六大指出："走新型工业化道路，大力实施科教兴国战略和可持续发展战略。实现工业化仍然是我国现代化进程中艰巨的历史性任务。信息化是我国加快实现工业化和现代化的必然选择。坚持以信息化带动工业化，以工业化促进信息化，走一条科技含量高、经济效益好、资源消耗低、环境污染少、人力资源优势得到充分发挥的新型工业化路子。"党的十七大报告再次强调指出：要坚持走中国特色新型工业化道路。党的十八大报告提出：坚持走中国特色新型工业化、信息化、城镇化、农业现代化道路，推动信息化和工业化深度融合、工业化和城镇化良性互动、城镇化和农业现代化相互协调，促进工业化、信息化、城镇化、农业现代化同步发展。本部分参见第四章"新型工业化道路"。

（四）实施可持续发展战略

党的十六大明确指出："必须把可持续发展放在十分突出的地位，坚持计划生育、保护环境和保护资源的基本国策。稳定低生育水平。合理开展和节约使用各种自然资源。抓紧解决部分地区水资源短缺问题，兴建南水北调工程。实施海洋开发，搞好国土资源综合整治。树立全民环境意识，搞好生态保护和建设。"党的十七大报告再次重申，加强能源资源节约和生态环境保护。党的十八大报告将生态文明建设纳入社会主义现代化建设总体布局，提出坚持节约优先、保护优先、以自然恢复为主的方针，吹响了美丽中国的集结号。

三、生态文明与可持续发展的战略和对策

（一）党和国家顶层设计总体战略

党的十九大报告强调指出：加快生态文明体制改革，建设美丽中国。

人与自然是生命共同体，人类必须尊重自然、顺应自然、保护自然。人类只有遵循自然规律才能有效防止在开发利用自然上走弯路，人类对大自然的伤害最终会伤及人类自身，这是无法抗拒的规律。

我们要建设的现代化是人与自然和谐共生的现代化，既要创造更多物质财富和精神财富以满足人民日益增长的美好生活需要，也要提供更多优质生态产品以满足人民日益增长的优美生态环境需要。必须坚持节约优先、保护优先、以自然恢复为主的方针，形成节约资源和保护环境的空间格局、产业结构、生产方式、生活方式，还自然以宁静、和谐、美丽。

1. 推进绿色发展

加快建立绿色生产和消费的法律制度和政策导向，建立健全绿色低碳循环发展的经济体系。构建市场导向的绿色技术创新体系，发展绿色金融，壮大节能环保产业、清洁生产产业、清洁能源产业。推进能源生产和消费革命，构建清洁低碳、安全高效的能源体系。推进资源全面节约和循环利用，实施国家节水行动，降低能耗、物耗，实现生产系统和生活系统循环链接。倡导简约适度、绿色低碳的生活方式，反对奢侈浪费和不合理消费，开展创建节约型机关、绿色家庭、绿色学校、绿色社区和绿色出行等行动。

2. 着力解决突出环境问题

坚持全民共治、源头防治，持续实施大气污染防治行动，打赢蓝天保卫战。加快水污染防治，实施流域环境和近岸海域综合治理。强化土壤污染管控和修复，加强农业面源污染防治，开展农村人居环境整治行动。加强固体废弃物和垃圾处置。提高污染排放标准，强化排污者责任，健全环保信用评价、信息强制性披露、严惩重罚等制度。构建以政府为主导、以企业为主体、社会组织和公众共同参与的环境治理体系。积极参与全球环境治理，落实减排承诺。

3. 加大生态系统保护力度

实施重要生态系统保护和修复重大工程，优化生态安全屏障体系，构建生态廊道和生

物多样性保护网络，提升生态系统质量和稳定性。完成生态保护红线、永久基本农田、城镇开发边界三条控制线划定工作。开展国土绿化行动，推进荒漠化、石漠化、水土流失综合治理，强化湿地保护和恢复，加强地质灾害防治。完善天然林保护制度，扩大退耕还林还草。严格保护耕地，扩大轮作休耕试点，健全耕地、草原、森林、河流、湖泊的休养生息制度，建立市场化、多元化生态补偿机制。

4. 改革生态环境监管体制

加强对生态文明建设的总体设计和组织领导，设立国有自然资源资产管理和自然生态监管机构，完善生态环境管理制度，统一行使全民所有自然资源资产所有者职责，统一行使所有国土空间用途管制和生态保护修复职责，统一行使监管城乡各类污染排放和行政执法职责。构建国土空间开发保护制度，完善主体功能区配套政策，建立以国家公园为主体的自然保护地体系。坚决制止和惩处破坏生态环境行为。

（二）总体方案

2015 年 9 月 11 日，中共中央政治局审议通过了《生态文明体制改革总体方案》，以加快建立系统完整的生态文明制度体系，加快推进生态文明建设，增强生态文明体制改革的系统性、整体性、协同性。

1. 生态文明体制改革的总体要求

（1）生态文明体制改革的指导思想

全面贯彻党的十八大和十八届二中、三中、四中全会精神，以邓小平理论、"三个代表"重要思想、科学发展观、新时代中国特色社会主义思想为指导，深入贯彻落实习近平总书记系列重要讲话精神，按照党中央、国务院决策部署，坚持节约资源和保护环境的基本国策，坚持以节约优先、保护优先、自然恢复为主的方针，立足我国社会主义初级阶段的基本国情和新的阶段性特征，以建设美丽中国为目标，以正确处理人与自然关系为核心，以解决生态环境领域突出问题为导向，保障国家生态安全，改善环境质量，提高资源利用效率，推动形成人与自然和谐发展的现代化建设新格局。

（2）生态文明体制改革的理念

树立尊重自然、顺应自然、保护自然的理念。生态文明建设不仅影响经济持续健康发展，也关系政治和社会建设，必须放在突出地位，融入经济建设、政治建设、文化建设、社会建设各方面和全过程。

树立发展和保护相统一的理念，坚持发展是硬道理的战略思想。发展必须是绿色发展、循环发展、低碳发展。平衡好发展和保护的关系，按照主体功能定位控制开发强度，调整空间结构，给子孙后代留下天蓝、地绿、水净的美好家园，实现发展与保护的内在统一、相互促进。

树立绿水青山就是金山银山的理念，清新的空气、清洁的水源、美丽的山川、肥沃的土地、生物多样性是人类生存必需的生态环境，坚持发展是第一要务，必须保护森林、草原、河流、湖泊、湿地、海洋等自然生态。

树立自然价值和自然资本的理念。自然生态是有价值的，保护自然就是使自然价值和自然资本增值的过程，就是保护和发展生产力，应得到合理回报和经济补偿。

树立空间均衡的理念，把握人口、经济、资源环境的平衡点，人口规模、产业结构、经济增长速度不能超出当地水土资源的承载能力和环境容量。

树立山水林田湖是一个生命共同体的理念，按照生态系统的整体性、系统性及内在规律，统筹考虑自然生态各要素、山上和山下、地上和地下、陆地和海洋以及流域上下游，进行整体保护、系统修复、综合治理，增强生态系统循环能力，维护生态平衡。

（3）生态文明体制改革的原则

坚持正确改革方向，健全市场机制，更好发挥政府的主导和监管作用，发挥企业的积极性和自我约束作用，发挥社会组织和公众的参与和监督作用。

坚持自然资源资产的公有性质，创新产权制度，落实所有权，区分自然资源资产所有者权利和管理者权力，合理划分中央地方事权和监管职责，保障全体人民分享全民所有自然资源资产的收益。

坚持城乡环境治理体系统一，继续加强城市环境保护和工业污染防治，加大生态环境保护工作对农村地区的覆盖，建立健全农村环境治理体制机制，加大对农村污染防治设施建设和资金投入力度。

坚持激励和约束并举，既要形成支持绿色发展、循环发展、低碳发展的利益导向机制，又要坚持源头严防、过程严管、损害严惩、责任追究，形成对各类市场主体的有效约束，逐步实现市场化、法治化、制度化。

坚持主动作为和国际合作相结合。深化国际交流和务实合作，充分借鉴国际先进技术和体制机制建设的有益经验，积极参与全球环境治理，承担并履行好同发展中大国相适应的国际责任。

坚持鼓励试点先行和整体协调推进相结合，在党中央、国务院统一部署下，先易后难、分步推进，成熟一项推出一项。支持各地区根据本方案确定的基本方向，因地制宜，大胆探索、大胆试验。

（4）生态文明体制改革的目标

构建归属清晰、权责明确、监管有效的自然资源资产产权制度，着力解决自然资源所有者不到位、所有权边界模糊等问题。

构建以空间规划为基础、以用途管制为主要手段的国土空间开发保护制度，着力解决因无序开发、过度开发、分散开发导致的优质耕地和生态空间占用过多、生态破坏、环境污染等问题。

构建以空间治理和空间结构优化为主要内容，全国统一、相互衔接、分级管理的空间规划体系，着力解决空间性规划重叠冲突、部门职责交叉重复、地方规划朝令夕改等问题。

构建覆盖全面、科学规范、管理严格的资源总量管理和全面节约制度，着力解决资源使用浪费严重、利用效率不高等问题。

构建反映市场供求和资源稀缺程度、体现自然价值和代际补偿的资源有偿使用和生态补偿制度，着力解决自然资源及其产品价格偏低、生产开发成本低于社会成本、保护生态得不到合理回报等问题。

构建以改善环境质量为导向，监管统一、执法严明、多方参与的环境治理体系，着力解决污染防治能力弱、监管职能交叉、权责不一致、违法成本过低等问题。

构建更多运用经济杠杆进行环境治理和生态保护的市场体系，着力解决市场主体和市场体系发育滞后、社会参与度不高等问题。

构建充分反映资源消耗、环境损害和生态效益的生态文明绩效评价考核和责任追究制度，着力解决发展绩效评价不全面、责任落实不到位、损害责任追究缺失等问题。

2. 健全自然资源资产产权制度

（1）建立统一的确权登记系统

坚持资源公有、物权法定，清晰界定全部国土空间各类自然资源资产的产权主体。对水流、森林、山岭、草原、荒地、滩涂等所有自然生态空间统一进行确权登记，逐步划清全民所有和集体所有之间的边界，划清全民所有、不同层级政府行使所有权的边界，划清不同集体所有者的边界。推进确权登记法治化。

（2）建立权责明确的自然资源产权体系

制定权利清单，明确各类自然资源产权主体权利。处理好所有权与使用权的关系，创新自然资源全民所有权和集体所有权的实现形式，除生态功能重要以外，可推动所有权和使用权相分离，明确占有、使用、收益、处分等权利归属关系和权责，适度扩大使用权的出让、转让、出租、抵押、担保、入股等权能。明确国有农场、林场和牧场土地所有者与使用者权能。全面建立覆盖各类全民所有自然资源资产的有偿出让制度，严禁无偿或低价出让。统筹规划，加强自然资源资产交易平台建设。

（3）健全国家自然资源资产管理体制

按照所有者和监管者分开和一件事情由一个部门负责的原则，整合分散的全民所有自然资源资产所有者职责，组建对全民所有的矿藏、水流、森林、山岭、草原、荒地、海域、滩涂等各类自然资源统一行使所有权的机构，负责全民所有自然资源的出让等。

（4）探索建立分级行使所有权的体制

对全民所有的自然资源资产，按照不同资源种类和在生态、经济、国防等方面的重要程度，研究实行中央和地方政府分级代理行使所有权职责的体制，实现效率和公平相统一。分清全民所有中央政府直接行使所有权、全民所有地方政府行使所有权的资源清单和空间范围。中央政府主要对石油天然气、贵重稀有矿产资源、重点国有林区、大江大河大湖和跨境河流、生态功能重要的湿地草原、海域滩涂、珍稀野生动植物种和部分国家公园等直接行使所有权。

（5）开展水流和湿地产权确权试点

探索建立水权制度，开展水域、岸线等水生态空间确权试点，遵循水生态系统性、整体性原则，分清水资源所有权、使用权及使用量。在甘肃、宁夏等地开展湿地产权确权试点。

3. 建立国土空间开发保护制度

（1）完善主体功能区制度

统筹国家和省级主体功能区规划，健全基于主体功能区的区域政策，根据城市化地区、农产品主产区、重点生态功能区的不同定位，加快调整完善财政、产业、投资、人口流动、建设用地、资源开发、环境保护等政策。

（2）健全国土空间用途管制制度

简化自上而下的用地指标控制体系，调整按行政区和用地基数分配指标的做法。将开发强度指标分解到各县级行政区，作为约束性指标，控制建设用地总量。将用途管制扩大到所有自然生态空间，划定并严守生态红线，严禁任意改变用途，防止不合理开发建设活动对生态红线的破坏。完善覆盖全部国土空间的监测系统，动态监测国土空间变化。

（3）建立国家公园体制

加强对重要生态系统的保护和永续利用，改革各部门分头设置自然保护区、风景名胜区、文化自然遗产、地质公园、森林公园等的体制，对上述保护地进行功能重组，合理界定国家公园范围。国家公园实行更严格保护，除不损害生态系统的原住民生活生产设施改造和自然观光科研教育旅游外，禁止其他开发建设，保护自然生态和自然文化遗产原真性、完整性。加强对国家公园试点的指导，在试点基础上研究制定建立国家公园体制总体方案。构建保护珍稀野生动植物的长效机制。

（4）完善自然资源监管体制

将分散在各部门的有关用途管制职责，逐步统一到一个部门，统一行使所有国土空间的用途管制职责。

4. 建立空间规划体系

（1）编制空间规划

整合目前各部门分头编制的各类空间性规划，编制统一的空间规划，实现规划全覆盖。空间规划是国家空间发展的指南、可持续发展的空间蓝图，是各类开发建设活动的基本依据。空间规划分为国家、省、市县（设区的市空间规划范围为市辖区）三级。研究建立统一规范的空间规划编制机制。鼓励开展省级空间规划试点。编制京津冀空间规划。

（2）推进市县"多规合一"

支持市县推进"多规合一"，统一编制市县空间规划，逐步形成一个市县一个规划、一张蓝图。市县空间规划要统一土地分类标准，根据主体功能定位和省级空间规划要求，划定生产空间、生活空间、生态空间，明确城镇建设区、工业区、农村居民点等的开发边界，以及耕地、林地、草原、河流、湖泊、湿地等的保护边界，加强对城市地下空间的统筹规划。加强对市县"多规合一"试点的指导，研究制定市县空间规划编制指引和技术规范，形成可复制、能推广的经验。

（3）创新市县空间规划编制方法

探索规范化的市县空间规划编制程序，扩大社会参与，增强规划的科学性和透明度。鼓励试点地区进行规划编制部门整合，由一个部门负责市县空间规划的编制，可成立由专业人员和有关方面代表组成的规划评议委员会。规划编制前应当进行资源环境承载能力评价，以评价结果作为规划的基本依据。规划编制过程中应当广泛征求各方面意见，全文公布规划草案，充分听取当地居民意见。规划经评议委员会论证通过后，由当地人民代表大会审议通过，并报上级政府部门备案。规划成果应当包括规划文本和较高精度的规划图，并在网络和其他本地媒体公布。鼓励当地居民对规划执行进行监督，对违反规划的开发建设行为进行举报。当地人民代表大会及其常务委员会定期听取空间规划执行情况报告，对当地政府违反规划行为进行问责。

5. 完善资源总量管理和全面节约制度

（1）完善最严格的耕地保护制度和土地节约集约利用制度

完善基本农田保护制度，划定永久基本农田红线，按照面积不减少、质量不下降、用途不改变的要求，将基本农田落地到户、上图入库，实行严格保护，除法律规定的国家重点建设项目选址确实无法避让外，其他任何建设不得占用。加强耕地质量等级评定与监测，强化耕地质量保护与提升建设。完善耕地占补平衡制度，对新增建设用地占用耕地规模实行总量控制，严格实行耕地占一补一、先补后占、占优补优。实施建设用地总量控制和减量化管理，建立节约集约用地激励和约束机制，调整结构，盘活存量，合理安排土地利用年度计划。

（2）完善最严格的水资源管理制度

按照节水优先、空间均衡、系统治理、两手发力的方针，健全用水总量控制制度，保障水安全。加快制定主要江河流域水量分配方案，加强省级统筹，完善省市县三级取用水总量控制指标体系。建立健全节约集约用水机制，促进水资源使用结构调整和优化配置。完善规划和建设项目水资源论证制度。主要运用价格和税收手段，逐步建立农业灌溉用水量控制和定额管理、高耗水工业企业计划用水和定额管理制度。在严重缺水地区建立用水定额准入门槛，严格控制高耗水项目建设。加强水产品产地保护和环境修复，控制水产养殖，构建水生动植物保护机制。完善水功能区监督管理，建立促进非常规水源利用制度。

（3）建立能源消费总量管理和节约制度

坚持节约优先，强化能耗强度控制，健全节能目标责任制和奖励制。进一步完善能源统计制度。健全重点用能单位节能管理制度，探索实行节能自愿承诺机制。完善节能标准体系，及时更新用能产品能效、高耗能行业能耗限额、建筑物能效等标准。合理确定全国能源消费总量目标，并分解落实到省级行政区和重点用能单位。健全节能低碳产品和技术装备推广机制，定期发布技术目录。强化节能评估审查和节能监察。加强对可再生能源发展的扶持，逐步取消对化石能源的普遍性补贴。逐步建立全国碳排放总量控制制度和分解落实机制，建立增加森林、草原、湿地、海洋碳汇的有效机制，加强应对气候变化国际合作。

（4）建立天然林保护制度

将所有天然林纳入保护范围。建立国家用材林储备制度。逐步推进国有林区政企分开，完善以购买服务为主的国有林场公益林管护机制。完善集体林权制度，稳定承包权，拓展经营权能，健全林权抵押贷款和流转制度。

（5）建立草原保护制度

稳定和完善草原承包经营制度，实现草原承包地块、面积、合同、证书"四到户"，规范草原经营权流转。实行基本草原保护制度，确保基本草原面积不减少、质量不下降、用途不改变。健全草原生态保护补奖机制，实施禁牧休牧、划区轮牧和草畜平衡等制度。加强对草原征用使用审核审批的监管，严格控制草原非牧使用。

（6）建立湿地保护制度

将所有湿地纳入保护范围，禁止擅自征用占用国际重要湿地、国家重要湿地和湿地自然保护区。确定各类湿地功能，规范保护利用行为，建立湿地生态修复机制。

（7）建立沙化土地封禁保护制度

将暂不具备治理条件的连片沙化土地划为沙化土地封禁保护区。建立严格保护制度，加强封禁和管护基础设施建设，加强沙化土地治理，增加植被，合理发展沙产业，完善以购买服务为主的管护机制，探索开发与治理结合新机制。

（8）健全海洋资源开发保护制度

实施海洋主体功能区制度，确定近海海域海岛主体功能，引导、控制和规范各类用海用岛行为。实行围填海总量控制制度，对围填海面积实行约束性指标管理。建立自然岸线保有率控制制度。完善海洋渔业资源总量管理制度，严格执行休渔禁渔制度，推行近海捕捞限额管理，控制近海和滩涂养殖规模。健全海洋督察制度。

（9）健全矿产资源开发利用管理制度

建立矿产资源开发利用水平调查评估制度，加强矿产资源查明登记和有偿计时占用登记管理。建立矿产资源集约开发机制，提高矿区企业集中度，鼓励规模化开发。完善重要矿产资源开采回采率、选矿回收率、综合利用率等国家标准。健全鼓励提高矿产资源利用水平的经济政策。建立矿山企业高效和综合利用信息公示制度，建立矿业权人"黑名单"制度。完善重要矿产资源回收利用的产业化扶持机制。完善矿山地质环境保护和土地复垦制度。

（10）完善资源循环利用制度

建立健全资源产出率统计体系。实行生产者责任延伸制度，推动生产者落实废弃产品回收处理等责任。建立种养业废弃物资源化利用制度，实现种养业有机结合、循环发展。

加快建立垃圾强制分类制度。制定再生资源回收目录，对复合包装物、电池、农膜等低值废弃物实行强制回收。加快制定资源分类回收利用标准。建立资源再生产品和原料推广使用制度，相关原材料消耗企业要使用一定比例的资源再生产品。完善限制一次性用品使用制度。落实并完善资源综合利用和促进循环经济发展的税收政策。制定循环经济技术目录，实行政府优先采购、贷款贴息等政策。

6. 健全资源有偿使用和生态补偿制度

（1）加快自然资源及其产品价格改革

按照成本、收益相统一的原则，充分考虑社会可承受能力，建立自然资源开发使用成本评估机制，将资源所有者权益和生态环境损害等纳入自然资源及其产品价格形成机制。加强对自然垄断环节的价格监管，建立定价成本监审制度和价格调整机制，完善价格决策程序和信息公开制度。推进农业水价综合改革，全面实行非居民用水超计划、超定额累进加价制度，全面推行城镇居民用水阶梯价格制度。

（2）完善土地有偿使用制度

扩大国有土地有偿使用范围，扩大招拍挂出让比例，减少非公益性用地划拨，国有土地出让收支纳入预算管理。改革完善工业用地供应方式，探索实行弹性出让年限以及长期租赁、先租后让、租让结合供应。完善地价形成机制和评估制度，健全土地等级价体系，理顺与土地相关的出让金、租金和税费关系。建立有效调节工业用地和居住用地合理比价机制，提高工业用地出让地价水平，降低工业用地比例。探索通过土地承包经营、出租等方式，健全国有农用地有偿使用制度。

（3）完善矿产资源有偿使用制度

完善矿业权出让制度，建立符合市场经济要求和矿业规律的探矿权采矿权出让方式，原则上实行市场化出让，国有矿产资源出让收支纳入预算管理。理清有偿取得、占用和开采中所有者、投资者、使用者的产权关系，研究建立矿产资源国家权益金制度。调整探矿权采矿权使用费标准、矿产资源最低勘查投入标准。推进实现全国统一的矿业权交易平台建设，加大矿业权出让转让信息公开力度。

（4）完善海域海岛有偿使用制度

建立海域、无居民海岛使用金征收标准调整机制。建立健全海域、无居民海岛使用权招拍挂出让制度。

（5）加快资源环境税费改革

理顺自然资源及其产品税费关系，明确各自功能，合理确定税收调控范围。加快推进资源税从价计征改革，逐步将资源税扩展到占用各种自然生态空间，在华北部分地区开展地下水征收资源税改革试点。加快推进环境保护税立法。

（6）完善生态补偿机制

探索建立多元化补偿机制，逐步增加对重点生态功能区转移支付，完善生态保护成效与资金分配挂钩的激励约束机制。制定横向生态补偿机制办法，以地方补偿为主，中央财政给予支持。鼓励各地区开展生态补偿试点，继续推进新安江水环境补偿试点，推动在京津冀水源涵养区、广西广东九洲江、福建广东汀江－韩江等开展跨地区生态补偿试点，在长江流域水环境敏感地区探索开展流域生态补偿试点。

（7）完善生态保护修复资金使用机制

按照山水林田湖系统治理的要求，完善相关资金使用管理办法，整合现有政策和渠道，在深入推进国土江河综合整治的同时，更多用于青藏高原生态屏障、黄土高原－川滇生态屏障、东北森林带、北方防沙带、南方丘陵山地带等国家生态安全屏障的保护修复。

（8）建立耕地草原河湖休养生息制度

编制耕地、草原、河湖休养生息规划，调整严重污染和地下水严重超采地区的耕地用途，逐步将25度以上不适宜耕种且有损生态的陡坡地退出基本农田。建立巩固退耕还林还草、退牧还草成果长效机制。开展退田还湖还湿试点，推进长株潭地区土壤重金属污染修复试点、华北地区地下水超采综合治理试点。

7. 建立健全环境治理体系

（1）完善污染物排放许可制

尽快在全国范围建立统一公平、覆盖所有固定污染源的企业排放许可制，依法核发排污许可证，排污者必须持证排污，禁止无证排污或不按许可证规定排污。

（2）建立污染防治区域联动机制

完善京津冀、长三角、珠三角等重点区域大气污染防治联防联控协作机制，其他地方要结合地理特征、污染程度、城市空间分布以及污染物输送规律，建立区域协作机制。在部分地区开展环境保护管理体制创新试点，统一规划、统一标准、统一环评、统一监测、统一执法。开展按流域设置环境监管和行政执法机构试点，构建各流域内相关省级涉水部门参加、多形式的流域水环境保护协作机制和风险预警防控体系。建立陆海统筹的污染防治机制和重点海域污染物排海总量控制制度。完善突发环境事件应急机制，提高与环境风险程度、污染物种类等相匹配的突发环境事件应急处置能力。

（3）建立农村环境治理体制机制

建立以绿色生态为导向的农业补贴制度，加快制定和完善相关技术标准和规范，加快推进化肥、农药、农膜减量化以及畜禽养殖废弃物资源化和无害化，鼓励生产使用可降解农膜。完善农作物秸秆综合利用制度。健全化肥农药包装物、农膜回收贮运加工网络。采取财政和村集体补贴、住户付费、社会资本参与的投入运营机制，加强农村污水和垃圾处理等环保设施建设。采取政府购买服务等多种扶持措施，培育发展各种形式的农业面源污染治理、农村污水垃圾处理市场主体。强化县乡两级政府的环境保护职责，加强环境监管能力建设。财政支农资金的使用要统筹考虑增强农业综合生产能力和防治农村污染。

（4）健全环境信息公开制度

全面推进大气和水等环境信息公开、排污单位环境信息公开、监管部门环境信息公开，健全建设项目环境影响评价信息公开机制。健全环境新闻发言人制度。引导人民群众树立环保意识，完善公众参与制度，保障人民群众依法有序行使环境监督权。建立环境保护网络举报平台和举报制度，健全举报、听证、舆论监督等制度。

（5）严格实行生态环境损害赔偿制度

强化生产者环境保护法律责任，大幅度提高违法成本。健全环境损害赔偿方面的法律制度、评估方法和实施机制，对违反环保法律法规的，依法严惩重罚；对造成生态环境损害的，以损害程度等因素依法确定赔偿额度；对造成严重后果的，依法追究刑事责任。

（6）完善环境保护管理制度

建立和完善严格监管所有污染物排放的环境保护管理制度，将分散在各部门的环境保护职责调整到一个部门，逐步实行城乡环境保护工作由一个部门进行统一监管和行政执法的体制。有序整合不同领域、不同部门、不同层次的监管力量，建立权威统一的环境执法体制，充实执法队伍，赋予环境执法强制执行的必要条件和手段。完善行政执法和环境司法的衔接机制。

8. 健全环境治理和生态保护市场体系

（1）培育环境治理和生态保护市场主体

采取鼓励发展节能环保产业的体制机制和政策措施。废止妨碍形成全国统一市场和公平竞争的规定和做法，鼓励各类投资进入环保市场。能由政府和社会资本合作开展的环境治理和生态保护事务，都可以吸引社会资本参与建设和运营。通过政府购买服务等方式，加大对环境污染第三方治理的支持力度。加快推进污水垃圾处理设施运营管理单位向独立核算、自主经营的企业转变。组建或改组设立国有资本投资运营公司，推动国有资本加大对环境治理和生态保护等方面的投入。支持生态环境保护领域国有企业实行混合所有制改革。

（2）推行用能权和碳排放权交易制度

结合重点用能单位节能行动和新建项目能评审查，开展项目节能量交易，并逐步改为基于能源消费总量管理下的用能权交易。建立用能权交易系统、测量与核准体系。推广合同能源管理。深化碳排放权交易试点，逐步建立全国碳排放权交易市场，研究制定全国碳排放权交易总量设定与配额分配方案。完善碳交易注册登记系统，建立碳排放权交易市场监管体系。

（3）推行排污权交易制度

在企业排污总量控制制度基础上，尽快完善初始排污权核定，扩大涵盖的污染物覆盖面。在现行以行政区为单元层层分解机制基础上，根据行业先进排污水平，逐步强化以企业为单元进行总量控制、通过排污权交易获得减排收益的机制。在重点流域和大气污染重点区域，合理推进跨行政区排污权交易。扩大排污权有偿使用和交易试点，将更多条件成熟地区纳入试点。加强排污权交易平台建设。制定排污权核定、使用费收取和交易价格等规定。

（4）推行水权交易制度

结合水生态补偿机制的建立健全，合理界定和分配水权，探索地区间、流域间、流域上下游、行业间、用水户间等水权交易方式。研究制定水权交易管理办法，明确可交易水权的范围和类型、交易主体和期限、交易价格形成机制、交易平台运作规则等。开展水权交易平台建设。

（5）建立绿色金融体系

推广绿色信贷，研究采取财政贴息等方式加大扶持力度，鼓励各类金融机构加大绿色信贷的发放力度，明确贷款人的尽职免责要求和环境保护法律责任。加强资本市场相关制度建设，研究设立绿色股票指数和发展相关投资产品，研究银行和企业发行绿色债券，鼓励对绿色信贷资产实行证券化。支持设立各类绿色发展基金，实行市场化运作。建立上市公司环保信息强制性披露机制。完善对节能低碳、生态环保项目的各类担保机制，加大风险补偿力度。在环境高风险领域建立环境污染强制责任保险制度。建立绿色评级体系以及公益性的环境成本核算和影响评估体系。积极推动绿色金融领域各类国际合作。

（6）建立统一的绿色产品体系

将目前分头设立的环保、节能、节水、循环、低碳、再生、有机等产品统一整合为绿色产品，建立统一的绿色产品标准、认证、标识等体系。完善对绿色产品研发生产、运输配送、购买使用的财税金融支持和政府采购等政策。

（三）坚持绿色发展

建设生态文明是关系人民福祉、关乎民族未来的大计，是实现中华民族伟大复兴的中国梦的重要内容。习近平总书记指出："我们既要绿水青山，也要金山银山。宁要绿水青山，不要金山银山，而且绿水青山就是金山银山。"要按照绿色发展理念，树立大局观、长远观、整体观，坚持保护优先，坚持节约资源和保护环境的基本国策，把生态文明建设融入经济建设、政治建设、文化建设、社会建设各方面和全过程，建设美丽中国，努力开创社会主义生态文明新时代。

1. 像对待生命一样对待生态环境

生态文明是人类社会进步的重大成果，是实现人与自然和谐发展的必然要求。建设生态文明，要以资源环境承载能力为基础，以自然规律为准则，以可持续发展、人与自然和谐为目标，建设生产发展、生活富裕、生态良好的文明社会。

人与自然的关系是人类社会最基本的关系。自然界是人类社会产生、存在和发展的基础和前提，人类则可以通过社会实践活动有目的地利用自然、改造自然。但人类归根到底是自然的一部分，在开发自然、利用自然中，人类不能凌驾于自然之上，行为方式必须符合自然规律。人与自然是相互依存、相互联系的整体，对自然界不能只讲索取不讲投入、只讲利用不讲建设。保护自然环境就是保护人类，建设生态文明就是造福人类。

我们党一贯高度重视生态文明建设。20世纪80年代初，我们就把保护环境作为基本国策，进入 21 世纪，又把节约资源作为基本国策。改革开放以来，我国的经济建设取得历史性成就，同时积累了大量生态环境问题，成为明显的短板。各类环境污染呈高发态势，成为民生之患、民心之痛。随着社会发展和人民生活水平不断提高，人民群众对干净的水、清新的空气、安全的食品、优美的环境等的要求越来越高，生态环境在群众生活幸福指数中的地位不断凸显，环境问题日益成为重要的民生问题。老百姓过去"盼温饱"，现在"盼环保"；过去"求生存"，现在"求生态"。

保护生态环境关系人民的根本利益和民族发展的长远利益。习近平总书记指出："环境就是民生，青山就是美丽，蓝天也是幸福。要像保护眼睛一样保护生态环境，像对待生命一样对待生态环境，把不损害生态环境作为发展的底线。"生态环境没有替代品，用之不觉，失之难存。保护生态环境，功在当代、利在千秋。必须清醒认识保护生态环境、治理环境污染的紧迫性和艰巨性，清醒认识加强生态文明建设的重要性和必要性，以对人民群众、对子孙后代高度负责的态度，加大力度，攻坚克难，全面推进生态文明建设。坚持把节约优先、保护优先、自然恢复作为基本方针，把绿色发展、循环发展、低碳发展作为基本途径，把深化改革和创新驱动作为基本动力，把培育生态文化作为重要支撑，把重点突破和整体推进作为工作方式，切实把工作抓紧抓好，使青山常在、清水长流、空气常新，让人民群众在良好生态环境中生产生活。

2. 保护生态环境就是保护生产力

改革开放以来，我国坚持以经济建设为中心，推动经济快速发展起来。在这个过程中，我们强调可持续发展，重视加强节能减排、环境保护工作。但也有一些地方、一些领域没有处理好经济发展同生态环境保护的关系，以无节制消耗资源、破坏环境为代价换取经济发展，导致能源资源、生态环境问题越来越突出。比如，能源资源约束强化，石油等重要资源的对外依存度快速上升；耕地逼近 18 亿亩红线，水土流失、土地沙化、草原退化情况严重；一些地区由于盲目开发、过度开发、无序开发，已经接近或超过资源环境承载能力的极限；温室气体排放总量大、增速快，等等。这种状况不改变，能源资源将难以支撑，生态环境将不堪重负，反过来必然对经济可持续发展带来严重影响，我国发展的空间和后劲将越来越小。习近平总书记指出："我们在生态环境方面欠账太多了，如果不从现在起就把这项工作紧紧抓起来，将来会付出更大的代价。"

中国是一个有 13 亿多人口的大国，我们建设现代化国家，走美欧老路是走不通的。能源资源相对不足、生态环境承载能力不强，已成为我国的一个基本国情。发达国家一两百年出现的环境问题，在我国改革开放以来的快速发展中集中显现，呈现明显的结构型、压缩型、复合型特点，老的环境问题尚未解决，新的环境问题接踵而至。走老路，去无节制消耗资源，去不计代价污染环境，难以为继。中国要实现工业化、信息化、城镇化、农业现代化，必须走出一条新的发展道路。

我们只有更加重视生态环境这一生产力的要素，更加尊重自然生态的发展规律，保护和利用好生态环境，才能更好地发展生产力，在更高层次上实现人与自然的和谐。要克服把保护生态与发展生产力对立起来的传统思维，下大决心、花大气力改变不合理的产业结构、资源利用方式、能源结构、空间布局、生活方式，更加自觉地推动绿色发展、循环发展、低碳发展，绝不以牺牲环境、浪费资源为代价换取一时的经济增长，绝不走"先污染后治理"的老路，探索走出一条环境保护新路，实现经济社会发展与生态环境保护的共赢，为子孙后代留下可持续发展的"绿色银行"。

3. 以系统工程思路抓生态建设

环境治理是一个系统工程，必须作为重大民生实事紧紧抓在手上。要按照系统工程的思路，抓好生态文明建设重点任务的落实，切实把能源资源保障好，把环境污染治理好，把生态环境建设好，为人民群众创造良好的生产生活环境。

（1）要牢固树立生态红线的观念

生态红线，就是国家生态安全的底线和生命线，这个红线不能突破，一旦突破必将危及生态安全、人民生产生活和国家可持续发展。我国的生态环境问题已经到了很严重的程度，非采取最严厉的措施不可。否则，不仅生态环境恶化的总态势很难从根本上得到扭转，而且我们设想的其他生态环境发展目标也难以实现。习近平总书记强调："在生态环境保护问题上，就是要不能越雷池一步，否则就应该受到惩罚。"要精心研究和论证，究竟哪些要列入生态红线，如何从制度上保障生态红线，把良好生态系统尽可能保护起来。对于生态红线全党和全国要一体遵行，绝不能逾越。

（2）优化国土空间开发格局

国土是生态文明建设的空间载体，要按照人口资源环境相均衡、经济社会生态效益相统一的原则，统筹人口分布、经济布局、国土利用、生态环境保护，科学布局生产空间、生活空间、生态空间，给自然留下更多修复空间，给农业留下更多良田，给子孙后代留下天蓝、地绿、水净的美好家园。加快实施主体功能区战略，严格实施环境功能区划，构建科学合理的城镇化推进格局、农业发展格局、生态安全格局，保障国家和区域生态安全，提高生态服务功能。要坚持陆海统筹，进一步关心海洋、认识海洋、经略海洋，提高海洋资源开发能力，保护海洋生态环境，扎实推进海洋强国建设。

（3）全面促进资源节约

大部分对生态环境造成破坏的原因是来自对资源的过度开发、粗放型使用。建设生态文明必须从资源使用这个源头抓起，把节约资源作为根本之策。要大力节约集约利用资源，推动资源利用方式根本转变，加强全过程节约管理，大幅降低能源、水、土地消耗强度。控制能源消费总量，加强节能降耗，支持节能低碳产业和新能源、可再生能源发展，确保国家能源安全，努力控制温室气体排放，积极应对气候变化。加强水源地保护，推进水循环利用，建设节水型社会。严守十八亿亩耕地保护红线，严格保护耕地特别是基本农田，严格土地用途管制。加强矿产资源勘查、保护、合理开发，提高矿产资源勘查合理开采和综合利用水平。大力发展循环经济，促进生产、流通、消费过程的减量化、再利用、资源化。

（4）加大生态环境保护力度

良好生态环境是人和社会持续发展的根本基础。要以解决损害群众健康突出环境问题为重点，坚持预防为主、综合治理，强化水、大气、土壤等污染防治，着力推进重点流域和区域水污染防治，着力推进颗粒物污染防治，着力推进重金属污染和土壤污染综合治理，集中力量优先解决好细颗粒物（PM 2.5）、饮用水、土壤、重金属、化学品等损害群众健康的突出问题，切实改善环境质量。实施重大生态修复工程，增强生态产品生产能力，推进荒漠化、石漠化综合治理，扩大湖泊、湿地面积，保护生物多样性，提高适应气候变化能力。

4. 实行最严格的生态环境保护制度

建设生态文明是一场涉及生产方式、生活方式、思维方式和价值观念的革命性变革。实现这样的根本性变革，必须依靠制度和法治。我国生态环境保护中存在的一些突出问题，大都与体制不完善、机制不健全、法治不完备有关。习近平总书记指出："只有实行最严格的制度、最严密的法治，才能为生态文明建设提供可靠保障。"必须建立系统完整的制度体系，用制度保护生态环境、推进生态文明建设。

（1）要完善经济社会发展考核评价体系

科学的考核评价体系犹如"指挥棒"，在生态文明制度建设中是最重要的。要把资源消耗、环境损害、生态效益等体现生态文明建设状况的指标纳入经济社会发展评价体系，建立体现生态文明要求的目标体系、考核办法、奖惩机制，使之成为推进生态文明建设的重要导向和约束。要把生态环境放在经济社会发展评价体系的突出位置，如果生态环境指标很差，一个地方、一个部门的表面成绩再好看也不行。

（2）要建立责任追究制度

资源环境是公共产品，对其造成损害和破坏必须追究责任。对那些不顾生态环境盲目决策、导致严重后果的领导干部，必须追究其责任，而且应该终身追究。要对领导干部实行自然资源资产离任审计，建立生态环境损害责任终身追究制。

（3）要建立健全资源生态环境管理制度

健全自然资源资产产权制度和用途管制制度，加快建立国土空间开发保护制度，健全能源、水、土地节约集约使用制度，强化水、大气、土壤等污染防治制度，建立反映市场供求和资源稀缺程度、体现生态价值和代际补偿的资源有偿使用制度和生态补偿制度，健全环境损害赔偿制度，强化制度约束作用。加强生态文明宣传教育，增强全民节约意识、环保意识、生态意识，营造爱护生态环境的良好风气。

第三章　农业产业发展扶持政策以及相关机制

第一节　农村产业融合发展的内涵及作用机理

农村产业融合发展指的是在现代农业发展过程中，在广大的农村地区出现了第一次产业、第二次产业和第三次产业的相互融合现象。农村产业融合发展是产业融合的重要组成部分，为了更好地解释"农村产业融合发展"这一概念，本部分首先梳理产业融合的理论基础，再引出农村产业融合发展的概念，最后对农村产业融合中各产业间的关系和融合机理进行分析。

一、农村产业融合发展的理论基础

产业融合的理论基础可分为三部分内容：一是分工理论。分工和融合看似是两个相互矛盾的概念，但实质上产业融合是在生产力高度发展、产业高度分工的基础上发展起来的，是有分工的统一，是在对原有产业边界发生部分重叠和交叉基础上进行的重新分工。分工理论与产业融合理论呈现对立统一的关系。二是产业集聚相关理论，包括产业区理论、区位理论、集聚理论、新经济地理学理论、交易成本理论等，这些理论有着一定的内在联系，集聚理论是基于产业区理论和区位理论发展起来的，新经济地理学理论是有关学者试图从其他角度研究集聚理论，交易成本理论是从产业集聚效应这一层面着手进行的研究。产业集聚相关理论是产业融合理论产生和发展的基础。三是对产业融合在农村地区发展实践的研究。现代农业是多功能农业，而农村产业融合发展是实现农业多功能性的客观需求。

二、农村产业融合发展的概念内涵

（一）农村产业融合发展的概念界定

在我国经济步入新常态、农业农村发展进入新阶段的背景下，我国工农关系和城乡关系继续发生重大变化，特别是现代科技和市场形态加快对传统种养业经营理念的改造，单纯重视初级产品生产使农业发展越来越难以为继，农业产前、产中、产后更加紧密衔接，产加销、农工贸环环相扣，生产专业化、产品商品化、服务社会化迅速发展，这就要求我们在重视农业生产的同时，必须高度重视与农业生产密切相关的各产业的发展，高度重视生产、加工、销售有机结合和相互促进，大力推进农业产业化经营。因此，中央农村工作会议提出了把产业链、价值链等现代产业组织的方式引入农业、促进一二三产业的融合互动等推进农业现代化的重大部署。农村产业融合发展旨在将二、三产业与第一产业交互共同发展，这一概念的提出为我国未来农业的发展指明了方向，加速了我国农业现代化的进程。要加快推进农村产业融合发展，首先要从理论和实践两个角度进行界定，明确农村产业融合的概念和要求，并对农村产业融合的机理和机制进行探索，这样既可以为后续的研究有的放矢地提供目标保障，同时也能为后续农村产业融合的实践操作指明方向。

农村一二三产业融合，狭义地讲，就是同一农业经营主体在从事农业生产的同时，在同一区域从事同一农产品加工流通和休闲旅游，进而分享农业增值增效收益的经营方式。广义地说，就是各类经营主体以农业为基本依托，以农产品加工业为引领，以资产为纽带，以创新为动力，通过产业间相互渗透、交叉重组、前后联动、要素聚集、机制完善和跨界配置，将农村一二三产业有机整合、紧密相连、一体推进，形成新技术、新业态、新商业模式，带动资源、要素、技术、市场需求在农村的整合集成和优化重组，最终实现产业链条和价值链条延伸、产业范围扩大、产业功能拓展和农民就业增收渠道增加的经营方式。其基础是农业，核心是充分开发农业的多种功能和多重价值，将农业流出到工商业和城市的就业岗位和附加价值内部化，将加工流通、休闲观光和消费环节的收益留在本地、留给农民。

农村一二三产业融合发展与产业融合具有同根性，农村产业融合可以借鉴传统产业融合的理论基础。但农村产业融合发展更多的是社会和经济的概念，根据经济发展的普遍规律，发生在第一产业的增加值所占份额很小，绝大部分的增加值发生在二、三产业。因此，在发展农业的同时兼顾农产品加工业与其他服务业，最终使得各产业协同发展。延伸农业产业链，扩大农村的产业范围，最终实现城乡一体化发展，提高农户的收益水平。

（二）农村产业融合发展的内涵分析

1. 农村产业融合发展是在农村一二三产业分工基础上的交叉融合

亚当·斯密较早地将分工引入经济学领域，认为分工是提高劳动生产率，促进社会财富增长的关键因素。马克思对斯密的分工理论进行了继承和发展，将分工与协作联系起来，并区分了社会分工和生产组织内部分工。马歇尔延续斯密将企业内部分工等同于社会分工的观点，强调了社会分工及外部经济的自然增长是促进企业规模扩大的唯一因素。杨格论证了市场规模与迂回生产、产业间相互作用、自我演进的机制，使斯密定理动态化，从而超越了斯密关于分工受市场范围限制的思想。斯蒂格勒用分工理论来解释生产的制度结构和长期经济增长之间的内在联系，从产业生命周期角度分析了"市场容量决定分工"这一命题的正确性。以杨小凯为代表的新兴古典经济学家力图应用超边际分析将斯密的分工理论和科斯的交易费用理论结合起来，建立一个内生的企业制度演进理论。产业融合是指随着产业间技术融合、业务融合、价值融合的不断发生，原来分立的产业之间出现了不同程度、不同形式的融合趋势。融合是分工的反义词。然而，产业融合并不是对传统产业分工路径的否定，相反，产业融合不断催生新的产业，成为产业分工的新路径和新起点。农村产业融合发展是在农村一二三产业分工的基础上，农业与农村二、三产业的交叉融合，这种融合是对传统农村一二三产业分工的延伸、修正和提升，其产生的多种新型业态，是农村产业分工和社会分工进一步深化的体现。

2. 农村产业融合发展是农业关联产业在专业化和规模化基础上的区域集聚

产业区位理论以杜能农业区位论和韦伯工业区位论为代表的古典区位论为开端。古典区位论立足于单一的企业或中心，着眼于成本和运费的最省，不考虑市场消费因素与产品销售问题，通常被称为西方区位理论的成本学派。随着资本主义工业化的发展与劳动生产率的提高，第二、三产业逐渐取代农业成为国民经济的主导部门，同时随着交通运输网络的迅速发展，运输因素不再是生产的决定性因素，而市场因素成为产业能否赢利甚至生存下去的关键。区位理论逐步从古典区位论的成本学派发展成为近代区位论的市场学派，由立足于单一的企业或工厂转变为立足于城市或地区，由着眼于成本和运费最省发展为追求市场最大。市场学派主要以费特的贸易区边界区位理论、克里斯泰勒的中心地理论及廖什的市场区位理论为代表。20世纪60年代以后，随着世界范围内工业化、城市化进程的加快，着眼于区域经济活动的最优组织的现代区位理论应运而生。现代区位理论改变了过去孤立研究区位生产、价格与贸易的局面，开始将整个区位的生产、交换、价格、贸易融为一体进行研究，从单个经济单位的区位研究走向区域总体的研究，从只注重区位经济产出的单一目标向关注人与自然协调发展的多重目标转变，从纯理论假定的理论推导走向实际区域的分析与应用模型的研究。现代区位理论的代表主要有成本—市场学派、行为学派、社会学派、历史学派、计量学派等。

产业集群是在产业发展过程中，由相互关联的企业与机构在一定地域内集中分布所构成的产业群。产业集群理论由波特等提出，该理论除强调区域分工的重要性外，进一步强调了发挥区域内各种资源整合能力的作用，尤其是技术进步与创新的作用。农业产业集群是经济发展到一定阶段时出现的，它能够带动农业和农村经济结构的调整，加快农业现代化的进程，促进农村区域经济的发展。同时，农业采用集群式的发展模式，也可以使农业逐步由弱势产业发展成为强势产业，促进国民经济整体水平提高。农村产业融合发展本质上要求农业产业采取集群式发展。产业集聚理论是基于产业区位理论发展起来的，与之相关的还包括新经济地理学理论、交易成本理论等。

3. 农村产业融合发展是农业上下游产业在横向一体化基础上的产业整合

产业链是指各个产业部门之间基于一定的技术经济联系，与"产业关联效应""供应链""价值链"等概念相关联。农业产业链的构建相比其他产业链有其特殊性：一是农业产业链所涉及的产业更广，涵盖了工业、服务业及农业三大产业；二是农业本身的生产方式非常特殊，同工业差别很大，而且不同的农业产业之间也差别显著；三是农业发展面临的经济、政治等环境也与其他产业不同。农业产业链发展促进了农村一二三产业融合。一是采用多种形式发展农业产业链组织，使农业产业链组织从松散到紧密，从生产到销售，从单一到综合，从短链到长链，从小链到大链，从产业链内到产业链外，实现一二三产业融合发展。二是通过发展品牌产品链、特色农产品链和竞争优势农产品链等方式，不断凝聚农业产业链组织，发展壮大内在动力，为一二三产业融合提供坚实基础。三是建立健全包括价值链、信息链、组织链和物流链的农业产业链管理系统，保证一二三产业融合发展的可持续性和长期性。四是农业产业链发展创造宽松的法律和政策环境，保障一二三产业融合发展的政策法律环境。五是建立农业产业链战略联盟，实现农业产业化经营，将农业生产的产、供、销各环节进行整合，实现一二三产业融合发展。

（三）农村产业融合发展与农业产业化的概念辨析

农村产业融合发展是市场经济发展的自然产物，通过产业联动、产业集聚和技术渗透等方式，打破原有的一二三产业之间的明显界限，以第一产业为依托，综合发展二、三产业。

1. 农村产业融合发展是对农业产业化的继承和创新

我国早期的一二三产业融合的雏形源于我国农业产业化的发展。农业产业化概念最早产生于 20 世纪 50 年代的美国，然后迅速传入西欧、日本、加拿大等西方发达国家，在农业较发达国家进行了广泛的实践和应用。农业产业化又被称为农业一体化或农业综合经营，指的是按照现代化大生产的要求，在纵向上实行产加销一体化，在发展方向上实行资金、技术、人才等要素的集约经营，形成生产专业化、产品商品化、管理企业化、服务社会化的经营格局。与农村产业融合发展的要求有一定的相似性。

（1）农村产业融合发展与农业产业化都是农业生产力发展到一定阶段的产物

农村产业融合发展和农业产业化都是农业由传统型向现代型产业转换的过程，即按照市场要求，改造、重构农业结构、产业布局、产业规模的过程，是农业生产经营体制和机制改革创新的过程，是农业资源、人财物和科技重组和结合的过程，从而也是使弱质农业向商品化、专业化、现代化农业发展的过程。农村产业融合发展和农业产业化发展都需要通过市场经济调节生产要素的优化组合。分布在城乡之间、工农之间以及各种所有制实体中的生产要素，在利益驱动下，借助市场这个载体发生流动和重新组合，再造市场的微观基础，形成新的经济增长点，在经济增量的增值作用下，推动农村经济以及国民经济的加速发展。农村产业融合发展和农业产业化都要通过市场体系衔接产销关系，通过打破产业壁垒和行业壁垒，以市场为纽带，把初级产品的生产、加工和销售等诸环节联系起来，并且通过市场机制来调节各方面的既得利益，从根本上扭转第一产业经济效益过低的格局。

（2）农村产业融合发展和农业产业化都以市场为导向

农村产业融合发展和农业产业化都要求以市场为导向进行集约化经营和社会化生产，

根据市场的需要调整农业的产业结构及其产量。所谓的集约化经营，是相对于粗放农业而言的，包括要求有更多的资金、技术和科技的投入，通过结构优化、技术进步和实施科学管理，提高农业经济效益；社会化生产就是依据社会化概念的内涵，即分散的、互不联系的个别生产过程转变为互相联系的社会生产过程，就是要求逐步扩大农业的生产经营规模，实行农业生产的专业化分工，以及加强农业生产、加工和流通等再生产环节的内在有机联系。

（3）农业产业化的发展为实现农村产业融合发展创造了条件

农业产业化的提出最早是为了解决农民的"卖难"问题，实现农户与市场的有效对接。从微观主体的角度上来说，农业产业化经营是指现代农业中的农业生产主体与其关联部门（工业、商业、金融、服务业），在专业化和协作的基础上紧密地联系在一起，在经济上和组织上联结为一体，互相协调发展，形成完整的产业链条。从宏观的角度来看，农业一体化经济的出现，说明一个国家农业与其关联产业部门相互结合、彼此依存的关系日益密切，工业资本或其他非农资本已经大量渗入农业和农村其他产业，农业生产力和农业生产社会化已达到相当高的发展水平。这都为农村产业融合的发展创造了很好的条件。

2. 农村产业融合发展是对农业产业化的超越和发展

当农业生产向更广更深的程度发展，必然要求优化农业资源配置，提高农业生产要素的利用率，这就需要工商资本的介入来发展农业相关的二、三产业，完成农业的现代化过程，这是社会主义市场经济发展的必然产物。但农村产业融合发展和农业产业化在本质上存在很多不同。

（1）农村产业融合发展与农业产业化的表现形式不同

农业产业化过程中，一二三产业都得到协同发展，但一二三产业之间并无交叉融合，而是单纯的农业产业链的延伸。农村产业融合发展将农民作为发展主体，是市场经济发展到更高程度的产物：信息化的发展带来了体制创新和技术方式的转变，产业联动和技术渗透的新的方式逐渐发展起来，带来资源和产品的联合发展；资本、技术以及资源要素能够进行跨界的集约化配置，使得产业合并，导致产业界限的模糊化，不仅包括传统农业产业化的概念，还包括一二三产业之间的边界模糊化。例如农产品的工厂化生产和农业服务业的发展，在延伸产业链的同时，带来附加值的提高，增加了农民的收入，价值链的发展也得到了体现；农村产业融合不仅仅是一产出发的单向发展，而是一种多维度的交叉发展，能够提高农业附加值，增加农民就业，改变农村面貌，更好地实现农业的多功能性。

（2）农村产业融合发展与农业产业化发展的演进规律不同

纵观农业产业化的发展过程，可以总结出它的演进规律及农业产业化的发展路线是：农业生产专业化—规模化—产业化。专业化把多种经营条件下各个生产单位分散的小批量生产转换成专门企业的大批量生产，从而增加产品产量和降低成本，发挥农业规模经营的经济效益，进行农户和市场的有效对接。伴随农业生产专业化程度的提高和农业经营的规模化生产，客观上要求发展工业、商业、运输业和各种服务业，并实行农工商综合经营或农业一体化,专业化大大密切了农业与其关联产业的联系,是一种纵向关系。农村产业融合发展通常要求在产业化发展的基础上,通过将更先进的信息技术等现代科技融入农业发展过程,将一二三产业的技术、产品、业务、市场等进行融合,改变原有农业部门间的竞争合作关系,重划产业界限。所以农村产业融合发展的一般演进路径是:技术融合—产品与业务融合—市场融合,同时这个过程中要有信息化的发展为依托及保障。

(3)农村产业融合发展与农业产业化的发展目的不同

农业产业化经营通过从事集约高效的种养业,着重发展农产品加工业和运销业。同时,城市里的农产品加工业及其他劳动密集型产业适当向农村转移,为农村发展二、三产业提供更多机会。乡镇企业要以着重发展农产品加工业和运销业为战略方向,并与小城镇建设结合起来,从而形成众多的强有力的经济增长点,转移更多的农业劳动力。而农村产业融合发展更多的要求以人为本,在产业发展的基础上,因地制宜,对产业边界进行突破,以第一产业为基础,将更多的先进技术和现代化的生产方式运用到第一产业上,将第二产业的标准化生产的理念和第三产业以人为本的理念应用到第一产业的发展上,改变第一产业的生产面貌,将第一产业发展为第二产业和第三产业的重要形式之一。农村一二三产业融合发展涉及面广,复杂性强,跨界融合的主导特征显著,新技术、新业态、新商业模式贯穿其中。

综上所述,农业产业化更多的是解决了市场对接问题,代表的一种纵向产业发展方式,通过第一产业的集约化、专业化,从而实现规模效益,进而带动整个产业链的发展,带动农村发展和农民富裕。农村产业融合发展是一种交叉发展的概念,在农业产业化发展的基础上,将一二三产业进行交互,将第二产业的标准化的生产理念和第三产业以人为本的服务理念引入第一产业的发展,不仅仅是一种纵向发展,也能够使农业得到横向发展。

(四) 农村产业融合发展与"六次产业"的概念辨析

农村产业融合发展的根本目的是在于建立农村发展、农业增效、农民增收的现代化农业发展道路,同时注重资源节约与环境保护。这与日韩的"六次产业"的理论不谋而合。"六次产业"旨在将农业生产向二、三产业延伸,通过农业中一二三产业的相互延伸与融合,形成生产、加工、销售、服务一体化的产业链条。

1. 农村产业融合发展与六次产业都秉承跨界发展的理念

农村产业融合发展与六次产业都要求在跨界发展的基础上增强农业发展活力。农村产业融合发展和六次产业都将二、三产业的工商资本引入农村,共同开发农林牧渔业。农村产业融合发展和六次产业都要求由单一品种的农产品生产向地区性多元化综合农业方向发展。如韩国某地区农村过去可能以种植谷物或豆类为主要生产作物,六次产业化之后,朝着不单种植谷物、豆类,同时发展畜牧产业,种植蔬菜、果树和花卉,甚至会充分利用当地自然资源开发新的产业,如观光旅游、生物质发电等项目。农村产业融合发展和六次产业化鼓励农户由过去单一的农业生产向下游产业链条不断延伸,从生产向加工、销售等

二、三产业领域扩展，不断提升农业和农村的附加值。

农村产业融合发展和六次产业都要求开展多元化经营提高农民收入。农村产业融合发展和六次产业都在开展农林牧渔多元化的基础上提高农民收入。多元化表现为内容多元化、发展主体多元化和开展形式多元化。通过需求导向开发新的事业，创造新的利润增长点。同时引入新的主体，包括农户生产者、农业合作社、家庭农场、有限公司等众多主体均积极参与到农村产业融合和六次产业中。在发展形式上，通过加工、直销、贸易、契约交易、农家餐馆、网络营销等方式进行交叉融合。发展社区型六次产业化，将过去单纯生产粮食、蔬菜、水果等农产品扩展到进行农产品初级加工或进行直销经营，这种类型的六次产业化可以为当地创造更多的就业岗位，将农产品附加值留在本地，促进本地农业经济的发展。这种类型的农业产业化是将城市里的专卖店销售方式引入农业部门，首先由农业企业与零散的农户签订合同，指导他们的生产，提供相应的生产资料，并最终保障农产品以专卖的形式顺利销售，类似于订单农业。还可以通过发展工农商企业以第一产业为主导，向二、三产业延伸，开发新产品，产生新的价值链，产生出新的价值。

农村产业融合发展和六次产业都要求依赖新型经营组织和社会力量。农村产业融合发展和六次产业通过引导建立农民合作组织来指导农民的日常经营活动，发挥农民合作组织和大市场的"桥梁"和"支撑平台"作用，把千家万户的零散农户与全国的大市场联系起来，覆盖农业的生产、流通、分配和销售全过程。并为农户提供金融服务，指导农户制定合理的生产经营计划、提供公共基础设施。发展农业组织成为"三农问题"的核心力量，为农村产业融合保驾护航。将农村产业融合的理念导入农业经营组织的实践，以全体社员的利益为核心，以消费者所注重的食品安全、环保、高品质需求为导向，不断开发具有高附加值的农产品，同时不断加大对农村基础设施及配套的物流加工设施投入，利用多产业的融合来放大农业多功能性效应，持续不断振兴农业经济活力，实现地区农业的可持续发展。

2. 农村产业融合发展比六次产业的要求更加广泛

六次产业要求"地产地销"。根据国际上特别是日本"六次产业"的做法，"地产地销"是其实施的重点项目，即要求本地生产的农产品首先在产地积极消费，在当地供给不能满足消费的情况下，再消费其他产地的农产品。主要的形式有农产品直销店、本地加工、农超对接、市民农园、观光农业等模式。其中最典型的模式是直销店，农民自行包装和定价，然后委托直销店代销，农户可以通过软件和设备了解自家商品的销售情况，消费者也可以通过产品包装追溯农产品的产地，农户也可以与消费者直接沟通。日本国土面积较小，产地和销地重合度较高，同时日本农业的技术水平较高，以农户为主体，让农民参与加工、流通、销售等环节，可以降低物流成本和交易成本，提高农民收益。农村产业融合发展更多的是一个全社会的概念。我国地域广阔，在广袤的土地上，产地和销地往往相距甚远，并且尽管农民增收是我国农村产业融合发展的主要目标，但我国农村产业融合发展还肩负了农业增效和农村发展的任务，因此对我国的农村产业融合提出了更高的要求。

三、农村产业融合发展中各产业间的关系及作用机理

在既往产业化发展的阶段中，如产业协作、产业集聚集群，产业间的关系及作用机理主要体现在分工协作与相互促进上，而产业融合中各产业间的关系是融合关系，即边界不再清晰。作用机理是共生机理，一荣俱荣。农村产业融合发展中，既存在着产业渗透与产业交叉延伸的初级阶段，这时产业间的关系是互利互惠的协作关系与相互促进的协同发展关系；也存在着产业重组的高级阶段，此时产业间的关系是共生关系，不可分离。我国农村产业融合发展的作用机理主要来自技术创新的带动效应、内部化与规模化的带动效应，以及高附加值环节对低附加值环节的带动效应等。

（一）农村产业融合发展中各产业间的关系

事实上，产业化发展的阶段，已经从理论上解释了各产业间的相互关系。在不同的产业化阶段中，不同产业之间的关系具有一定的层次递进的差异。基于产业经济学与产业组织理论，结合过去的历史发展经验来看，产业化的发展可以粗略地分为四个阶段：产业协作→产业集聚→产业集群→产业融合。这四个阶段相互紧密渗透，相互关联，具有一定发展阶段上的递进性，但又不能完全向前覆盖。如果从产业链的角度来说，产业协作延伸了产业链的长度，产业集聚拓展了产业链的宽度，产业集群增强了产业链的厚度，产业融合将长度、宽度与厚度都紧紧地拧在了一起，所以它事实上与过去的产业化阶段又并不相同，可以说进入了一个产业发展的新阶段。

从产业融合的类型角度，产业融合可分为产业渗透、产业交叉延伸和产业重组三类。产业渗透是产业融合的初级阶段，在这一阶段中，同一主体在不同的时间或空间范畴中从事着至少两种及以上且具有关联性的产业工作，此时产业间的关系是互利互惠的协作关系。产业交叉延伸是产业融合的中级阶段，在这一阶段中，同一主体可能在同一时间与空间范畴内进行不同产业的工作，但是具体工作任务的产业性质仍然相对清晰，此时产业间的关系是相互促进的协同关系。产业重组是产业融合的高级阶段，在这一阶段中，同一主体在同一时间与空间范畴内进行不同产业的工作，并且具体工作任务的产业性质不再清晰，或者说具体工作任务同时具有多产业性质，此时产业间的关系是共生关系。

产业渗透是指发生于高科技产业和传统产业在边界处的产业融合，某种意义上具有兼业的性质，如发生在 20 世纪 90 年代的信息和生物技术对传统工业的渗透融合，产生了诸如机械电子、航空电子、生物电子等类型的新型产业。还如电子网络技术向传统商业、运输业渗透而产生的电子商务与物流业等新型产业；高新技术向汽车制造业的渗透产生光机电一体化的新产业等。产业渗透是产业融合的初级阶段，在这一阶段中，尽管同一主体往往开始从事至少跨越两种产业的业务，但是仍然是在不同的时间范畴内由同一主体从事不同产业，因而只是产业融合的初级阶段。比如农民一半的时间种玉米，一半的时间去玉米加工厂工作。在这一阶段中，两种产业间的关系是互利互惠的协作关系，农民作为兼业主

体同时从事一二产业环节，有助于减少交易成本与平均边际成本，通过内部化和规模化为两个产业环节都创造出更多的附加值。

产业交叉延伸是指通过产业间功能的互补和延伸实现产业融合，往往表现为服务业向第一产业和第二产业的延伸和渗透，如现代农业生产服务体系、农业旅游、农家乐采摘、庄园型观光等。产业交叉延伸是产业融合的中级阶段，在这一阶段中，同一主体可能在同一时间范畴内进行不同产业的工作，但是工作的产业性质仍然相对清晰，比如采摘园区的农民，在顾客进行采摘的同时进行自己的修剪工作与采摘收费，在同一时间进行着第一产业与第三产业的工作，但是这两种工作仍然是可以清晰区分出来的，即他做的哪些属于第一产业，哪些属于第三产业。在这个阶段里面，产业间的关系是相互促进的协同关系。采摘园的农民可以不通过采摘而仅通过种植获利，但远远少于与第三产业结合的效应收获，而脱离了第一产业的种植，第三产业的观光休闲农业也就脱离了根基，缺少核心竞争力与载体，因此两种产业间的关系是相互促进的协同关系。

产业重组主要发生于具有紧密联系的产业之间，这些产业往往是某一大类产业内部的子产业。重组融合主要发生在具有紧密联系的产业或同一产业内部不同行业之间，是指原本各自独立的产品或服务在同一标准或集合下通过重组完全结为一体的整合过程。通过重组型融合而产生的产品或服务往往是不同于原有产品或服务的新型产品或服务。例如，第一产业内部的种植业、养殖业、畜牧业等子产业之间，可以生物技术融合为基础，通过生物链重新整合，形成生态农业等新型产业形态。目前信息技术快速发展，重组融合更多地表现为以信息技术为纽带的、产业链的上下游产业的重组融合，融合后生产的新产品表现出数字化、智能化和网络化的发展趋势，如模糊智能洗衣机、绿色家电的出现就是重组融合的重要成果。在农业领域，如国内外许多室内有机农业，通过传感等技术手段对无土种植模式进行升级，适时按照作物需求给予光照、温度、空气、水、养料等作物生长必备要素，进行规模化的作物生产。那么这里的工作人员，或者说开展此商业活动的企业主体，在同一时间同一空间从事着第一产业与第二产业两种工作。农作物种植属于第一产业，但是由于它将农作物生产各环节标准化为一种工业化的步骤，因此它又具有鲜明的第二产业特性。它是通过技术手段将第一产业与第二产业进行重组，完全打破了两个产业的界限，同一主体从事的具体工作任务也不能清晰地区分到底属于哪个产业，这就是产业重组作为产业融合高级阶段的典型案例。在这个阶段里面，产业间的关系是一种共生关系，脱离了第一产业则不存在第二产业，脱离了第二产业第一产业也不复存在。

（二）农村产业融合发展中的作用机理

要理解农村产业融合发展中的作用机理，首先必须理解农村产业融合发展的动因。农村产业化发展步入产业融合的高级阶段，是在市场化进程中自然而然发生的过程。其动因正是反映农村产业融合中产业间相互作用机理的理论与经验基础。

从市场化的角度来看，对效益最大化的追求是产业融合发展的内在动力。一方面取决于分工中各自产业的专业化程度，一方面取决于产业关联的发展成熟度。从当今世界产业融合的实践看，推动产业融合的因素主要是技术创新、规模效应、国际投资、放松管制等四个方面。而对于我国农村产业融合的发展来说，目前只有前两者的驱动力较为显著。

1. 技术创新是产业融合的内在驱动力

技术创新开发出了替代性或关联性的技术、工艺和产品，然后通过渗透扩散融合到其他产业之中，从而改变了原有产业的产品或服务的技术路线，因而改变了原有产业的生产成本函数，从而为产业融合提供了动力；同时技术创新改变了市场的需求特征，给原有产业的产品带来了新的市场需求，从而为产业融合提供了市场空间。重大技术创新在不同产业之间的扩散导致了技术融合，技术融合使不同产业形成了共同的技术基础，并使不同产业的边界趋于模糊，最终促使产业融合现象的产生。

2. 竞争合作的压力和对范围经济的追求是产业融合的企业动力

企业在不断变化的竞争环境中不断谋求发展扩张，不断进行技术创新，不断探索如何更好地满足消费者需求以实现利润最大化和保持长期的竞争优势。当技术发展到能够提供多样化的满足需求的手段后，企业为了在竞争中谋求长期的竞争优势便在竞争中产生合作，在合作中产生某些创新来实现某种程度的融合。利润最大化，成本最低化是企业不懈追求的目标。产业融合化发展，可以突破产业间的条块分割，加强产业间的竞争合作关系，减少产业间的进入壁垒，降低交易成本，提高企业生产率和竞争力，最终形成持续的竞争优势。企业间日益密切的竞争合作关系和企业对利润及持续竞争优势的不懈追求是产业融合浪潮兴起的重要原因。范围经济（economies of scope）是指扩大企业所提供的产品或服务的种类会引起经济效益增加的现象，其反映了产品或服务种类的数量同经济效益之间的关系。其最根本的内容是以较低的成本提供更多的产品或服务种类为基础的，范围经济意味着对多种产品进有共同生产，是相对于单独生产所表现出来的经济，一般是指由于生产多种产品而对有关要素共同使用所产生的成本节约。假定分别生产两种产品 A、B 的成本为 C（A）与 C（B），而当两种产品联合生产时，其总成本为 C（A、B），则联合生产带来的范围经济可表示为：C（A、B）＜C（A）＋C（B）。不同产业中的企业为追求范围经济而进行多元化经营、多产品经营，通过技术融合创新改变了其成本结构，降低了其生产成本，通过业务融合形成差异化产品和服务，通过引导顾客消费习惯和消费内容实现市场融合，最终促使产业融合。

对于我国农村发展来说，尤其是我国具有小农经济的国情，农民从传统农业生产和农产品加工中获取规模经济效益比较困难。产业间的横向关联，尤其是朝着产业融合的方向前进，可以为我国农民带来极其显著的规模经济效益和内部化效益。比如农家乐的一三产业融合，蘑菇种植与食品精加工的一二三产业融合，都是以获取这种规模经济效益与内部化效益为基础的。通过产业融合的方式，农民可以减少产业链各环节附加值的损失，从而充分获取这种内部化效益。而产业融合的方式也进一步促进了农业产业化的规模化发展成熟度，比如种植蘑菇，正是由于引入了自动化信息化的技术，才使得在室内农业的模式其可以朝着规模化种植的趋势发展，如果还是采取传统的大棚人工种植方式，显然这种规模经济效益就不可能获得。

3. 具有高附加值的产业带动低附加值产业，是产业融合的带动效应

例如农家乐，如果不是随着城市规模的发展，城市圈生态农业、休闲农业市场的发展，使得农村第三产业有了较为长足的增长空间，农家乐根本不会发展成为一种新型产业，一三产业的融合也就无从谈起。因此在农家乐的产业形态中，作为高附加值的第三产业是带动产业融合的主导因素。在农产品加工业向第一产业与第三产业的延伸中，第三产业的发展比如市场开拓的成熟度，对第二产业的发展具有极其显著的带动作用，而第二产业比如玉米精深加工在某地区的发展对第一产业的玉米规模化种植具有显著带动效应。从这个角度说，农村产业融合发展中各项产业间相互作用关系是相互促进，且按照附加值层级带动。而作为其中衔接的关键环节，农产品加工业对于我国农村产业融合发展的重要性不言而喻。

第二节　农村产业融合发展的扶持政策

我国农业农村经济发展进入新阶段以来，面临一些亟待解决的深层次矛盾和新的问题，农产品供求形势日益严峻，农业综合生产能力还不稳定，农民收入增长困难，城乡收入差距持续扩大，农业发展方式落后，建设现代农业任务艰巨，国际农业竞争日趋激烈，培育有竞争力的市场主体更加迫切。中央高度重视农村一二三产业融合发展，把推进产业融合作为现代农业建设的重要途径，出台了一系列政策措施。

一、财政扶持政策

(一) 企业

为加大对农业产业化经营的财政支持力度，近几年中央相关文件中都有明确要求，有关部门也制定了相应的具体实施意见，扶持农业产业化经营的财政政策主要有以下内容：

1. 增加安排农业产业化财政专项资金

设立农业产业化专项资金是加大财政扶持力度的重要体现。全国农业产业化联席会议八部委《关于加快发展农业产业化经营的意见》等文件提出，各级财政部门要逐步增加扶持农业产业化的专项资金，较大幅度增加对龙头企业的投入，对龙头企业为农户提供的培训、技术、信息服务以及新品种、新技术的引进与推广、开展基地建设和污染治理等，给予财政补助。

2. 对符合条件的龙头企业贷款给予适当贴息

农业企业由于利润空间不大，对贷款利息负担往往更为敏感。为减轻农业企业的贷款利息负担，国家政策明确提出予以贴息支持。中国农业发展银行、国家农业综合开发办公室《关于落实农业产业化经营贴息贷款项目的实施意见》明确，所扶持各类项目根据项目建设期和企业还款能力确定贷款期限和贴息期限，财政贴息原则上限定在固定资产贷款范围内，对部分项目确需的配套流动资金贷款也可以给予贴息一年，贷款利率和贴息率原则上执行央行同期同档次基准利率。

3. 支持龙头企业建设生产基地

为引导龙头企业大范围带动生产基地和农户，形成"龙头企业 + 生产基地 + 农户"的产业化经营新格局，对于重点龙头企业带动的生产基地建设等，中央财政继续给予支持，地方财政也要做出具体安排。对能带动当地主导产业发展的大型农业产业化项目，各级政府在资金上要给予重点支持。

4. 探索建立支持农业产业化发展的投资资金

积极探索建立以重点龙头企业为主体的农业产业化发展投资基金。近年来，中央文件多次强调这一政策，要求各级财政要较大幅度增加对龙头企业的投入，支持龙头企业发展，要整合各类农业投入资金，形成多方推进的合力。农业综合开发资金要继续加大对农业产业化经营的扶持力度。

（二）合作社

农业部与国家发改委等部门联合印发《关地支持有条件的农民专业合作社承担国家有关涉农项目的意见》。该意见规定，对适合农民专业合作社承担的涉农项目，涉农项目管理办法（指南）中已将农民专业合作社纳入申报范围的，要继续给予支持；尚未明确将农民专业合作社纳入申报范围的，应尽快纳入并明确申报条件；今后新增的涉农项目，只要适合农民专业合作社承担的，都应将农民专业合作社纳入申报范围，明确申报条件。支持农民专业合作社承担的涉农项目主要包括：支持农业生产、农业基础设施建设、农业装备保障能力建设和农村社会事业发展的有关财政资金项目和中央预算内投资项目。合作社承担的财政项目主要有两类，一是示范项目，二是产业项目。

（三）家庭农场（专业大户）

财政政策是各级地方政府扶持家庭农场发展的主要政策措施之一，大多省市县都出台了相关政策加大对家庭农场的财政扶持力度，通过直接补助、以奖代补、项目扶持、贷款贴息等方式，给予家庭农场优先安排农业综合开发、农田水利建设、土地整治、农村道路建设等项目，支持家庭农场开展农产品质量安全认证、农业生产基础设施建设、农机购置补贴、种苗繁育、加工储运、市场营销等。

二、税收扶持政策

（一）企业

相对于财政支持政策，税收政策的相关规定更加详尽具体，可操作性更强。有关部门结合实际制定了一系列税收优惠政策，以减轻企业的税收负担。主要政策措施有：

1. 减轻产业化经营主体的增值税负担

各级、各部门要按照国家有关财税政策和制度规定，采取切实措施，帮助龙头企业和农户提高抵御市场风险的能力。《增值税暂行条例》规定，农业生产者销售的自产农业产品免征增值税。财政部、国家税务总局《关于农民专业合作社有关税收政策的通知》规定，对农民专业合作社销售本社成员生产的农业产品，视同农业生产者销售自产农业产品免征增值税。增值税一般纳税人从农民专业合作社购进的免税农业产品，可按13%的扣除率计算抵扣增值税进项税额。此外，中央有关文件提出，为进一步促进农产品加工业发展，要完善农产品加工增值税政策，开展农产品精深加工增值税改革试点。为解决部分加工品增值税"高征抵扣"的问题，我国在液体乳及乳制品、酒及酒精、植物油加工行业先行试点，将农产品进项税额扣除率由现行的13%修改为纳税人再销售时货物的适用税率，进一步减轻了农产品加工企业的税收负担。

2. 对部分进口农产品加工设备免征进口关税和进口环节增值税

对于符合国家高新技术目录和国家有关部门批准引进项目的农产品加工设备，在《国内投资项目不予免税的进口商品目录》所列商品以外的，继续免征进口关税和进口环节增值税。对于龙头企业从事国家鼓励类的产业项目，引进国内不能生产的先进加工生产设备，按有关规定免征进口关税和进口环节增值税。

(二) 合作社

财政部与国家税务总局联合下发了《关于农民专业合作社有关税收政策的通知》，指出农民专业合作社的税收政策如下：(1) 对农民专业合作社销售本社成员生产的农业产品，视同农业生产者销售自产农业产品免征增值税。(2) 增值税一般纳税人从农民专业合作社购进的免税农业产品，可按13%的扣除率计算抵扣增值税进项税额。(3) 对农民专业合作社向本社成员销售的农膜、种子、种苗、化肥、农药、农机，免征增值税。(4) 对农民专业合作社与本社成员签订的农业产品和农业生产资料购销合同，免征印花税。各地方政府重视发挥合作社作用，扶持合作社发展的政策更加具体，税收更加优惠。

1. 免征房产税和城镇土地使用税

浙江、黑龙江、江西等地免征合作社部分房产税和城镇土地使用税。浙江省地方税务局发出《关于农民专业合作社若干税费政策问题的通知》，规定对合作社的经营用房，免征房产税和城镇土地使用税，黑龙江、江西等地也有类似规定。

2. 灵活抵扣增值税

江苏、广东等地合作社普通发票具有与增值税发票相同效力，浙江扩大增值税免交范围。广东省国家税务局发出《关于进一步加强农民专业合作社税收管理有关问题的通知》，规定增值税一般纳税人从合作社购进免税农业产品，凭合作社开具的农产品销售发票上注明的农产品买价和13%的扣除率计算抵扣增值税进项税额。

3. 扩大增值税优惠范围

浙江、江西等地扩大增值税优惠范围。《浙江省农民专业合作社条例》规定，合作社销售非成员农产品不超过合作社成员自产农产品总额部分，视同农户自产自销。

4. 免征营业税

黑龙江、安徽、江西、四川、湖南、重庆等地免征合作社部分营业税。《黑龙江省农民专业合作社条例》规定，合作社从事农业机耕、排灌、病虫害防治、植物保护、农牧保险以及相关技术培训业务，家禽、牲畜、水生动物的配种和疾病防治，免征营业税。四川、湖南、重庆等地都做出类似规定。

5. 扩大免征印花税范围

江西省农业厅等八部门联合下发的《关于加快农民专业合作社发展的若干意见》规定，被国家指定为收购部门的合作社，与村民委员会、农民个人订立的农副产品收购合同免纳印花税。

6. 免征税务登记证工本费

重庆、广东、山东、安徽、辽宁等地免征合作社税务登记证工本费。重庆市农委、国税局、地税局共同发出《关于做好农民专业合作社税收优惠工作的通知》，要求重庆市各地国税、地税部门要积极引导合作社按照税法的规定办理税务登记证，落实免收税务登记工本费的政策，广东、山东、安徽、辽宁也有类似规定。

（三）家庭农场（专业大户）

家庭农场可享受的税收政策主要包括增值税、营业税、房产税、土地使用税、个人所得税、企业所得税等。

1. 投资者个人取得"四业"所得暂不征收个人所得税

根据《国务院关于个人独资企业和合伙企业征收所得税问题的通知》《财政部国家税务总局关于个人所得税若干政策问题的通知》和《财政部国家税务总局关于农村税费改革试点地区有关个人所得税问题的通知》《财政部国家税务总局关于个人独资企业和合伙企业投资者取得种植业、养殖业、饲养业、捕捞业所得有关个人所得税问题的批复》等有关规定，对注册形式为个人或个体工商户、个人独资企业和合伙企业的，其从事种植业、养殖业、饲养业和捕捞业（以下简称"四业"），其投资者取得的"四业"所得暂不征收个人所得税。

2. 企业从事农、林、牧、渔业项目的所得可以免征、减征企业所得税

根据《企业所得税法》及实施条例的规定，依照中国法律、行政法规在中国境内成立的企业、事业单位、社会团体以及其他取得收入的组织属于企业所得税的纳税人，包括注册形式为有限公司的家庭农场。根据《企业所得税法》第二十七条第（一）项及实施条例第八十六条规定，企业从事农、林、牧、渔业项目的所得可以免征、减征企业所得税：

（1）免征企业所得税的项目

具体包括蔬菜、谷物、薯类、油料、豆类、棉花、麻类、糖料、水果、坚果的种植；农作物新品种的选育；中药材的种植；林木的培育和种植；牲畜、家禽的饲养；林产品的采集；灌溉、农产品初加工、兽医、农技推广、农机作业和维修等农、林、牧、渔服务业项目；远洋捕捞等八项内容。

（2）减半征收企业所得税的项目

具体包括花卉、茶以及其他饮料作物和香料作物的种植和海水养殖、内陆养殖两项内容。

3. 从事农业生产的单位和个人销售的自产农产品免征增值税

《中华人民共和国增值税暂行条例》及实施细则第十五条和第三十五条规定，农业生产者销售的自产农产品免征增值税，这里所称农业，是指种植业、养殖业、林业、牧业、水产业。农业生产者，包括从事农业生产的单位和个人。农产品，是指初级农产品，具体范围由财政部、国家税务总局确定。

三、金融支持政策

（一）企业

中央文件多次明确要求，金融机构要创新金融服务手段和加大信贷支持力度以扶持农业产业化经营。财政部、农业部、中国农业银行、中国农业发展银行等部门加强合作，制定了具体的金融支持政策，主要内容有：

1. 国有商业银行加大对农业产业化经营的支持力度

国有商业银行把扶持农业产业化经营作为信贷支农重点，在资金安排上给予倾斜。农业部、中国农业银行《关于支持农业产业化龙头企业发展的意见》提出多项具体政策措施，农业产业化部门与农业银行实施战略合作，突出重点领域，有针对性地支持一批竞争能力强、带动农户面广、经济效益好的龙头企业和农业产业化示范区。各级农业银行根据现代农业建设和龙头企业发展的新要求，稳步增加贷款投放规模，不断创新产品和服务。

2. 国有政策性银行加强对农业产业化经营的支持

农业发展银行要对龙头企业进行科技成果转化给予贷款支持。近年来，农业发展银行不断扩展业务范围，与财政、农业等部门加强合作，逐步加大对农业产业化经营的支持力度，联合出台了《关于进一步加强合作支持农业产业化龙头企业发展的意见》《关于积极开展合作共同推进农业产业化经营的通知》等文件，明确了重点支持的主要项目和龙头企业范围，以及完善信贷服务的各项具体政策。

3. 继续加大对农产品出口的金融支持力度

国家高度重视农产品出口，要求国有商业银行对农产品出口所需流动资金贷款优先安排，重点支持。对出口型龙头企业提供政策性金融支持，积极拓宽企业融资渠道。对资信好的农产品出口企业核定一定的授信额度，用于对外出具投标、履约和预付金保函。

4. 加大对贫困地区农业产业化发展的金融支持

国务院扶贫办、中国农业银行《关于积极应对金融危机加大对扶贫龙头企业扶持力度的意见》提出，积极探索支持扶贫龙头企业的新机制。一是创新扶贫龙头企业和项目的筛选机制，确保筛选出的项目拉动县域主导产业发展作用突出，带动贫困农户增收效果明显。二是开展金融参与、连片开发的试点，探索金融与扶贫合作的新途径和新机制。三是积极推动农业企业产业转移，努力引导和推动农业企业向贫困地区和扶贫开发工作重点县转移，带动特色主导产业发展。

5. 支持符合条件的龙头企业上市融资

扩大直接融资规模，对于农业龙头企业快速规范发展具有重要意义。《关于加快发展农业产业化经营的意见》提出，支持具有比较优势的龙头企业组建企业集团，鼓励有条件的龙头企业进行现代企业制度改革，并按照国家有关规定，在境内外采取发行股票、债券等方式扩大融资。

6. 为龙头企业贷款抵押担保创造有利条件

为缓解农业龙头企业贷款的抵押担保难题，《关于加快发展农业产业化经营的意见》提出，加大对农业产业化经营的金融支持力度，要创新信贷担保手段和担保办法，采取动产质押、仓单质押等多种形式，帮助龙头企业解决抵押困难。《关于进一步加强合作支持农业产业化龙头企业发展的意见》，对扩大龙头企业有效担保物范围做出了具体规定。各地也结合实际，出台了相应的政策措施。安徽省《关于进一步加大对农业产业化金融支持的意见》，鼓励通过多种方式探索建立农业产业化融资担保机制。

（二）合作社

在中央一系列文件要求下，农业部门与金融部门相继出台了一系列政策和意见，优化合作社金融环境。银监会出台《关于调整放宽农村地区银行业金融机构准入政策，更好支持社会主义新农村建设的若干意见》，提出鼓励支持和引导"农村地区的农民和农村小企业也可按照自愿原则，发起设立为入股社员服务、实行社员民主管理的社区性信用合作组织"。中国银监会和农业部联合印发《关于做好农民专业合作社金融服务工作的意见》，要求各地农村合作金融机构要积极构建与合作社的互动合作机制，进一步加强和改进对合作社的金融服务。该意见从五个方面加大对农民专业合作社的金融支持：一是把农民专业合作社全部纳入农村信用评定范围。二是加大信贷支持力度。实施差别化的针对性支持措施，重点支持产业基础牢、经营规模大、品牌效应高、服务能力强、带动农户多、规范管理好、信用记录良的农民专业合作社。三是创新金融产品。支持和鼓励结合实际创新金融产品。四是改进服务方式。加快综合业务网络系统建设，鼓励在农民专业合作社发展比较充分的地区就近设置 ATM、POS 等金融服务机具，稳定推广贷记卡业务，探索发展手机银行业务。五是鼓励有条件的农民专业合作社发展信用合作。优先选择在农民专业合作社基础上开展组建农村资金互助社的试点工作。

（三）家庭农场（专业大户）

中国农业银行出台了支持家庭农场发展的专项政策，将家庭农场作为"三农"业务重点支持对象。为支持农业集约化经营和规模化发展，扩大对家庭农场等新型农业经营主体的服务范围，农业银行将加快推进农户贷款业务经营转型，创新抵质押担保方式，扩大抵质押担保物范围，重点围绕家庭农场做好全流程金融服务。针对家庭农场生产经营特点，农业银行将在前期支持家庭农场工作的基础上，把农户贷款与结算、理财、咨询等金融服务紧密结合，开展金融服务创新，设计专属金融服务方案。对种植业客户，农业银行将大力支持土地整治和土地流转，稳步开展农村土地承包经营权抵押贷款业务；支持播种机、收割机等大型农机具购置，发展"经销商保证＋本机抵押"组合担保方式，探索小微水利、固定大棚等地上附属设施有效抵押担保方式；支持农产品收购、储运、分销、加工等环节，探索引入电子商务平台，做好农产品网络直销服务。对养殖业客户，农业银行将加大对有窗式畜牧养殖舍、网箱式水产养殖等新型养殖设施建造的支持力度，探索开展交易资金托管业务；支持客户灵活用款，对养殖周期较短项目，允许家庭农场客户采取可循环贷款方式；支持订单养殖，推荐、引导家庭农场客户与加工企业客户对接。此外，农业银行将积极为家庭农场安装智能支付终端或 POS 机，派专人指导协助其办理网上银行、手机银行等支付业务。

四、其他支持政策

（一）企业

除财政、税收和信贷政策外，其他农业产业化经营扶持政策主要有科技和贸易两个方面。

1. 科技政策

为鼓励和支持龙头企业进行科技创新，自 20 世纪 90 年代中期开始，中央有关部门相继在企业技术开发费用所得税前扣除、技术改造国产设备投资抵免所得税、技术创新资助等方面制定了相关政策。近几年，中央有关文件又进一步加强了对农业龙头企业进行科技创新的政策支持。主要有两条：一是明确对龙头企业申请使用国家有关农业科技专项资金的支持。继续实施现代农业高技术产业化项目，继续安排农业科技成果转化资金和国外先进农业技术引进资金。允许各类农业企业和民营农业科技组织申请使用国家有关农业科技的研发、引进和推广等资金，积极发挥农业科技示范场、科技园区、龙头企业和农民专业合作组织在农业科技推广中的作用。二是鼓励和引导龙头企业成为农业科技创新主体。对企业建立农业科技研发中心，国家在财税、金融、技术改造等方面给予扶持。改善农业技术创新的投资环境，发展农业科技创新风险投资。加大农业科技投入，建立农业科技创新基金，重点支持关键领域、重要产品、核心技术的科学研究，强化农业知识产权保护，支持龙头企业承担国家科技计划项目。

2. 贸易政策

增强龙头企业带动能力，关键是提升企业产品竞争力，扩大企业产品市场占有率。扩大出口成为龙头企业主要的经济增长点。

（二）合作社

生产设施占用耕地不需要办理农用地转用审批手续。国土资源部和农业部发布《关于完善设施农用地管理有关问题的通知》。《通知》明确，兴建农业设施占用农用地的，不需办理农用地转用审批手续。其中生产设施占用耕地的，生产结束后由经营者负责复耕，不计入耕地减少考核；附属设施占用耕地的，由经营者按照"占一补一"要求负责补充占用的耕地。《通知》规定，农业设施的建设与运行由经营者提出申请，乡政府申报，县级政府审核同意即可。

整车合法装载运输鲜活农产品车辆免缴通行费。交通部和国家发改委发出《关于进一步完善和落实鲜活农产品运输绿色通道政策的通知》，强调建立由国家和区域性"绿色通道"共同组成的、覆盖全国的鲜活农产品运输"绿色通道"网络，在全国范围内对整车合法装载运输鲜活农产品的车辆免收车辆通行费。《通知》还发布了《鲜活农产品品种目录》。交通部、国家发改委和财政部发出《关于进一步完善鲜活农产品运输绿色通道政策的紧急通知》，强调全国所有收费公路全部纳入鲜活农产品运输"绿色通道"网络范围，对整车合法装载运输鲜活农产品车辆免收车辆通行费。《通知》还增加了鲜活农产品品种，并进一步细化了"整车合法装载"的认定标准。

部分地区也出台农民专业合作社用地、用电、运输优惠政策。《浙江省人民政府关于促进农民专业合作社提升发展的意见》规定，要落实农民专业合作社用地、用电和农产品运输优惠政策。对农民专业合作社因生产需要建造简易仓（机）库、生产管理用房、晒场等临时性农业生产配套设施，在不破坏耕作层的前提下，按农民专业合作社生产使用农地面积0.5%规模控制，视作设施农用地，由县（市、区）政府审批，报上一级国土资源管理部门备案。设施农用地不得改变土地的权属和用途。农民专业合作社兴办加工企业等所需要的非农建设用地，在符合土地利用规划、城市规划和农业相关规划的前提下，由土地管理部门优先安排用地计划，及时办理用地手续。供电企业应开辟农民专业合作社用电业务办理绿色通道，对农民专业合作社从事蔬菜、桑、茶、果树、花卉、苗木等种植业用电以及各种畜禽产品养殖、水产养殖用电，执行农业生产用电价格。对农民专业合作社运输鲜活农产品的车辆，按规定享受国家和省绿色通道政策。

（三）家庭农场（专业大户）

1. 人才政策。

（1）培养人才政策

如浙江省要求各地建立家庭农场经营者培训制度，制订培训计划，在安排实施千万农民素质提升工程、农村实用人才培训、现代农业领军人才提升班、农村劳动力培训"阳光工程"等培训时要向家庭农场倾斜。省里每年组织省级示范性家庭农场专项培训，纳入省中高级农村"两创"实用人才培训范围；加强农业职业技能鉴定工作，提高农业劳动者生产技能；探索组建农业劳务中介服务组织，努力满足家庭农场临时性用工需求。安徽省实施"青年家庭农场主"创业计划，加强对青年农民的农业职业技能、农业创业和农业实用技术普及性培训。

（2）吸引人才政策

如浙江桐乡市对示范性家庭农场招聘涉农专业大学生的给予每人每年 2 万元奖励，连续奖励 3 年；对大学生自主创业从事农业生产经营的，成立家庭农场，且生产经营（含种植业、水产）面积 50 亩以上或蔬菜钢管大棚 10 亩以上或养殖湖羊 100 只以上的，给予每人每年 3 万元的奖励，连续奖励 3 年。浙江省江山市积极支持大中专毕业生到家庭农场工作，对从事家庭农场的大专（含）以上毕业生可享受省财政补助政策（按 1 万元/年的标准，连补 3 年）和新型职业农民政策；市人才交流机构要为其提供人事档案保管、办理集体户口、党团组织关系挂靠等服务；大中专毕业生与家庭农场签订聘用劳动合同，按有关规定参加社会保险并按时足额缴纳社会保险费的，连续工作满一年以上的，可计算连续工龄。

2. 提升农业社会化服务水平政策

加快构建以公共服务机构为依托、合作经济组织为基础、龙头企业为骨干、其他社会力量为补充，公益性服务和经营性服务相结合、专项服务和综合服务相协调的新型农业社会化服务体系，为家庭农场提供多元化、多层次、全方位的社会化服务，一直是各级政府进行制度创新的重要领域。如江苏省南京市着力创新服务方式和手段，积极探索"专业化服务公司＋合作社＋专业大户""专业化服务队＋农户""农业经济技术部门＋龙头企业＋农户"等多种服务模式。

（1）农业公益性服务

如上海市要求各有关区县建立农技人员联系家庭农场制度，及时提供各类信息、技术、经营等指导服务；江苏省扬州市要求农业技术部门加强对家庭农场的全程技术服务，建立家庭农场农技特派指导员制度，实行"一对一"服务，切实提高农技推广服务能力；安徽省要求区域性农业科技服务机构、新型农技推广服务单位，把家庭农场作为重要服务对象，指导家庭农场应用优质高产品种和标准化生产技术，开展病虫害统防统治、测土配方和农机化等技术系列服务。

（2）合作社社会化服务

如山东省青州市引导家庭农场组建或加入专业合作社，加快规模化发展；上海市积极探索农机社会化服务新机制，鼓励机农合一、互助合作。

（3）龙头企业社会化服务

如山东省青州市支持农业龙头企业与家庭农场采取保底收购、股份合作、利润返还等形式建立经营合作共同体。鼓励有条件的家庭农场领办、创办农产品加工企业，拉伸产业链条，提高综合效益。

（4）经营性社会化服务

如江苏省南京市鼓励采取政府订购、定向委托、奖励补助、招投标等方式，引导经营性服务组织提供良种示范、农机作业、抗旱排涝、沼气维护、统防统治、产品营销、信息提供等服务；陕西省商洛市积极支持家庭农场开展农超、农企、农校、农社产销对接，支持其参加各类农产品展销展示活动。

第三节 农村产业融合发展机制

农村产业融合的微观主体是由农户、龙头企业、合作社、行业协会等组成，各主体之间通过某种机制组成经济联合体。有的联合形式比较松散，有的联合形式则十分紧密，各主体之间实行"利益共享、风险共担"。在组织体系内得到比较合理的利润，是激励各市场主体或利益主体积极性和创造性的动力，是维系并发展组织体系的基础。农村产业融合发展微观主体之间的利益联结机制，按照利益联结的紧密程度，可划分为合作制、股份制、股份合作制和合同制。近些年来．我国各类利益联结机制渐趋完善和多样化。不同产品、产业，不同的发展阶段，各有不同：在一个产业化经营组织中有的以一种形式为主，有的多种形式并存。

一、合作制

合作制就是生产者联合劳动的制度。合作制是指农户通过组建合作社、专业协会或其他合作组织，以团体的形式参与农业产业化经营，从而达到提高自身谈判地位和增强市场影响力的目的。相比较而言，合作社的内部联系一般相对比较紧密，章程的约束力也比较强；而专业协会的内部组织一般较为松散，章程的约束力也较弱。当前，我国的合作经济组织整体上仍处于初创阶段，普遍存在规模小、组织化程度不高、运作不规范、影响力不大等问题。

合作社在农村产业融合中担任两种角色：一种是充当龙头组织，实行产销或产加销一体化经营。有的合作社对社员生产的鲜活农产品实行"四统一"，即统一提供化肥、农药、籽种，统一技术培训，统一防虫治病，统一销售产品；有的合作社还负责对社员的产品实行统一包装，加贴统一品牌；有的合作社还兴办农产品加工企业，并将加工品销到市场或者转卖给龙头企业。另一种是充当中介组织，一是代表社员的利益，与龙头企业进行谈判并签订农产品产销或初加工合同；二是在合作社内部监督社员按照合同完成各自的生产任务。

合作制的优点在于：一是合作社能够充分代表社员的利益，通过产业化经营把农户与企业或市场连接起来，既保持了家庭经营的独立性，又提高了农户经营的规模效益；二是合作主体通过生产、分配、交换、消费各个环节的合作，降低了中间交易成本并把由此节省的交易费用保留在合作社内部，有利于积累机制的形成和合作社的进一步发展壮大；三是社员间的合作显示了集体的力量，提高了农户在市场上的谈判能力，有利于保护农户利益。

合作方式的不足之处在于合作过程较为缓慢，合作组织的组建成本和监管成本较高。

二、股份制

股份制亦称"股份经济"，是指以入股方式把分散的、属于不同人所有的生产要素集中起来，统一使用，合理经营，自负盈亏，按股分红的一种经济组织形式。股份制的基本特征是生产要素的所有权与使用权分离，在保持所有权不变的前提下，把分散的使用权转化为集中的使用权。

三、股份合作制

股份合作制是以合作制为基础，吸收股份制的一些做法。它将资本联合与劳动联合统一起来，农民既参加劳动，又集资入股，实行按劳分配和按股分红相结合的方式。这种利益联结方式，使农户与龙头企业之间真正形成了"风险共担、利益共享"的关系。

股份合作制，它既保留了合作制劳动联合的特点，又发挥了股份公司产权明晰的优势，使企业与农户结合成互利互惠、兴衰与共的经济实体。在这种利益联结方式中，龙头企业一般演化成为股份合作制法人实体，而入股农户则成为企业的股东和企业的"车间"。农民既以劳动者的身份获得工资报酬，又以股东身份分享加工、销售环节的利润，企业与农民由彼此独立的甚至是相互对立的利益主体变为统一的利益主体。

这种组织形式最大的好处是能够实现规模经济。股份合作制企业的大规模生产加工，可以使用更先进的机器设备进行专业化生产，综合利用副产品，生产要素的大批量采购和产品供给的垄断地位也可以提高龙头企业在讨价还价中的谈判力量，农业资源和生产要素得以集中有效地使用，使生产的社会化、组织化、规模化、标准化、产业化程度最高，农户的风险降低，收入稳定。同时，较之农户分散经营，农业企业具有创新的优势，因为它有进行研究与开发的资本实力，实验室、专业化的研究人员可以实现研究与开发的规模经济，而且农业企业具备快速把研究成果转化为产业竞争优势的能力，创新收益的内部化程度高，创新动力大。

四、合同制（订单农业）

合同制是农村产业融合发展组织内部各利益主体按照合同条款行使其权利并承担相应义务的一种利益联结方式，其核心是价格形成机制。常见的价格机制有三类：一类是预设价格，即企业参照上年（季）市场价格，在年初确定或与农户商定一个当年的收购价格；另一类是准市场价格，即企业随行就市，或参照当时的市场价格确定一个略高于市场价的收购价格；还有一类是保护价，即企业结合农户的生产成本确定一个最低保护价，在市场价高于保护价时按市场价收购，在市场价低于保护价时按保护价收购。相比较而言，预设价格有助于生产者形成一个稳定的预期，从而便于安排生产，但预设价格是一个相对固定的价格，合同双方的履约率较低；准市场价格比较灵活，但具有很大的不确定性，购销双方均需承担一定的市场风险，生产的波动性较大；保护价既可以确保生产者获得一个最起码的收益，又可以在市场价高涨时让生产者获得一个溢价收益，但企业却要承担较大的市场风险。

除价格约束外，合同方式往往还涉及一些其他的利益关系。比如"优惠服务"，即龙头企业除按合同价格收购农户的产品外，还免费或以优惠价提供种子、技术、信息等服务项目。龙头企业通过开展服务，对农户利益进行补偿。农户得到龙头企业在资金、物力、技术等方面的扶持后，生产成本和经营风险会大大降低。这种联结方式使农户与龙头企业之间的关系趋于稳定化、长期化。再如"利润返还"，即龙头企业根据经营状况，从加工、流通环节利润中拿出一部分返还给农户。这种利益联结方式可以使双方建立起紧密的联系，农户开始关心龙头企业的经营业绩，并在农产品生产、储藏、销售等环节对龙头企业高度负责。这种利益分配机制充分调动了农民的积极性。不过，在农户分享部分利润的同时，龙头企业的组织费用和经营成本增加了。

从政策导向看，政府鼓励龙头企业通过开展定向投入、定向服务、定向收购等方式，为农户提供种养技术、市场信息、生产资料和产品销售等多种服务；鼓励龙头企业大力发展订单农业，规范合同内容，明确权利责任，提高订单履约率；鼓励龙头企业设立风险资金，采取保护价收购、利润返还等多种形式，与农户建立紧密、合理的利益联结机制。同时，政府也鼓励农民以土地承包经营权、资金、技术、劳动力等生产要素入股，实行多种形式的联合与合作，与龙头企业结成利益共享、风险共担的利益共同体。

合同方式的优点是合同形式灵活多样，既可以是单纯的"买卖合同"，也可以是附加企业若干义务的"服务式合同"，还可以是共享流通、加工环节增值利润的"返利式合同"。其缺点是，在市场不景气、产品销售不畅时，农户的利益往往得不到保障；而当产品需求旺盛、供不应求时，公司的原料往往又无法保证。这种松散的联合不够稳定，容易受短期利益影响，制约了产业化经营组织的健康、可持续发展。

第四章 农业供应链金融创新的模式和总体框架

第一节 农业供应链金融创新的原则和总体思路

一、农业供应链金融创新的原则

相比于传统的金融创新机构范式、服务理念和支农体系，农业供应链金融创新表现出前所未有的不同和显著的差异，它并不是单一农业产业领域的"单兵作战"，需要市场与政府协同配合、多方主体合作互动、多种制度安排同时跟进才能完成。当然，同以往的金融产品相比较也存在多种不同，农业供应链金融创新是在农业产业化推进、农业新型经营体系建设的现实背景下，金融中介组织所作出的自发性调整，顺应了农业适度规模经营和农业现代化的发展趋势。从某种意义上说，农业供应链金融创新是市场驱动的创新。从实践层面来看，无论是涉农金融机构还是非涉农金融机构都不约而同地对农业供应链金融进行探索并取得了一定成效。但是，农业供应链同其他产业的供应链不同，农业供应链金融创新也呈现诸多的特色性。若无视这种特色性，盲目地进行农业供应链金融创新可能会存在一定的风险性。为此，在农业供应链金融创新的过程中应坚持一定的原则。概括起来主要有：特色性原则、普惠性原则、需求性原则、监管性原则。

（一）特色性原则

供应链的思维发端于物流之上的先进管理模式，旨在降低交易成本和提高用户的服务水平。农业供应链则是供应链在农业领域的具体体现与运用。但农业供应链和其他产业链是不同的，其发育程度、竞争性与市场化改革、农业产业化推进、农业分工的深化存在密切的关系。这一点可以从发达国家的发展轨迹中探寻到踪迹和寻找到支撑。但从我国实践情况来看，我国农业仍处于传统农业向现代化转型、蜕变的初级阶段，农业供应链、产业链建设仍处于初级阶段，且受制于分工因素，农业供应链同制造业的供应链在结构层面存在明显的特殊性与独特性。具体表现在以下几个方面：一是在"供应端"，农业供应链和制造业存在明显不同。一般而言，制造业的"供应端"主要是以其他形态呈现，而农业产业的供应端则是由家庭分散经营的"农户"构成，因而相比于制造业，农业供应链中的"利益衔接"更为不稳定。二是核心企业的不同。在农业供应链中，加工企业是供应链中的核心企业并且拥有技术优势和信息优势，与制造业的核心企业或者联盟有显著不同，这导致的直接问题是，农业供应链金融创新的前提和土壤是不同的。当然，正是由于这些特点，决定了农业供应链金融创新的目的和要解决的问题是截然不同的，农业供应链金融创新不能简单地照搬供应链金融思想，而应结合农业供应链特点，充分体现差异性、特色性。

（二）普惠性原则

普惠性也是农业供应链金融创新所依据的重要原则。之所以提到普惠性，主要是对传统金融的反思。农业供应链金融创新的普惠性就是要让所有农业供应链参与主体能平等地享受金融服务，进而获取信贷机会的公平和融资渠道的公平。当然，农业供应链金融的实施内涵就是体现普惠金融的思想。但要让供应链金融真正体现普惠金融的实质，下面的内容仍要引起注意。随着农业现代化的推进和农业社会化服务体系的健全，新型农业经营主体逐步演化和成长为我国农业经营体系中的重要一员，并在推进农业现代化的过程中起到了重要的作用。但是从我国农业经营体系的发展现实来看，以家庭经营为基础进行的分散经营小农户仍会在我国农业经营体系中占据较大的比重。因此，农业供应链金融创新也应以此为现实起点。从某种意义上说，这是农业供应链金融创新的主要目的和初衷。但从金融中介组织的角度来看，也应正确看待新时期农户的变化。在传统金融体系下，农户因为缺少相应的抵押担保、财务能力有限，而无法获得金融服务，但随着新型农业经营体系的构建以及农业现代化的发展，农民同新型农业经营主体通过供应链实现了利益联结，议价能力、谈判能力和财务能力都显著改善。具备依托农业供应链供给系统性、完备性金融服务的现实基础和前提条件。综上所述，在进行供应链金融产品设计的时候，应始终坚持普惠性原则，尤其是农户的金融服务需求能否满足当前要考虑的迫切问题。

（三）需求性原则

需求性原则体现的是农业供应链主体对于创新产品的接受程度。从某种意义上说，金融创新的效果完全取决于此。唯有融资者接受并长期使用的金融产品才是成功的金融产品，才会给银行带来丰厚的收益。反之，一个不被市场融资主体认可和接受的金融产品或者没有融资主体参与的金融创新品种，不但无法达到市场的预期目标，而且还会给银行带来风险损失。由于农业供应链所涉及的主体内涵众多。梳理一下，农业供应链主体基本上涉及农业产业链产前、产中和产后的各个环节。如果按照"大农业"进行细分，则可以分为农林牧渔业的生产经营者。如果按照贷款的主体划分，则主要包括龙头企业、农民专业合作社、个体工商户、专业协会、加工企业、终端消费者等。如果按照农业供应链上各市场主体的性质，还可以划分为产前的原材料供应商、产中的生产商、产后加工商、销售商等。从中可以看出，农业供应链所包含的主体内容是多维的、层次性的。这也就决定着农业供应链金融创新应体现各主体的需求并要充分考虑其差异性，进而针对不同的供应链组织形态，创新不同农业供应链金融产品，以满足不同的农业供应链形态下的金融服务需求。

(四) 监管性原则

农业供应链金融改变传统金融服务供给的单笔监测、单笔考察和"自上而下"的"点对点"的支农框架。以农业供应链整体和依托特色产业和特色产品，通过核心企业的信用共享，捆绑上下游的农业中小企业、农业生产经营主体者甚至是消费者，提供了系统性的金融解决方案。但任何金融创新都是一把"双刃剑"，由于涉及主体众多，一旦失去控制和监管，将产生不可估量的风险性。农业供应链金融也不例外。事实上，农业供应链金融风险从根本上主要来自农业供应链自身的特殊性以及不稳定性。具体来讲，在农业产业组织内部，受制于产权和利益分配机制，龙头企业和农户的利益衔接关系并不稳定，双方都存在不同程度的机会主义行为，尤其是农业产业化进程的中后期阶段，这种违约行为愈演愈烈，农产品合约稳定性较差、产业化组织的运行效率并不高。同时，农业合作经济组织正处于起步阶段，在农业产业化以及农业供应链中的作用并未凸显，进而导致了农业产业化组织结构的松散性和运行绩效的低下。此外，从农业合作经济组织内部来看，农民专业合作社也是乱象纷呈、问题不断，在内部运行机制优化、农民合作意识的提高和政府支持政策落实等诸多方面都亟待解决，也正是这些原因使农业供应链参与主体的利益联结机制的稳定性较差，进而使农业供应链金融创新的基础受到挑战。为此，农业供应链金融创新应主动寻求监管，并尽可能地减少其中的风险性。当然，监管部分也要创新监管方式，转变监管思路，探索农业供应链金融创新框架下的监管方式的创新。

二、农业供应链金融创新的总体思路

在上述分析中，本书认为依托农业供应链进行金融服务创新，应坚持特色性、普惠性、需求性和监管性的基本原则。但相比于传统的金融服务创新机构范式，农业供应链金融是一个全新产品构建思路和体系，在实践中应坚持怎样的总体思路呢？结合上述分析，本书认为农业供应链金融创新思路主要有三个基本点：强化政府引导作用、力促多属性金融中介组织联动和满足农户的融资需求。

(一) 强化政府引导作用

金融创新理论和实践已经充分证明了市场是主导金融创新的主要力量。通过市场机制，新的金融产品、金融工具才会涌现，新的交易方式的效率才会提高。但"三农"发展的特殊性尤其是农业的"弱质性"决定，市场机制在农业金融创新中可能面临功能失灵的情况。农业供应链金融作为农业金融发展与创新的前沿领域，目前仍处于探索阶段，诸多问题还并不明晰。尤其是上述分析中所揭示的"农业供应链"自身所存在的不稳定性和利益联结的薄弱性问题，都是新时期农业供应链金融创新中亟待解决的重要问题。但这也说明，应该充分发挥政府的作用，实现政府与市场的协同配合。其实，发挥政府的作用也是改革开放以来我国农业取得丰硕发展成就、粮食增产增收、农民增收致富的关键所在。从这个维度来讲，必须由政府通过改革制度，通过政府的政策引领与有效的配套制度来激发民族地区的农业供应链金融创新体系。为此，本书认为在供应链金融服务创新中政府应发挥如下作用：一是构建农村信用体系，化解农业供应链金融服务供给主体与农业经营主体间的信息不对称问题、减少农业供应链金融的交易成本。二是完善相应的农业供应链金融创新的风险规避机制，化解传统金融供给框架下的贷款难的问题。三是对金融机构创新农业供应链产品进行的相应的政策，如税收减免、扩大支农资金再贷款范畴等诸多方面予以政策扶持，调动金融机构创新农业供应链产品和支农的积极性和主动性。

（二）力促多属性金融中介机构联动

农业供应链金融拓展了传统的金融支农框架和内涵。在价值链金融中，正式金融和非正式金融都是满足农业经营主体经营服务需求的重要力量，涉农金融中介组织和非涉农金融中介组织都可以成为农业供应链金融的供给主体。在传统的支农框架下，农业长期成为金融中介组织涉足的薄弱领域。但是，随着产业化推进，农业经营主体通过供应链结成利益共同体，不但提高了传统分散农户的组织性，而且实现了利润创造和价值分享，使农业存在金融中介结构涉足的利润基础，也是在这样的条件下，各种类型的金融中介组织都可能涉足和提供支农服务。因此，在坚持农业供应链金融创新主体界定的时候也不应将其局限于"涉农金融"机构，而应动员所有金融机构的积极性，形成农业供应链金融创新合力，退出更多的农业供应链金融产品和满足农业的融资需求。

（三）以满足农户融资需求为侧重

当前，随着我国农业现代化的转型，我国以家庭经营为基础，分散的、小规模的农业生产格局正逐步发生改变，专业大户、家庭农场、龙头企业和农民专业合作社等农业新型经营主体所构成的适度规模经营格局逐步演化成为农业生产经营体系中的重要一部分，在农业的转型和升级中起到了至关重要的作用。但从现实情况来看，我国农业家庭分散经营的经营格局并不会很快发生变化，仍存在相当长时间的过渡期。虽然，专业大户、家庭农场、龙头企业和农民专业合作社相比于农户来说，对于金融服务需求层次、需求力度都更为强烈且在国家政策导向下，其金融可获性和可得性已经明显提高，金融服务需求已经得到了较大程度满足。而且随着各类新型金融机构的涌现，其融资渠道也得到了拓展。但就目前的农业供应链创新实践来看，满足新型农业经营主体的融资需求仍是农业供应链金融创新的重点。如农行的供应链金融创新系列产品中就对客户准入条件有了明确规定，其贷款的主要对象是具有一定资金财富积累，农业生产规模经营达到要求的专业大户、家庭农场、农业龙头企业等农业新型经营主体。还有在经营规模上也有明确的要求，如规定大田作物种植一年一季100亩以上，一年两季及经济作物种植、水产养殖面积在50亩以上。但事实上，这可能会有悖于我国农业经营体系演化的基本规律，在普惠制金融发展理念下，农业供应链金融创新的关键仍应是要以满足农户融资需求为侧重，而且在新时期已经上升至战略层面，农户生产性融资不单单是其自身的问题，还是通过农业供应链直接牵制和制约整条农业供应链的利润创造和竞争力提高。所以，农业供应链金融创新的重点仍是满足分散经营农户的融资需求，这也是农业供应链金融产品设计和创新的现实立足点。

第二节　农业供应链金融创新的模式

相比于工业领域的供应链模式，由于农业产业的特殊性以及农产品易于腐烂和变质的特性，现今实践中的应收账款模式、应付账款模式和存货模式在农业供应链金融创新中的适用性其实并不高。当然，这也与农业供应链的存在形态有着密切的关系。农业供应链金融创新应另辟蹊径、针对农业发展实际进行模式设计和选择。事实上，农业产业化推进中形成的"供应链"虽然类型多样，但基本上可以按照农户与其纵向协作关系，分为市场交易关系型、一体化关系型和合同关系型。其中，市场交易型主要是指供应链上下游经营主体之间通过市场交易关系实现相互连接和相互衔接，如农业的生产者同加工商和批发零售商之间通过市场而缔结成的交易关系。纵向一体化型主要是指上下所有农业经营活动全部纳入企业所有权控制之下。这其中又分为两种类型，下游供应商从事上游供应链商的经营活动或者上游供应链商从事下游供应商的活动。最后一种是合同型关系，这种关系主要是上下游的供应链通过契约的形式所结成的利益联结关系。如果按照合约的类型来划分的话，这种合约关系一般有生产合约和销售合约。一般来说，在生产合约下，农户提供劳动力要素投入、土地、房屋以及同农业相关的生产设备，买方提供动物饲料、防疫和运输等，农民在其中获得的利益也相对较少，因而其自主决策权也相对较差。因此，就目前我国产业化发展中的实际情况来说，这种合约关系停留于养殖业居多，在种植业相对较少。而在市场合约中，在农产品收获或者卖出之前，农民对于农业生产中的要素投入和产出拥有一定所有权，农户主要承担农业生产过程中的生产风险，但与合约卖方共同承担产品的市场风险。这几种供应链类型中，农业经营主体之间的利益联结的生成机理是不同的。因此，供应链金融创新也应选择不同的模式和形态。为此，下面就针对上述的供应链类型，阐述不同的农业供应链金融模式选择的相关问题。

一、市场关系型供应链金融创新

在市场关系型的农业供应链中，农业的生产者与下游的加工商或者批发零售商之间形成了稳定的市场交易关系。从农业生产经营主体的角度讲，为了保持其收入水平的增加和稳定性，一般会选择固定的下游加工商或者批发商进行合作。从下游的加工商和批发商来说，可以稳定农产品货源而且可以减少交易成本。从某种意义上说，他们之间所缔结的这种"市场关系"是十分稳固的。一般来说，在市场关系型的供应链中的农户类型应是专业大户。但现实中，随着市场竞争的加剧以及农业的发展特性，农业生产经营主体与下游的加工商或者批发商在供应链中所处的地位愈发不对等，农业生产经营主体往往处于劣势，加工商或者批发商往往具有强势地位和具有谈判优势，加之农业发展的特性，农业经营主体往往处于通过"赊销"的方式向下游的加工商和批发商销售农产品，这其中存在大量的应收账款。但由于农业生产的周期性以及季节的波动性，农业生产经营主体在农产品的生产过程中迫切需要大量的资金购置农业生产资料、生产设备以及大量的劳力、物力和财力投入。可以说，其金融需求呈现刚性和无法逆转的趋势并直接影响其市场关系的稳定和可持续性。为此，针对这种类型的供应链类型，应采用"专业大户+加工商或批发商+金融机构"的方式，以交易中形成的应收账款进行抵押，向金融机构进行贷款来满足其融资需求。

一般来讲，在市场型供应链金融模式中，一般包括的主体有：专业大户、金融机构、农产品加工企业或者农产品批发零售企业。但如果银行对专业大户的评估未达到相应的要求，则需要引入担保机构或者提供实物资产抵押等情况。在市场型供应链金融模式下，相应的流程如下：（1）专业大户以与农业加工企业、农产品批发零售企业之间赊销产生的应收账款及其相应的合同资料向银行申请应收账款融资。（2）金融机构对应收账款金融确认，确认其风险大小。如果金融机构的风险评估结果未达到其要求，则需要引入担保公司或者提交其他的抵押物等附加条件。当然，这不是必需的步骤。因而在图中用虚线来表示。反之，如果评估结果达到相应要求，则金融机构就可以确定对专业大户的授信额度并签署贷款合同及其对应的《应收账款质押合同》。（3）金融机构和专业大户合同订立后，金融机构在人民银行征信机构建立的"应收账款质押登记公示系统"办理相应的应收账款质押登记手续。（4）专业大户在金融机构开立专门的借款和回款账户，同时专业大户将开立的账户信息通知农业加工企业或农产品批发零售企业。（5）金融机构向专业大户发放贷款。（6）当应收款达到相应的期限后，农业加工企业或者农业批发零售企业直接将相应的款项存入专业大户在金融机构开设的回款账户用来抵扣和偿还贷款。

二、纵向一体化型供应链金融创新

上述的市场关系型供应链主要是针对新型农业经营主体中的专业大户的这种类型，事实上在我国的农业经营体系中，分散的农户仍是我国农业经营体系中的重要组成部分，占据较大比重。解决其融资问题也是我们应考虑的重要问题。从我国产业化的实际来看，通过产前、产中和产后的有关经营实体与农业生产者在组织架构上或在经济利益上进行协作。这不但增强了分散农户的组织性，而且建立了长期稳定的合作关系和利益关系。究其主要原因，这主要是由于纵向一体化企业的特殊性所决定的。一般来讲，实施纵向一体化运作的企业，都在相关行业铸起了很高的行业壁垒，使新进入者的交易成本十分巨大。这就是实施纵向一体化战略的农业企业在原料来源、标准化生产和加工以及集约化管理等方面无可比拟的优势，因而为保证其整体供应链的良性运营和向市场供给更好、更高质量的产品，它也就更为重视生产环节的农户的经营状态，尤其是会与生产环节的农民建立稳定的合作关系。当然，这与前文中所提到的市场关系型和合同型供应链中各类农业经济组织同农户之间的合作形态是不一样的。在纵向一体化的合作关系中，其也并不是从农民手中收购农产品那么简单，而是实现合作共赢。

相比于市场型供应链的融资主体限定为专业大户，此模式的使用对象不但适用于专业大户，更适应于从事订单农业生产的经济组织，当然这其中也涵盖分散经营的小农户，这种模式拥有较大的优越性和比较优势。因此，在以纵向一体化型供应链为基础进行农业供应链金融创新的时候，可以遵循如下步骤：（1）农户或者新型农业经营主体将其与农业一体化企业所签订的农业订单以及其他相关支撑材料向金融机构申请贷款。（2）农业一体化企业同金融机构签订农业贷款的确认函，就农户基本情况、生产资金需求等信息向金融机构进行确认，并根据金融机构的要求提供一定的保证金或者担保。当然，一般来说，农业一体化企业都是实力雄厚的涉农大企业，信用能力较强，而且其与农户之间的合作关系稳定并保持长期性。因此，在很大程度上，这一担保条款也并不是必需的。（3）金融机构对客户进行授信，并签署贷款合同等资料。（4）金融机构审批并发放贷款。（5）农户用发放来的贷款从事农业生产活动或者购置相应的生产资料和设备，并在订单约定期限内将农产品交付给农业一体化企业。（6）在农产品交付时，农产品结算款项由农业一体化企业打入农户指定的专用还款账户，在归还贷款本金和利息后，农户可以自由处置剩余结算款。

三、合同型供应链金融创新

相比于前两种农业供应链形态，合同型供应链在农业产业化的推进中显得较为普遍，这也是我国农业产业化推进过程中，农户与相应的市场化主体间进行合作时最为普遍的利益联结方式。在上述分析中，我们已经揭示了合同型供应链主要分为生产型和市场型两种类型。一般来讲，生产型供应链中，作为买方的农业产业化企业一般会提供动物饲料、防疫以及运输相关服务，农户的金融服务需求并不强烈，这种在生产型契约带动下的供应链形态，金融创新的动力不足。而这里的市场型合约和上述的市场关系型的供应链也是不同的，前文的农户类别指的是专业大户，而这里主要指的是分散经营农户。从现实的合约构成来看，主要有以下几种途径：一是农户通过同科研单位或机构、种子生产单位签订合同，依靠科研单位的技术优势和种子生产单位的研发和市场优势，形成"科研机构（种子生产企业）＋农户"的模式。二是通过农业产业化龙头企业或者加工企业，形成"龙头企业＋农户"的模式。三是依托专业批发市场的"大市场"优势，形成"专业批发市场＋农户"的模式。四是依托农业专业合作经济组织、专业协会，形成"专业合作经济组织（专业协会）＋农户"的模式。五是通过与客商、经纪人、经销公司合作，形成"经销公司（经纪人）＋农户"的发展模式。但总体而言，合同型的供应链与市场关系型供应链同纵向一体化型供应链存在显著的不同，尤其是其在风险分散和稳定性方面较前两种供应链形态要差一些。所以，针对此类农业供应链金融产品的创新，应对此重点考虑并将其运用到农业供应链产品的设计中去。但现有农业供应链金融产品在设计的时候纷纷运用了农业供应链的增级机制，让龙头企业、农业专业合作社或者其他经济组织（法律允许的范围内）替农户去担保以化解农户的融资问题。但本书认为这种金融产品仍存在诸多的不足。

因为不同于市场关系型供应链和纵向一体化型供应链，合同型供应链的稳定性明显较差，而且在现实中双方同时违约的情况屡见不鲜，足以可见其不稳定性。为此，本书认为应引入政府作用，并强化其在合同型供应链中的角色定位。探索"政府＋龙头企业（专业合作社、专业批发市场、专业协会＋经销公司）＋农户＋金融机构"的供应链金融创新模式，以满足农户在农作物生产及其加工和物流等方面的融资需求。

这种模式相比于前面几类农业供应链产品，其操作流程就显得较为简单，可以通过龙头企业（加工企业）、农业专业合作社、专业性批发市场、经销公司等农业产业化组织向金融机构提供担保，然后政府成立的政策性再担保机构为这些专业经济组织提供再担保服务，农户就可以向金融机构申请融资。这种模式与上述纵向一体化型供应链金融创新的思路有些类似。具体来说：（1）农户或者新型农业经营主体将其与龙头企业（加工企业）、农业专业合作社、专业性批发市场、经销公司等涉农经济组织签订的合约以及其他相关支撑材料向金融机构提出融资申请。（2）龙头企业（加工企业）、农业专业合作社、专业性批发市场、经销公司等涉农经济组织同金融机构签订订单农业贷款的确认函，就农户基本信息、生产资金需求等信息向金融机构进行确认，并根据金融机构的要求提供一定的保证金或者担保。在纵向一体化供应链金融创新部分，这一步骤并不是必需的，但在合同型的供应链中，这部分则是必需的步骤，通过这些经济组织的担保，在某种程度上也调动了这些涉农经济组织和农户之间如期履约的积极性。（3）由于这种供应链类型在某种程度上仍存在较大的不确定性，为了将风险降低至最小，可以进一步由政府牵头和主导成立政策性担保机构对这些涉农经济组织提供再担保服务。（4）金融机构对农户或新型农业经营主体进行授信并签署贷款合同等资料。（5）金融机构审批并发放贷款。（6）农户或新型农业经营主体还款。

四、其他农业供应链金融创新

农业供应链金融为金融机构进行金融产品的创新和化解农业经营主体的融资问题指引了新的方向，也拓展了金融支农的内涵。更为重要的是，农业供应链金融实现了各种类型金融机构的联动并形成了支农合力。上述分析中，我们已经从金融机构和农业经营主体的视角，探讨了金融机构的金融创新模式。但事实上，随着农业供应链金融的发展，各类型的金融机构都可以涉足农业产业。但受制于制度约束以及其他因素的影响，不同的金融机构的支农能力会存在显著的差别。但从支农的效果来看，非正式金融的支农效果明显要高于正规金融机构的支农效果。因为非正式金融机构一般具有方式灵活、放宽及时和利率机动的特点，在服务农业发展方面的作用一般也较高。但从长期发展来看，非正规金融支农是未来发展的一个趋势。但从现实发展情况看，目前非正规金融机构资金短缺的问题比较严重，后续资金不足是制约金融机构发展的"瓶颈"。因此，建立一种向非正规金融持续提供资金服务的机制，将大型金融机构的资金优势和非正规金融支农的"近距离"优势相结合，也是农业供应链金融创新中一个必需的环节和重要内容，在某种程度上不但决定着上述农业供应链金融产品运行的成效，也直接关系着农户的资金需求能否满足新型农业经营主体的融资需求，而且关系到非正规金融的可持续发展的现实基础。

按照发达国家的基本经验，可以通过建立非正规金融批发机制来实现。一般来说，批发机构指的是一个国家或者一个完整的市场中，将资金引导至非正规金融零售机构中的一种机构组织形式。从某种意义上讲，供给捐赠者和国际非政府组织一般都支持这种批发机构的发展。从目前的发展情况看，我国虽然还没有专门的批发机构存在，但在具体实践中，类似的机构已经出现。最具代表性的就是国家开发银行，如自银监会发布《小额信贷公司试点指导意见》后，国家开发银行主要通过向 NGO 微型金融项目与机构进行批发注资，支持微型金融事业发展。还有通过与商业贷款机构合作，如国家开发银行深圳分行和中安信业投资公司展开合作，通过提供债权资金和将中安信业投资公司作为其小微金融事业的助贷机构，进而建立起有效的风险控制机制。此外，中国农业银行也进行了批发业务的探索，有效地缓解了大银行服务偏远地区农户的难题，也指引了新的发展方向。但总体来看，现有的贷款批发业务仍较少，无法满足农业经济发展的需要。为此，在新的时期，设计多样化的金融机构间的供应链金融产品就显得比较迫切。本书认为，在其他农业供应链金融创新的层面，批发贷款业务将是一个重要创新内容。在实践操作中，可以依托政策性银行或者国有大型商业银行发挥"批发机构"的作用，尤其向村镇银行、农村资金互助合作社、小额信贷公司等创新型金融机构提供批发贷款业务，以实现优势互补和合力支农的良性局面。这种金融创新的方式，实际上只发生于政策性银行或者国有大型商业银行与新型金融机构间，用于满足和调动小微金融支农的积极性和主动性。但其在后续金融创新中仍然可以按照上述所论述的，依据市场关系型供应链、纵向一体化供应链和合同型供应链进行农业供应链金融产品的创新。其具体流程和步骤同上述一样，此处就不再赘述了。

第三节　农业供应链金融创新的总体框架

依据委托代理理论，上述市场交易关系型、一体化关系型、合同关系型和其他农业供应链金融创新模式都离不开农业产业链和与农业供应链相关联的委托代理关系，以市场化的方式完全可以通过价值链将农民农户与农业合作社、农业供应链生产企业和农业供应链金融机构联系起来。以上四个农业供应链金融创新模式在理论上可行，在现实中可操作，但是由于我国特殊的国情和家庭联产承包责任制下的土地要素供给制度，以上四种模式要顺利运行还是离不开政府的参与。而政府参与恰恰解决了我国农业产业、农业供应链和农业供应链金融交易成本过高的问题，完全符合金融创新的交易成本理论。

我国农业发展和农业供应链发展的特殊性以及涉农机构的"企业属性"决定农业供应链金融的创新。如果没有政府的支持，不但农业供应链金融创新是脆弱的，就连农业供应链也是脆弱的，甚至农业产业链也是脆弱的。政府最有力地参与在于从上至下的行政体制让政府具备了无限的能力，特别是对农民农户的影响力和约束力，引导和推动农民农户发展规模化生产，通过财政补助和生产补贴让农民农户在农副产品生产产品的选择上形成集约效应，最终可以实现农业供应链金融需要的农业产业化基础。也正因为如此，农业供应链金融创新需要政府的参与并通过相应的政府信用和财政政策予以扶持和支持。这样一方面可以调动金融机构创新农业供应链金融和服务"三农"的积极性，另一方面可以减少金融机构在农业供应链金融创新时的风险，同时也降低了农民农户在发展生产时的自然风险和农业供应链企业的市场风险。

委托代理理论结合交易成本理论，可以形成新的农业供应链创新框架，这个新的框架也符合功能性金融理论，更偏向于政策主导的创新。有了政府的参与，农业产业链与农业供应链和农业供应链价值链可以更紧密地联系在一起，同时让原有的"农民农户 + 农业供应链企业 + 农业供应链金融机构"市场化框架，变为"政府 +（农民农户 + 农业供应链企业 + 农业供应链金融机构）"的行政市场化总体框架，能够让参与主体更稳固、更高效地组织在一起，形成新的农业供应链金融创新总体框架。政府自身从推动农业生产、经济社会发展、改善和服务"三农"的职责出发，在推动农业供应链金融创新中主要发挥三个方面的作用：一是为农民农户增信，让农业供应链金融创新具备基础，没有农民农户的信用就没有农业供应链金融的基础，毕竟所有最初的农副产品是由农民创造的。二是为农业供应链企业征信，用政府掌握的行政资源将农业供应链生产企业的工商、税收、行政奖惩等各类信息整合，为农业供应链金融机构提供完整的征信记录，消除长期困扰"三农"融资信息不对称问题。三是为农业供应链金融企业提供财政保障，作为风险发生后的最后兜底和风险补偿，提高金融机构的积极性并保证农业供应链金融的可持续性。

农业供应链金融创新的"政府 +（农民农户 + 农业供应链企业 + 农业供应链金融机构）"的行政市场化总体框架，将政府、农民农户、农业供应链生产企业和农业供应链金融机构有机地整合在一起，将农业供应链金融市场化发展同政府更好地利用行政资源做好社会化服务紧密结合，市场化发展能够保证农业供应链金融创新遵循价值规律和价值链分配原则，政府有针对性地对农民农户、农业供应链生产企业和农业供应链金融机构提供社会化服务降低了农业供应链金融创新交易成本并分散分担了农业供应链及其价值链中的各类风险。从重庆农业供应链金融创新的实践来看，只要依循农业供应链金融创新总体框架的，都取得了不错的效果并且可持续。

第五章 农业供应链金融创新的环境条件与驱动因子

从农业供应链金融创新的国际经验以及我国现行农业金融服务体系改革的制度路径和演进趋势我们可以发现，农业供应链金融创新不但是农业金融服务创新一般规律的体现，也是我国现行金融服务改革"功能观"路径下所形成的必然选择和趋势。在实践中，各类商业银行纷纷开始试水农业供应链金融，并产生了一定的影响和效果，但有些问题也亟待厘清。一般来说，农业供应链金融创新和农业供应链和产业链的成熟程度存在密切的关系，是一个系统性、全面性和复合性的金融服务创新类别，不是金融机构的单一行为或者自发行为，与其所处的宏观形势、农业现代化程度以及配套制度等存在密切的关系。当然，其也并不是对工业领域的供应链金融产品的简单照搬，其存在也有一定的特殊性。

第一节 我国农业供应链金融创新的必要性及特殊性

供应链金融创新的思想源于制造业，主要用于化解供应链环节上的中小企业的融资难问题。当然，它的产生也确实产生了有益的影响。但是农业供应链金融创新所依托的基础是农业供应链。同制造业相比，农业供应链本身存在诸多特殊性，不能简单地将传统的工业供应链金融产品照搬至农业供应链金融创新中，应针对农业供应链的特殊性"有的放矢"地设计农业供应链金融产品和实施农业供应链金融创新。为此，在介绍农业供应链金融创新的环境条件和驱动因子之前，先来揭示农业供应链金融创新的必要新和特殊性。

一、农业供应链金融创新的必要性

产业经济学的基本理论已经揭示，任何产业同其他产业之间都存在着前向关联或者后向关联。农业也不例外。作为国民经济社会中的"基础性"产业，其并不是独立的，而是一个集多部门、多环节，相互联系、相互制约的联结形态，涵盖多个上下游产业。一方面，从农业产业外部来看，农业产业的顺畅发展离不开其上下游产业的发展与支持；另一方面，上下游产业的可持续发展也与农业发展之间存在着密切的关联，当然这也是产业发展的内在规律的体现。尤其是随着我国改革的深化、经济发展阶段的转型以及"四化"同步战略的协同推进，这种牵制性会越发明显。可以说，在新时期，农业融资难的问题将上升至全局战略，进而会影响整体产业的发展。此外，从农业产业内部来看，农业供应链的发展，使分散经营的农户、龙头企业、农民合作社等农业供应链的利益主体间的利益连为一体。具体来说，在传统分散经营的情况下，农户自担风险、自负盈亏，其生产一般处于一个封闭性与单循环链条中，同其他经营主体间的联系较少。但是随着农业产业化的发展以及新型农业经营体系的构建，各利益主体连为一体，开放的、多循环的、多路径的"农业供应链"形态将取代封闭的、单循环的、单路径的链条，农户的生产行为将直接制约着农业和整个农业供应链上的相关利益主体的发展，如生产资料的供应商、农户、加工商、销售商乃至批发商都通过农业供应链形成了合作共赢、利益共享的良性格局。

发展格局的转变，也改变了农业经营管理主体的融资需求。在农业价值链的参与主体中，每个主体都具有融资需要。这一点也是工业供应链金融产品进行设计时所依据的最原始的初衷。随着农业产业化的推进，农业组织化不断增强、利益联结形式不断丰富，农业产业链不断拓展，各类型的供应链也不断涌现，农业的特色性、效益性不断凸显。随之而来的就是农业整体经营格局的转变。但是从某种意义上来讲，我国目前的家庭经营仍会是以小农户的分散经营为主。这也是其在所有融资主体中不容忽视的，因为其最容易受到冲击。从某种意义上来说，农村的金融机构及农业价值链的参与者都可以成为农户生产资金的供给者。传统针对单一农户和单一经营个体的"点对点"模式的制度背离性愈发强烈，依托价值链供给金融服务成为必然。农业供应链金融就是将资金金融因素注入供应链中，通过金融因素来保障农业供应链不会因为资金的不足而运行不畅，从而实现产业与金融融合运行、产品流与信息流的协同提高、物流与资金流的并行发展。其主要通过向"农业供应链"打包整体金融服务的方式提供了支持农业发展的整体性、系统性金融方案，全面提高农业产业效益的实现。当然，这种模式更为重要的意义是其落实了以"实贷实付"为核心的信贷管理要求，有利于化解供应链环节中"弱势群体"的融资需求。如实践中运行的"1+N"模式就是通过农业供应链中的核心企业的信用传递，实现了中小型农业企业和农户的融资需求，实现了信用转化。而且增强了商业信用和实现供应链环节企业的战略协同。可以说，在农业转型升级和发展阶段转化的背景下，依托供应链打包整体金融服务是必然选择，也为农业供应链中的弱势群体的融资提供了新的指引和方向。

二、农业供应链金融创新的特殊性

受工业供应链和农业供应链本身发展属性的不同，农业供应链金融创新和现有存在的典型供应链金融模式是不同的。不能简单地将其"嵌套"至农业产业。为此，本书认为，农业供应链金融创新的特殊性主要体现在其立足现实的特殊性、风险的特殊性和创新目的的特殊性三个维度。

（一）农业供应链金融创新立足现实的特殊性

按照上述分析我们可知，供应链金融的产生和物流金融间存在密切的关系，所以其立足的现实实际是工业领域的社会化、规模化大生产，基本上不存在分散经营的情况，因而在这样的前提下，供应链金融才能孕育而生，可以说是金融机构自身进行"市场挖掘"而形成的自然演化过程。但我们反观农业供应链金融创新，其立足现实与工业领域是完全不同的。它所面临的现实是农业分散经营占据主导的发展现实。虽然，我们国家通过政策扶持和市场干预等手段，加快推进农业的适度规模经营发展，但整体来看，现实中农业家庭分散经营的格局并没有发生大的变化，而且在相当长的时间内，这种格局还可能呈现一定的稳定性，因为制度变革本身需要一定的时间。因此，在这样的现实约束下，农业供应链金融创新很难形成涉农金融机构的自然演化格局和成为金融机构"自我选择"的结果。因此，面临这样的现实约束，如何调动金融机构进行农业供应链金融创新的热情，就是后续管理中亟待考虑和无法回避的重要问题。

（二）农业供应链金融创新风险的特殊性

农业供应链金融创新风险的特殊性主要源于农业供应链本身的特殊性和农业产业的特殊性两个层面。具体来说，从农业供应链自身的属性来看，农业供应链同制造业的供应链自身还有个显著的不同就是，其农业供应链的稳定性和利益协调性较差。如以"公司＋农户"为例，虽然这种方式在某种程度上化解了"小农户"与"大市场"间的矛盾问题，但其始终面临的一个重要的问题就是如何解决二者之间的利益分配问题。由于缺少相应的制度保障机制，公司和农户在面临市场波动的时候都存在违约的可能性。当农产品价格上涨的时候，农户基于自身收益最大化的原则，往往不愿意按照原先制定的"远期合约"执行标的价格，因而其违约的可能性就会增加。当农产品的市场价格下跌的时候，尤其是在某些"暴跌"和非预期性的年份，公司出于"利润最大化"的原则，违约的可能性大大增加。因此，其存在形态本身就是非稳定性的。但总体来说，由于公司在二者的谈判中处于"强势地位"，在历次的违约中，利益损害最大的仍是农户。

若无视这些因素，进行农业供应链金融创新的风险性可想而知。另外，从农业产业本身的属性来看，农业生产本身是生产风险、市场风险以及自然风险多重交织的产业，其生产周期长、季节波动性大和应对风险的"弱质性"突出等问题十分严峻，因而这就使其在融资过程中的信用风险、流动性风险和市场风险较大，融资数量、期限、偿还方式等都与工业存在较大的不同。这是传统的工业供应链金融创新的风险所不具有的新的风险表现形式。换言之，农业供应链金融创新不但具备传统供应链金融的风险特征，还掺杂着农业供应链和农业产业的风险特征，体现的是多重风险的交织。这是金融机构在创新农业供应链金融中必须要考虑的问题。

（三）农业供应链金融创新目的的特殊性

从国外的供应链金融发展经验以及创新实践我们可知，其创新的主要目的是满足和解决供应链上的薄弱环节和处于弱势地位的中小企业的融资需求。但农业供应链金融的需求主体决定其创新的主要目的应是解决农户的融资难问题。具体来说，比如在我国推进的农业产业化进程中，各类涉农经济组织涌现的主要目的是解决"小农户"与"大市场"的矛盾，起到了中介和桥梁的作用。因此，在农业供应链中其处于谈判的优势地位。相反，农户则处于相对弱势地位。而且与工业领域的供应链不同的是，农业供应链中的生产环节的作用至关重要。鉴于此，农业供应链金融创新的主要目的也是满足农业生产环节的农户的融资需求。这是农业供应链金融创新目的的特殊性。在农业供应链金融供给的过程中也应充分发挥小额信贷组织、村镇银行以及资金互助社等在支农方面的效率性作用。当然，这类新型金融机构普遍存在信贷资金短缺的问题。因此，应建立商业银行与新型机构的合作机制，以发挥商业性银行的资金优势和新型金融机构的支农效率和服务方式多样的优势，增强支农合力，满足农业供应链上多维度资金的需求。

第二节　我国农业供应链金融创新的环境条件

一、农业供应链金融创新的宏观经济条件

在刻画宏观经济条件方面，本书主要从整体经济形势和农业发展自身两个角度来论述。具体来说，历经改革开放长达30多年的高速发展后，我国经济已经迈入较低增长区间的经济新常态阶段。这里包含两层面内涵：一是经济增长减速，二是减速是由结构性变化所造成的。当然，这也不是我国的个案，而是世界经济体发展演变的普遍规律与基本特征。因此，这也告知我们要转变发展方式、调整与优化产业结构，进而实现科学发展、包容性发展。为此，中央决策高层进行顶层设计，提供推进工业化、城镇化、农业现代化和信息化"四化"同步的战略框架。在这样的背景下，2016年的中央一号文件也延续了以往的宏观政策侧重框架，继续关注和聚焦"三农"，明确了关于落实发展新理念，加快农业现代化，实现全面小康目标的工作主题，新时期"三农"工作的重要性不言而喻。"十三五"开局之年，对未来五年"三农"工作的导向也有一定的重要性，"十三五"时期必须把解决好"三农"问题作为全党工作的重中之重，加大强农惠农富农力度，深入推进农村各项改革，破解"三农"难题，增强新动力，积极推进农业现代化。中央农村工作会议也强调，地方各级政府要坚持不懈厚植重农氛围，把农业农村工作放到重中之重。优先保障财政对农业农村投入，确保力度不减、总量增加。要加大涉农资金的整合力度，发挥财政投入对结构性改革的引导作用，撬动更多社会资金投入农业农村。要挖掘农业内部潜力，促进三大产业融合发展，用好农村资源资金，多渠道增加农民收入，有助于提升农业整体效益和增强农户的信贷可得性。

一方面，历次的中央一号文件一再强调发展多种形式的适度规模经营，培育多种经营主体。国务院办公厅颁布的《关于引导农村土地经营权有序流转发展农业适度规模经营的意见》中也明确提出，要在坚持土地集体所有的前提下，实现所有权、承包权和经营权三权分置，这进一步保障了农民在土地流转过程中的主体地位。宏观政策的持续向好，不但有利于增强农业的发展动力，而且利于盘活资源、调动各类金融机构投资农业的积极性和主动性。当然，更为重要的一点是其提出了围绕农业新型经营主体开展农业服务体系建设

的工作目标，如建立示范家庭农场名录、健全管理服务制度、鼓励地区涉农资金建设高标准农田，并优先流向家庭农场和专业大户等规模经营农户等一系列措施，也有助于提升农业融资的便利性。同时，国家财政和地方财政也加大了投放力度，有利于形成财政政策和金融政策协同配合的良性发展格局。

另一方面，从农业系统内部来看，农业经济的发展以及农业现代化的发展也为农业供应链金融创新提供了重要的条件。随着国家对"三农"问题的重视，农业经济产值逐年增加，农民生活水平逐年提高。

总之，新时期国家对农业、农村的重视以及农村经济的快速发展为农业供应链金融创新奠定了良好的宏观经济环境。尤其是农业产业化、集约化、专业化的推进，也为农业供应链金融创新提供了坚实的生存土壤和空间，有利于形成农业供应链金融创新和农业发展间的良性互动格局和循环机制。可以说，农业农村发展促进农业供应链金融创新，农业供应链金融创新有利于农业农村发展，二者相辅相成，互为条件。

二、农业供应链金融创新的制度条件

家庭联产承包责任制掀起了我国农村改革的高潮。但随着农业发展、结构调整以及发展阶段的转换，家庭联产承包责任制的"制度红利"逐步递减，家庭分散的、小规模的经营与"大市场"以及总需求之间的矛盾愈发凸显，新问题不断涌现。尤其是农业产业链条过短的发展现实也无法支撑起农业发展新的战略定位和功能要求。当然，传统农业所具有产业化程度较低、行业集中度较低、作业地点较分散、交易不集中、物流自营等特点，也是农业融资难、融资贵问题的一个非常重要的制度因素。在这样的背景下，一场发端于20世纪80年代的"农业产业化"探索拉起了新的改革序幕。相比较而言，农业产业化经营也成为继家庭联产承包责任制后又一项非常重要的制度创新。在历经多年的实践探索后，其在优化农业产业结构，优势产业培养和集聚，实现农民收入增长，提升农业整体发展成效，进而加速农业的标准化、规模化和集约化等诸多方面都显示出了强大的带动作用。当然，更为重要的是，农业产业化推动了我国农业经营格局的转变，零散化、小规模化的经营格局逐步向区域化、适度规模化、订单化方向转变。新的发展转型带来了发展理念的转变，为农业发展尤其是融资带来了新的契机和变化。具体可以从以下几个方面对其进行理解。

一是农业生产关系的多元化、复合化。随着农业产业化的发展，各种利益主体间的利益衔接关系也日益多元和复合化，这样所导致的最为直接的后果就是使"供应链管理"成为农业产业化和现代化的重要手段。具体来讲，在这样的现实背景下，农业分工日趋深化，农业生产环节在整体产业链中所占据的重要性日益提升，对整个产业的制约性和牵制性变大。所以，从这个意义上来讲，供应链管理的理念势必应运而生。而农业产业链条上整体的资金需求是"供应链管理"的重要组成部分和内容。当然，从金融机构的角度来说，这也为农业金融机构进行供应链金融创新提供了前提基础。

二是农业生产环节的分工化、专业化和精细化。随着新型农业经营体系的建立健全，传统农业经营体系就面临着分化、裂变。分布于产前、产中以及产后各环节的新型农业经营主体不断涌现并且在政策红利的作用下发展壮大，在规模化生产、产业化运用和精细化管理等方面引领现代农业发展。可以说，相比于农户，新型农业经营主体的经营规模更大、管理更为规范、组织化更强和有较为完善的管理制度，因而其信用度更强。而且更为重要的是，其比传统农业经营主体更需要资金支持，比如采用先进生产技术、扩大业务规模、改良农产品品种、延伸产业链、生产组织建设等。此外，现代农业的生产经营主体资金更加雄厚，其生产的农产品市场占有率更高，相互间可以通过联合扩大市场份额，提高其市场谈判能力，由于规模较大，交易次数相对减少，从而降低交易成本，农业生产利润更高，更容易吸引金融类机构发放贷款。

三是农业生产主体实力增强，使农业主体平等化、农业利润均衡化和生产形式多样化。在新型农业经营体系中，新型主体往往具有较强的"讨价还价"能力，其有足够的实力同金融类机构进行谈判，较以往传统农户更具谈判能力。当然，通过相应的利益联结机制，这种基于谈判能力的"信用能力"可以传递至分散的农户。如通过核心企业提供担保、上下游企业和农户履行订单约定的连带责任、参加农业保险、第三方物流提供监管等途径，有效降低了农业供应链金融的信贷风险，为金融机构提供新的业务增长点。

所以，随着政策引导与扶持，新型农业经营体系会更趋成熟，也为农业供应链金融创新提供了坚实的制度基础。总体而言，农业产业化有利于形成有效的农业供应链，有效的农业供应链是农业供应链金融顺利运行的前提基础。农业供应链金融的发展可以为农业供应链上的成员提供融资、结算等金融服务，从而促进农业产业化和新型农业经营体系的进一步发展。

三、农业供应链金融创新的组织条件

如果说农业产业化和新型农业经营体系构建，为农业供应链金融创新奠定了制度基础的话，那么这样的格局还会引致一个非常重要的结果。那就是随着农业产业化发展和新型农业经营体系的构建，尤其是随着分工的深化，农业产前、产中乃至产后各环节中各类型的经济组织就会出现减缓这其中的交易成本，为农业供应链金融创新提供组织支撑和条件。这样所导致的直接后果就是，农业产业的竞争模式由涉农企业之间的竞争转向各类利益联结形式或者农业供应链，农户和上下游的涉农小企业的融资将直接影响整条供应链的盈利水平和竞争能力。实际上，现实的情况是，这些农户或者涉农小企业由于信用评级不足、缺乏相应满足金融机构的抵押担保物偏好，按常规的信贷方式很难获得金融机构的贷款。但目前，随着农业产业化的发展，实践中纷纷出现了"公司＋农户""公司＋合作组织＋农户""公司＋基地＋农户"等产业化经营形式。若能将在谈判能力中处于优势地位的"公司"信用和处于劣势地位的"农户"实现"共享"，不但可以满足农户的资金需求，而且能提高农产品的生产效率和能力；不但有利于实现利益"共赢"，而且可以推进整条供应链的可持续发展。可以说，这些分布于产前、产中和产后的各类经济组织，为农户获取融资和金融机构依托供应链金融进行产品创新，创造了重要的前提条件。

从现实发展情况来看，农业供应链金融创新的组织条件日趋成熟，其能够解决三个方面的问题。

第一，能够有效解决金融机构与农户贷款中长期存在的信息不对称问题。通过龙头企业、专业合作社的担保或资金流监控，不仅可以缓解农户提供抵押担保的压力，而且减轻了信贷人员的工作压力，节约了人力和时间等。

第二，能够建立一种新型的合作模式，有效降低监管成本。通过龙头企业、农户、专业合作社等多方相互协作、相互制约，能够实现共同发展。同时，各个环节充分发挥监管作用，能够降低金融机构的贷后管理成本。以各类农业经济组织主导的农业供应链金融服务与单个农户或中小企业相比，其在争取贷款或其他金融服务方面更具有优势。

第三，能够发挥农业产业链整体优势，降低各环节管理成本。通过农业供应链将生产、融资、物流、商贸、结算等各环节链接为统一的整体，有利于发挥链条优势，让链条中的各个企业共享整合后的信息流、物流、资金流，从而降低链条中各个企业的综合管理成本。

此外，我国金融支农机构数量也在不断增加，银行业进一步完善差别化信贷政策，优化信贷结构，逐年加强对"三农"的金融服务，也为农业供应链金融创新提供了一定的组织支撑。

第三节　我国农业供应链金融创新的驱动因子

任何事物的变化与发展都是内因和外因联合驱动的结果。上述研究从功能性金融理论阐明了我国农业金融发展和农业供应链金融创新的宏观环境条件、制度条件和组织条件。同时，在上述分析中，我们也已经揭示了农业供应链金融是金融机构随农业产业结构演化的自我选择行为。

一、金融功能融合

金融功能融合满足市场需求是农业供应链金融创新的第一驱动。农业供应链金融功能随着"三农"工作的深入而不断融合，既包括融资、担保、保险，也包括资源聚集功能、辐射功能、监管功能、金融创新功能、结构调整功能、信息处理功能等，为深化农村改革、夯实发展基础、转变发展方式、调整优化结构，深入实施现代农业发展行动计划和扶贫攻坚行动，积累了成功经验，取得了显著成效。"三农"市场不断发展壮大为农业供应链金融功能融合提供了广阔的空间，改革开放以来，我国农业生产发展一直很好，农业产业不断做大，农村地区各项事业蓬勃发展，农民收入持续增长，开拓了广大的农村市场，扩大了内需。农业、农村和农民问题的核心是农民问题，农村产业和就业结构调整是增加农民收入，通过金融功能融合解决"三农"问题是实现农业和农村经济现代化的根本出路。农业供应链金融的功能结合应对我国农业发展和农业产业链多元化带来的机遇和挑战而不断融合，能够推动农产品流通体制改革，加快培育全国统一的大市场，开展地区之间的分工合作，缩小地区之间、城乡之间的收入差距。加快农业供应链金融功能创新融合发展，依靠资金资本增加农业产量，可以改进农产品品种和质量，不断依托经济发展的要求调整农业生产结构，为农民和农产品经营者提供明确的努力方向，提高农产品附加价值和市场竞争能力。农业供应链金融功能融合使我国的农业、农村、农民可持续健康发展，在营造了巨大的"三农"市场的同时，也为"三农"健康发展，推动农业供应链金融创新不断迸发新的活力，成为我国"三农"发展不可或缺的重要金融支撑力量。

二、金融服务转型

金融服务转型带动金融机构转型，推动"三农"发展是农业供应链金融创新的第二驱动。"三农"市场的变化必然要求"三农"金融服务转型，金融服务转型则金融机构转型也成为必然。现阶段，金融机构更加注重"三农"市场推动农业供应链金融创新，金融机构的业务总体呈现平台化与批量化的特点，不但可以实现规模效益、减少交易成本，而且强化了业务的后期管理，逐步成为一种新型的业务开展模式，"农业供应链"就是这样一个"平台"。在农业供应链金融中，涉农金融机构服务的是整个农业供应链，不单是农业供应链上各类涉农经济组织间的相互借贷以及涉农经济组织以赊销、预付账款等所形成的"非正规金融"服务，还是金融机构依托农业供应链向农户发放的生产性贷款，这些经济行为所有的立足点都有一个明确的目的，那就是农民在将来确定的收益。比如，在订单农业或者"公司＋基地＋农户"的纵向一体化的供应链上，各经营主体间一般存在经常性、贸易性的业务往来，其签订的往往是远期合约。为了继续维持这种交易关系和维持信用的可持续性，各经营主体一般不会发生违约行为，也就会如期履行贷款合同。同传统的金融机构服务"点对点"地进行授信并实现风险控制的模式相比，金融服务转型让成本大大减少、效益显著提升、安全性显著增强，拓展了金融机构的业务空间。可以说，农业供应链金融服务转型的"批量化""平台化"的趋势推动了金融机构的业务转型。

三、金融产品创新

金融产品创新适应农业生产模式创新是农业供应链金融创新的第三驱动。进入21世纪，涉农金融机构"三农"业务竞争日趋激烈，为农业供应链金融创新提供了一个新的契机与切入点。农村金融市场很长时期是金融机构不愿涉足的领域。受政策导向牵引，一些涉农金融机构开始实施支农服务，但开展业务存在显著的同质性，更为重要的一点是存在高度的"垄断性"、单一性，没有担负起支援"三农"的重要任务，反倒成为"三农"的抽水机，越来越多的资金流向非农产业和城市，形成了资源的巨大浪费。但随着农业生产模式创新和农业整体效益的提升以及政策对农村金融机构准入门槛的降低，新型农业金融机构纷纷成立，尤其是小额信贷公司、资金互助社和村镇银行的成立，对现有的垄断格局形成了重要的冲击，而且新型金融机构在支农效率和服务方式等方面存在显著的比较优势。因此，农业供应链金融的引入有利于涉农金融机构进行差异化竞争和精细化管理。尤其是信息技术、互联网技术的飞速发展，为涉农金融机构进行农业供应链金融创新提供了可行性。对农业中小企业、合作社、种植养殖户提供金融服务可以得到财政政策和税收政策的强有力支持，拓展了涉农金融机构的盈利空间。同时，通过农业供应链节点上物流、信息流的长期跟踪检测，商业银行能获取更为真实的供应链上农业经营主体的经营资料、财务能力和信息资料，可以实现客户的挖掘与动态跟踪，也为开展新市场和实现经济利益最大化奠定了坚实的基础。

第六章 构建现代农业体系，推进农业农村现代化

农业丰则基础强，农民富则国家盛，农村稳则社会安。党的十九大报告提出，实施乡村振兴战略，按照产业兴旺、生态宜居、乡风文明、治理有效、生活富裕的总要求，建立健全城乡融合发展体制机制和政策体系，加快推进农业农村现代化。产业兴旺，就是要紧紧围绕促进产业发展，引导和推动更多资本、技术、人才等要素向农业农村流动，调动广大农民的积极性、创造性，形成现代农业产业体系，促进农村第一、二、三产业融合发展，保持农业农村经济发展旺盛活力。具体而言，就是要构建现代农业产业体系、生产体系、经营体系，完善农业支持保护制度，发展多种形式适度规模经营，培育新型农业经营主体，健全农业社会化服务体系，实现小农户和现代农业发展有机衔接。构建现代农业体系，必须立足于新的历史条件，准确把握现代农业的基本内涵和发展规律，推进传统农业向现代农业跨越。

第一节 现代农业概述

一、现代农业的基本内涵

所谓现代农业建设，就是用现代物质条件装备农业，用现代科学技术改造农业，用现代产业体系提升农业，用现代经营形式推进农业，用现代发展理念引领农业，用培养新型农民发展农业，提高农业水利化、机械化和信息化水平，提高土地产出率、资源利用率和农业劳动生产率，提高农业素质、效益和竞争力。现代农业是人类社会发展过程中继原始农业、传统农业之后的一个农业发展新阶段。其实质就是用现代化工业装备农业、现代科技改造农业、现代管理方法管理农业、健全的社会化服务体系服务农业，实现农业技术的全面升级、农业结构的现代转型和农业制度的现代变迁。

（一）现代农业以科学技术为强大支柱

现代农业是伴随着科学技术的发展而发展的，并随着现代农业科学技术的创新与突破而产生新的飞跃。19世纪30年代，细胞学说的提出使农业科学实验进入了细胞水平，突破传统农业单纯依赖人们经验与直观描述的阶段。40年代，植物矿质营养学说的创立，有力推动了化学肥料的广泛应用与化肥工业的蓬勃发展，标志着现代农业科学的一个新起

点。50年代，生物进化论的问世，揭示了生物遗传变异、选择的规律，奠定了生物遗传学与育种学的理论基础。20世纪初，杂交优势理论的应用，带来玉米杂交种的产生与大面积推广。杂种优势主要应用于多种作物及动物育种，已成为一项十分有效的农业增产手段；而动物人工授精的应用及精液冷冻保存技术的相继突破，则为畜牧业、渔业带来了巨大的经济效益。随着现代科学技术的迅速发展及其在农业中的扩散与应用，大大拓宽了农业科学技术的领域，带来农业生产力的大幅度提高。特别是生物技术的发展，为人们定向育种开辟了广阔前景。信息技术的发展和应用，加快了现代农业发展的节奏，信息技术尤其对科学技术的传播、市场供求的对接等起到了重大的推动作用。

（二）现代农业以现代工业装备为物质条件

传统农业单纯依靠农业内部物质循环，而现代农业则是依靠增加大量现代工业装备和现代物质投入的、开放的高效农业系统。从发达国家的实践看，主要有四点：一是以工业化带动农业现代化。在钢铁、机械、化工、能源等现代工业的有力支持下，促进高效农机具、化肥、农药的普遍应用，成为加速传统农业改造、大幅度提高农业生产力水平的关键因素。二是以机械动力替代人（畜）力、以信息技术控制代替人工操作。这已成为现代农业技术革命的一个重要内容和现代农业的一个主要标志。三是以城镇化促进农业劳动力的转移，而农业劳动力的减少和非农产业的扩大，又推动了城镇化向更高水平迈进，从而加快了城乡经济的协调发展。四是以农业机械化带动农业劳动生产率与土地生产率的提高。评价农业机械化的作用，要辩证地对待农业劳动生产率与土地生产率的关系，着眼于总体生产力与经济效益的提高。

（三）现代农业以产业化为重要途径

我国于20世纪90年代初提出的农业产业化经营的发展道路，符合现代农业发展的趋势和要求。现代农业伴随着市场经济的发展而发展。在发达国家，不论农业经营规模大小，家庭农场都是作为农业经营的基本单位，通过社会化服务实现了小生产与大市场的连接。在市场经济迅速发展、市场竞争十分激烈的情况下，家庭经营通过多种形式联合起来，实现产业化生产、一体化经营，使农业生产呈现专业化、规模化、科学化和商品化趋势，已成为现代农业发展的重要途径。当前，我国农业产业化发展迅速，农村专业技术合作组织开始兴起，农业企业不断壮大，共同推进了现代农业的进程。

（四）现代农业以统筹城乡经济社会发展为基本前提

农业是经济再生产与自然再生产交织在一起的过程，其发展既受到自然因素的制约，也受到生物规律和市场规律的制约。当前我国面临农产品需求（包括数量、质量和种类）增长与农业生产力低下的矛盾。在这种情况下，如何协调工农关系，很好地统筹城乡经济社会发展，扶持农业发展与维护农民权益，加快传统农业改造的进程，就成为一个突出的问题。鉴于农业是"一切人类生存的第一个前提"，农业具有明显的基础性、公益性、战略性，发达国家及新兴工业化国家与地区在现代农业发展的不同阶段都采取一系列的有力扶持保护措施，在价格、信贷、税收、贸易、资源、科技、教育等方面制定相应的政策，推动了现代农业的全面发展。现代农业是以保障农产品供给、提供劳动力就业、增加农民收入、实现农业可持续发展为主要目标，以现代科学技术、现代工业装备、现代管理手段、现代经营理念为支撑，以政府对农业的宏观调控和支持保护为保障，充分发挥市场在资源配置方面的基础性作用，集产供销、贸工农于一体的多部门协调、各环节相衔接，由现代知识型农民和现代企业家共同经营，具有较强市场竞争力的一体化、多功能的农业产业体系。

二、现代农业的重要特征

建设现代农业的一个主要任务，就是要加快传统农业向现代农业的转变，促进农业生产方式和经营方式的变革。可以说，现代农业的核心是科学化，特征是商品化，方向是集约化，目标是产业化。相对于传统农业而言，现代农业应具备以下五大特征：

（一）市场化程度日趋成熟

市场经济体制是现代农业发展的制度基础，它在资源配置中起着基础性作用。在市场经济条件下，农民从事农产品生产的主要目的不是为了自食自用，而是为市场提供商品，实现利润最大化。现代农业建设必须突破传统农业封闭低效、自给半自给的局限性，坚持以市场需求为导向，采用专业化生产和一体化经营的产业化方式，调整农业结构和生产布局，提高投入产出效率。健全农产品现代流通体系，提高农产品市场占有率。目前，在农业现代化水平较高的国家，农产品商品率一般在90%以上。因而现代农业是以现代发达的市场为基础的专业化农业、一体化农业和高效农业。

（二）工业装备普遍采用

工业装备是现代农业的硬件支撑。在由传统农业向现代农业发展的历史阶段，农业机械是农业生产要素中影响现代农业进程的关键因素，并且农业机械化水平是实现农业现代化和形成农业竞争力的核心能力，农业机械化水平的高低决定着农业现代化的进程和农业竞争力的强弱。因此，现代农业建设必须突破传统农业生产过程完全依赖自然条件的约束，充分运用现代工业提供的技术手段和设备，使农业生产基本条件得以较大改善，抵御自然灾害能力不断增强，因而现代农业是使用现代工业设备武装，具有较强抵御灾害能力的设施农业、可控农业。

（三）先进科技广泛应用

先进的科技是现代农业发展的关键要素。与科技运用相适应，农业劳动者的素质也得到普遍提高。现代农业发展的动力来自科技进步与创新。先进的科技不断从潜在生产力转化为现实生产力，正成为推动现代农业发展的强大动力。现代农业的发展过程，实质上是先进科学技术在农业领域广泛应用的过程，是用现代科技及装备改造传统农业的过程，是用现代农业科技知识培养和造就新型农民的过程。在现代农业中，生产、加工、运销各个环节均采用先进的科学技术。同时，农业技术的发展也促使农业管理体制、经营机制、生产方式、营销方式等不断创新，因而现代农业是以现代科技为支撑的创新农业。

（四）产业体系日臻完善

完善的产业体系是现代农业的重要标志。随着现代科技在诸多领域的突破，现代农业的发展已突破传统农业生产领域仅局限于种植业、畜牧业等初级农产品生产为主的狭小领域，由动植物向微生物，农田向草地森林，陆地向海洋，初级农产品生产向食品、生物化工、医药、能源等方向不断拓展，生产链条不断延伸，并与现代工业融为一体，因而现代农业是由现代科技引领的宽领域农业。与此同时，现代农业以一体化的经营方式进行资源配置和利益分配。农业产前、产中、产后紧密衔接，产加销、农工贸环环相扣，农业生产的专业化、农产品的商品化、农村服务的社会化全部被纳入经营一体化的轨道之中。

（五）生态环境受到重视

注重农业增长与生态环境的协调发展是现代农业发展的基本方向。近年来，世界各国在农业发展中，改变粗放型农业增长方式，重视土、肥、水、药和动力等生产资源投入的节约和使用的高效化，注重生态环境的治理与保护，在应用自然科学新成果的基础上探索出"有机农业""生态农业"等农业发展模式。可见，现代农业是根据资源禀赋条件选择适宜技术的集约化农业、生态农业和可持续农业。

三、现代农业发展的主要模式

中国幅员辽阔、区域类型多样、资源禀赋差异较大、经济发展程度不一，现代农业发展不能实行"一刀切"，切忌采取统一模式，必须因地制宜地选择现代农业发展模式。目前，应当重点选择以下四种现代农业发展模式：

（一）资源节约型现代农业模式

我国农业资源严重短缺，人地矛盾突出，可利用资源与农业粗放经营之间的矛盾日趋尖锐，农业资源有效利用率低等问题日益严重，因而建立资源节约型现代农业模式成为现代农业发展的必然选择。应积极发展"精准农业""无土栽培农业""旱作农业"和"节水农业"，走一条高度注重资源节约的现代农业发展道路。

（二）劳动密集型现代农业模式

我国农村劳动力资源极为丰富，发展劳动密集型现代农业具有很大的比较优势。应在加强农业实用人才培训，显著提高农民技术素质的基础上，大力发展蔬菜、水果、花卉、畜牧、水产等劳动密集型农业，最大限度地缓解人多地少矛盾的同时不断提高农业的效益水平。

（三）区域特色型现代农业模式

我国自然条件的区域性、垂直性、过渡性分布特征，为发展区域特色型现代农业提供了多样化条件。应当依据各地的资源、技术和地理地貌等特点，面向市场需求进行优势资源的比较和筛选，发展各具特色的设施农业、生态农业、观光农业、都市农业等，重点发展名、优、特、新农产品。注重提高农业的整体功能与综合效益，形成特色农产品种植区和产业带，通过突出产业特色的方式发挥区域优势。

（四）可持续型现代农业模式

推进现代农业发展必须尽快实现农业增长方式由粗放型向集约型转变。实现农业生产各个环节的规范化、标准化、精确化，实行精耕细作和产业化经营，提高土地利用率和农业综合效益，增强农业抵御自然灾害的能力。要积极发展生态农业和循环农业，广泛应用立体种植技术、作物固氮技术以及利用生物链防治病虫害技术，促进农业经济效益与生态效益的有机统一，显著提高农业可持续发展的能力。

四、现代农业发展的基本趋势

我国正处于传统农业向现代农业转型的爬坡阶段，必须正确认识国内外现代农业发展的基本趋势，在顺应这一趋势的基础上积极开展现代农业建设。

（一）农业生产规模适度扩大

家庭分散的农业经营方式难以发挥生产的规模效益，因而无法适应现代农业的发展需要。随着农业劳动力进一步向非农产业转移，农业科技水平进一步提高，农业区域化和专业化布局不断形成，不同类型的农业适度规模经营形式将得到越来越快的发展，并逐步成为农业经营方式的主体。在此基础上，农业将实现机械化、标准化的商品生产，农业的市场竞争力将进一步增强，比较效益将得到不断提高。

（二）可持续农业成为发展方向

有限的农业资源和日益增长的人口负担，在客观上要求遏制对农业资源的掠夺式开发，从根本上转变以过度消耗资源和破坏生态环境为代价的农业发展方式，走可持续农业之路。所谓可持续农业，就是可持续发展战略在农业领域的体现。可持续农业强调农业发展的整体性、系统性、协调性，主张用准确化的信息、集约化的管理和高科技投入去发展农业，实现自然生态的平衡，确保当代人和后代人对农业需要的满足。从发展的角度看，现代农业将实现更有质量的增长过程，在节约能源、降低消耗、减少废物、提高效益、改变传统农业生产和消费模式的同时，高度重视控制环境污染，改善生态环境，保护生物多样性，保证以持续方式使用可再生资源，走可持续发展的农业道路。

（三）农业生产领域进一步拓展

现代农业的发展要求其生产领域不断得到扩展，这主要体现在三个方面：首先，农业基本生产资料由耕地向草地、森林、水面延伸；其次，初级农产品生产向食品、医药、绿色化工、生物物质等多种产品生产方向拓展；最后，农副产品综合和多层次开发将成为蕴含极大潜力的农业新的生长点。农业生产领域的拓展过程是伴随着农业产业化发展的，在此过程中传统的农业内涵逐步改变，工、农业间的界限渐趋模糊，农业也将分享更多的利润。

（四）农业生产日益科技化

高新技术成为现代农业发展的强大动力。现代农业与传统农业不同，它是建立在全面应用科技基础之上的高效农业。目前，现代农业科技正迅速向宏观和微观两个领域全面发展，由生物技术占主导地位引起的农业科技革命促进农业面貌发生根本性变化。

（五）农业日益走向商品化、国际化

在经济全球化发展格局下，世界各国发挥比较优势，参与国际市场分工和经济竞争。农业发展的国际化趋势对各国农业既是挑战又是机遇，各国只有调整农村经济结构，优先吸纳先进技术，才能适应国际市场的发展形势。农业日益商品化、国际化的趋势是农业采用高新技术的强大动力，从而将各国的农业逐步推向世界市场。

（六）农产品向多品种、高品质、无公害方向发展

质量和品种成为农产品竞争的首要因素。现代农业不仅能满足人们追求物质生活的需要，同时还能给人们提供健康上的保障及精神上的享受。"无公害""无污染""反季节"的"绿色"水果蔬菜以及工艺型、观光型、保健型农产品应运而生，为农业开发和农业科技的应用展现出诱人前景。

第二节　发展现代农业，构建现代农业体系是实施乡村振兴战略的首要任务

农业是全面建成小康社会、实现国家现代化的基础。党的十九大报告提出，农业、农村、农民问题是关系国计民生的根本性问题，必须始终把解决好"三农"问题作为全党工作重中之重。要坚持农业、农村优先发展，按照产业兴旺、生态宜居、乡风文明、治理有效、生活富裕的总要求，建立健全城乡融合发展体制机制和政策体系，加快推进农业农村现代化。实施乡村振兴战略，推进农业、农村现代化，必须坚持把发展现代农业，构建现代农业体系，繁荣农村经济作为首要任务。

一、发展现代农业与实施乡村振兴战略的关系

实施乡村振兴战略，就是要坚持农业农村优先发展，按照产业兴旺、生态宜居、乡风文明、治理有效、生活富裕的总要求，协调推进农村经济建设、政治建设、文化建设、社会建设、生态文明建设和党的建设，使之成为新型聚居地的地域单元。发展现代农业，就是在农业领域不断引入先进的物质技术要素和现代人力资本，对现有的生产方式和组织方式进行变革，不断推进农业产业经济的增长，提高自然再生产与经济再生产的能力，从根

本上解决农业发展滞后、难以适应工业化和城镇化需要的问题。构建现代农业体系，就是要构建现代农业产业体系、生产体系、经营体系，完善农业支持保护制度，发展多种形式适度规模经营，培育新型农业经营主体，健全农业社会化服务体系，实现小农户和现代农业发展有机衔接。发展现代农业，构建现代农业体系和实施乡村振兴战略之间有着不同的功能要求和发展方式，又是相互依存、相互促进的关系。发展现代农业主要体现在以下五个方面：

（一）在经济发展上相互扩充

现代农业是实施乡村振兴战略，促进农村经济发展必不可少的重要组成部分，也是推动农村发展主导产业和特色优势产业的动力支撑。发展现代农业，构建现代农业体系，就是要加快改造传统农业，推进分散单一的种养业向农业产前、产中、产后环节相连，农产品生产加工运销一体化的产业链发展。将原来布局在城市的农产品加工业逐步引导到农村，在农村兴办为现代农业提供技术和中间投入品的社会化服务业，所形成的专业化种养业基地和加工区、服务区的农村地域的产业集聚，将极大地促进新型农村居住区的发展，使农村经济在现代农业的推动下不断繁荣。

（二）在效率提高上相互促进

实施乡村振兴战略的一个重要方面就是要不断改善农村道路、交通、水、电、信息网络等基础设施条件，优化农村市场环境。这样不仅可以促进农村居民生活消费，还可以促进以市场为导向，以农产品商品生产为目的的现代农业发展。例如，农村道路交通状况的改善，有助于降低农产品运输成本，提高农产品流通效率；农村电话、互联网等信息设施的建设和普及，可以使农户及时获取农产品生产、销售信息，节约时间，不断增加农户的收益；农村市场条件的改善，有利于农产品价格发现与传导机制的形成，便于农户根据国内外市场需求调整种养业结构，增加收入。

（三）在收入增加上相互提升

实践证明，现代农业不仅能够扩大规模经营收入，还能拓展农民兼业收入和农产品加工营销等后续收入的来源，增加农民的工资性收入和非农收入，改善农民的收入结构。可以预见，实施乡村振兴战略中的政府投资，还将引导企业和农户的投资不断投向农村建设中新兴产业、农村公益事业，引发投资的乘数效应，在农村建设中形成投资上升、收入提高、消费增加的良性循环。

（四）在就业空间上相互拓展

不论是现代农业发展还是实施乡村振兴战略，由政府投资、企业等社会资本的投入，都将大幅度增加农民现金收入，为农村地区创造出大量的就业岗位，促进农村新的生产、生活和生态产业的大发展。发展现代农业，构建现代农业体系，将促使集中在种植业、养殖业中的一部分农业劳动力，向农产品加工业、社会化服务业转移就业；实施乡村振兴战略将使农村剩余劳动力向农村建筑及其原材料生产、运输和营销等行业转移就业，向农村餐饮、文化、娱乐等服务行业转移就业。农村第一、二、三产业规模的扩大和发展，直接扩充了农村的就业容量，最终形成"就业扩大—经济增长—社会发展"的农村循环经济和和谐社会。

（五）在生态保护上相互改善

随着人口增加及对食物需求的增多，人们不断增加外部投入，一方面，改造提升了基于农田、草地、森林、湖泊等农业生态系统的产出功能，扩大了农村居住空间；另一方面，过量施用化肥、农药与机械作业，造成耕地污染、土壤质量下降，道路等基础设施的无序建设使农村景观生态遭到破坏。现代农业追求的是清洁生产、绿色产品和资源循环利用，实施乡村振兴战略追求的是生态宜居、治理有效的家园。因此，需要控制并合理使用化学物质，对生产、生活废弃物实行资源化处理，加强对农业野生资源的保护和利用，对农村脏、乱、差环境进行系统整治。按照农业和农村生态系统的物质流向实行综合治理，促进优质、高效、安全、生态农业的发展，增强农村景观生态的美学价值及休闲旅游功能，促进人与自然的和谐共处、协调发展。

二、发展现代农业，构建现代农业体系的重大意义

发展现代农业，构建现代农业体系是实施乡村振兴战略，推进农业、农村现代化的重要任务。当前，我国正处于传统农业向现代农业转型的重要历史时期，从世界农业发展的规律和我国的国情看，农业发展必须走建设现代农业的道路。加快从传统农业向现代农业转变，既是我国经济社会发展的必然要求，也是应对激烈的农业国际化竞争和挑战的必然要求。

第一，坚持发展现代农业，构建现代农业体系是确保实施乡村振兴战略方向正确的重要举措。当前，我国经济已由高速增长阶段转向高质量发展阶段，正处在转变发展方式、优化经济结构、转换增长动力的攻关期，建设现代化经济体系是跨越关口的迫切要求和我国发展的战略目标。实施乡村振兴战略的首要要求就是"产业兴旺"，只有发展现代农业，构建现代体系，以现代农业为基础，发展新型农业，乡村振兴才有坚实基础。

第二，坚持发展现代农业，构建现代农业体系是习近平新时代中国特色社会主义思想，推进农业农村现代化的要求。农业、农村、农民问题是关系国计民生的根本性问题，必须始终把解决好"三农"问题作为全党工作重中之重。如果农业搞不上去，不但制约农业农村经济的发展，而且势必影响工业化、城镇化和整个国民经济的发展。所以，只有积极发展现代农业，构建现代农业体系，努力形成城乡融合发展、共同繁荣的良好局面，才能实现国民经济持续健康协调发展，真正把习近平新时代中国特色社会主义思想落到实处。同时，只有发展现代农业发展，构建现代农业体系，才能不断改善农民生产生活条件，确保农村和整个社会的稳定。

第三，坚持发展现代农业，构建现代农业体系是确保国家粮食安全的有利保证。党的十九大报告强调，要"确保国家粮食安全，把中国人的饭碗牢牢端在自己手中"。我国是一个具有悠久传统农业历史的国家，传统农业为中华民族的繁衍生息，为我国改革开放和现代化事业做出了巨大贡献。随着经济社会发展对农产品需求的增长和国际农业化进程的加快，单纯的传统农业已经难以确保国家粮食安全，难以应对国际化的竞争和挑战。解决粮食安全问题，不仅要稳定粮食的面积，而且也要提高粮食的单产。我国正处于工业化、城镇化加快发展的时期，现在对于耕地资源的保护是当前非常重要的任务。中央领导一再强调，我们要守住18亿亩耕地的红线，但是18亿亩耕地要保住是很难的事情，每年我们的城镇化、工业化要占地500多万亩。所以提高粮食的总产，靠扩大耕地面积和播种面积潜力不大，重要的是发展现代农业，依靠科学技术提高单产。尽管近些年我们粮食连年丰收，粮食供给是平衡的、安全的。但是仔细分析一下，粮食总产增加的幅度，粮食单产提高的幅度，播种面积增加的幅度，这三个数字都在下降。因此，确保国家粮食安全，提高粮食产量，必须加快技术进步，依靠科技提高单产，这是一个很重要的途径。只有加快现代农业的建设，构建现代农业体系，才能强化农业的基础地位，增强农业的基础作用，肩负起新时期农业的历史重任。

第四，坚持发展现代农业，构建现代农业体系是促进农民收入持续增加的有效途径。家庭收入、外出务工的收入、转移性收入构成了农民总体收入。这几年农民的收入增加比较快，外出务工的收入贡献率比较高。但是城市居民的收入也增加很快，应该看到城乡收入差距的客观存在。所以，要促进农民收入持续增加，不断缩小城乡居民收入差距，只有发展现代农业，构建现代农业体系，提高农业的附加值，提高农业的综合效益，才能使农民通过农业产业本身增加收入，稳定农业生产，促进农业发展，从而对国民经济高速发展起到支撑作用。

第五，坚持发展现代农业，构建现代农业体系是提高我国农业竞争力的必然选择。在国际统一大市场背景下，我国农产品市场的开放程度已经很高。近年来，农产品出口和进口都在增长，但是进口增长的幅度显著大于出口，从而使我国农产品贸易连续几年出现逆差。据预测，今后我国农产品贸易逆差很可能成为常态。究其原因在于我国农产品的竞争力还不高。与发达国家平均水平相比，我国农业生产中科技贡献率要低二三十个百分点，农业从业人员的生产率只相当于发达国家的几十分之一，甚至更低。因此，我们应当顺应世界农业发展潮流，提高农业整体水平和国际竞争力，增强农业安全水平，在应对国际竞争中拓展发展空间，在促进国际贸易中分享更多利益，使我国农业在激烈的国际竞争中立于不败之地。

第三节 发展现代农业的经验及存在的问题

一、国外发展现代农业的经验

（一）以农业机械化为起步，以农业一体化为标志的现代农业

美国是这一方式的典型代表。美国的特点是地广人稀，人均土地资源丰富。这一资源禀赋特征，使土地和机械相对价格长期下降，而劳动力相对价格不断上升，促使农场主不得不用土地和机械动力替代人力。这种替代包含着农业机械技术的不断改进。美国农业现代化的发展依照机械化发展的进程可划分为三个阶段：

第一阶段：半机械化阶段。这是以人力和畜力驱动、按机械原理设计制造的改良农机具取代传统农具的过程，是农业机械化的初始阶段。

第二阶段：主要田间作业机械化阶段。这是以电力驱动的大型现代农机具代替非机械动力农机具的过程，是机械化发展的阶段。

第三阶段：全盘机械化阶段。这是机械化的成熟阶段，在这一阶段，不仅农机具的数量增加，而且性能也不断提高，设计和制造出适应精细作业要求的农业机械。

在经营模式方面，农业的高度专业化是农业一体化的基础。发展现代农业依赖于农业一体化进程。20世纪80年代后半期，在高度社会分工和专业化的基础上，农业同产前与产后部门（相关联的工商企业）通过经济上、组织上的结合，或通过相对稳定的业务联系，形成一种经营形式或经营系统，被称为现代大农业或垂直一体化经营的农业。农业的垂直一体化经营，依照农业关联企业与农民结合的不同方式和不同程度，可分为三种形式：（1）农业关联企业与农场结合在一起，形成经济实体，构成农工商综合体；（2）合同制。农业关联企业与农场主签订合同，在明确双方各自承担的责任和义务的条件下，把产供销统一起来，原有工商企业和农场仍保持各自独立的实体不变；（3）农民组成合作社，直接参与到农业垂直一体化的进程之中，成为一体化的主体成分。农业的一体化，促进了现代农业的大发展。

（二）以农业科技为突破、以技术推广和服务体系为支撑的现代农业

以色列发展现代农业成功得益于农业的集约化，得益于完善的农业科研开发、技术推广和服务体系。以色列发展农业的经验主要包括以下三个方面：

第一，必须加强、健全科研、推广和服务体系。科研、推广和服务是以色列农业高度发达的原动力，科研开发是后盾，推广和服务体系是动脉，以色列国家建立一套由政府部门（农业部等）的科研机构和社区（基布茨、莫沙夫）及社会科研机构相结合的科研、开发体系。每个科研机构都定期将研究成果推广用于农业生产，使这些科研成果很快转化为现实生产力。以色列的每一位农业科研人员都是某一方面的专家，为农业生产、经营者

提供技术指导、咨询和培训。他们还是科技推广者和技术承包的实践者，与农户签订服务合同，从而使农民获得了更大的经济效益。

第二，成功的"公司＋农户"模式。以色列农业的生产经营特点：一是订单生产；二是农业生产与国际市场联系紧密。基布茨的农业生产直接与国际市场连接，生产、加工、包装、销售基本是一体化的经营。莫沙夫中的农户直接与国内的公司签订购销合同或者直接上网销售，从而使农产品进入国内、国际市场。还有一种方式是公司与农户建立股份制关系，由公司为农户提供资金用于农业基础设施建设并负责农户产品的收购，再从每年付给农户的贷款中分成或逐年回收投资。由于以色列的农业相当发达，农民科学文化水平也很高，农民可以直接从互联网上了解农副产品的市场行情，因此，公司与农户的利益分配比较合理，从而形成了公司与农户的良好互动机制。

第三，必须加强对农民的教育、培训。以色列的教育非常发达，国民受教育程度很高。农民中大学以上文化程度的占到47%，其他至少是高中文化程度。高素质的农业劳动力为学习、运用先进的生产技术、管理技术提供了可靠的保障。同时，也使农民更乐于接受新生事物，采用新品种、新技术，为现代农业的发展插上了腾飞的翅膀。

（三）以市场为导向，加强农民素质教育、提高农民组织化程度

1. 以市场为导向，提高应变能力

以市场需求为导向是一个系统工程，需要大量准确的市场信息、快速灵活的产品调整能力和农业科研水平的跟进力。否则，在不断变化的国际市场上，任何一种产品都有可能丧失原有优势，甚至被淘汰出局，荷兰农产品就一直瞄准国际这个大市场。德国一直是荷兰农产品出口的主要市场，其中包括消费者喜爱的大众食品荷兰西红柿。大约10多年前，荷兰对德出口西红柿遭遇困境，因为德国消费者将目光转向来自其他国家的西红柿。在这种情况下，荷兰农业科研机构紧急动员，在很短时间内培育出新的西红柿品种，成功夺回了德国这个传统的出口市场。这个例子说明，市场总是不断变化的，就是对一种比较稳定的出口产品，也不能高枕无忧，必须根据变化随时调整，才能保住市场占有量。

2. 加强农民素质教育，提高农民组织化程度

发展现代农业不仅在于高科技在农牧业中的运用和普及，更在于农民高度的组织化程度和本身的高素质。荷兰农业和畜牧业的经营模式虽然以家庭为主，规模不大，但各种各样的农业合作社组织使他们形成了一个巨大的专业群体，农民借助这个群体的力量，获取信息，获得贷款，推销产品。荷兰的农业合作社遍及生产环节的各个领域，无论是种子的培育，饲料肥料的供应，还是农产品的销售，都可以通过加入合作社得到解决。

荷兰主要的合作社大致有这样几种：一是信贷合作社。这种合作社遍及荷兰各地，对支持农民扩大生产、更新设备发挥了重要的作用。现在，农民90%以上的生产贷款均来自信贷合作社。二是采购合作社。它为农民购买种子、饲料、肥料提供方便和帮助。此外，合作社还有自己的加工厂。三是销售加工合作社。正是由于这类合作社的存在，荷兰农产

品的销售网遍布世界各地。四是拍卖合作社。正是通过这种运作模式，荷兰的鲜花才能以最快的速度空运到世界各大城市的消费者手中。这不仅使荷兰赢得了"鲜花之国"的美誉，而且也赢得了巨大的利润。目前，荷兰农民中，花农收入最高。

荷兰农民收入高还与其受教育程度好密切相关，荷兰政府始终将农民教育摆在优先地位。在荷兰这个不大的国家里，全国各类农业院校和培训中心多达 342 所，这些高等农业学府或是农业专科学校一个始终不变的宗旨就是为农民服务、为生产服务。在这样的指导思想下，农业的教育、科研与生产形成了有机的紧密联系。荷兰虽然没有明文规定农民必须接受何等程度的教育，但绝大多数农民至少都接受过中等农业专科学校的培训，大学毕业生务农在荷兰更不是什么新闻。每个农民在其生产过程中，还要定期接受各种培训。专业农业科学知识普及员通过各种形式的培训班，及时向农民传送最新的农业科技知识。

二、国内发展现代农业的典型案例

（一）城郊型农村的生态农业带动现代农业发展

北京市大兴区北蒲洲营村是以生产绿色有机农产品为主导产业的城郊生态型新农村，兼顾发展休闲观光农业等现代农业。该村规划最引人注目的是在一个村的范围内进行总体布局规划，实现最小范围的功能布局。按照北蒲洲营村生态有机蔬菜产业为主的发展目标，村域土地分为设施农业生产区、养殖区、休闲采摘区、居住区、基本园田、基本粮田和其他区。

北蒲洲营村重视发展环境友好型农村，充分整合农村资源，实现农村产业的有序规范发展，这也成为城市郊区农村示范规划的一个共同特点。在这方面，上海市嘉定区毛桥村将全村规划为以观光农业为核心的农业生产区、生态工业区、生活区和观光农业区四大板块，集约化发展现代农业。

以生态农业建设为核心，集约利用土地，分区分片规划，紧紧围绕城市发展的需求定位发展目标，是城郊型农村发展现代农业的主要模式。

（二）农业产业化、农村工业化带动现代农业发展

农业产业化发展方面，江苏姜堰区河横村规划瞄准现代农业，大力发展农业产业化。河横村位于江苏省姜堰区北部，依托良好的生态环境，强势打造农产品品牌，大力发展和引进高效农业、观光农业、外向农业，建成了特种种植区、特种养殖区、绿色食品加工区、科研示范区和休闲观光区等五大功能区。从河横村规划的特点看，农业产业化深度开发是最大的亮点，有利于进一步提升优势农业竞争力，最终实现农民利益最大化。在这方面，除了河横村外，还有山东寿光市三元朱村等。虽然目前多数农村还难以达到这种程度，但通过各自特色产业的不断发展，将是实现现代农业目标的必由之路。

工业发展致富后，带动农业发展，形成农业产业化是农村发展过程中最普遍的现象。向阳花村发展的特点主要表现在发展现代农业与智力支持结合在一起，和高校建立合作关

系。一方面，指导现代农业的发展；另一方面，不断培养、提高农民的基本素质，适应现代农业发展变化的需要。

（三）农村产业特色化带动现代农业发展

特色化发展是农村致富，促进传统农业向现代农业转化的又一方面。陕西礼泉县白村在发展农村经济中，选择"一村一品"特色模式。礼泉县白村地处苹果产区，农业结构以果业、养殖业为主。该村积极推进"一村一品"，大力发展现代果业，努力推进农业产业化经营，促进传统农业向现代农业转化是其规划的一大亮点。该村村域布局分为生产区、商业区、居住区和产业园区。该村推进"一村一品"的具体措施有：一是以果业发展为重点，树立品牌意识，打造优质精品果品村。二是组织无公害农产品、绿色食品认证，积极开展良好农业规范（GAP）认证。三是延长果业产业链。四是发展运销服务组织，扩大果品的销售能力。五是以果业为主开发乡村旅游业，重点开发以农业科技园、"农家乐"和民间传统艺术展示为主题的都市观光农业圈。

从白村的发展规划看，以果业为主业的"一村一品"正在朝着集约化、品牌化方向发展，开始形成跨区域、大规模、集群式发展格局，并开始打造一条完整的产业链条，向深加工业、服务业和乡村旅游业延伸，这符合农村经济和现代农业的发展特征。但实施"一村一品"要特别注意产品趋同的问题，关键是要进行整体规划和科学指导，不断提升"一村一品"发展的层次。

第四节　构建现代农业体系，推进农业农村现代化建设

构建现代农业体系，推进农业农村现代化顺应我国经济社会发展的客观趋势，符合当今世界农业发展的一般规律，是加快社会主义现代化建设进程的重大任务。因此，必须针对目前发展现代农业面临的问题，以优化农业结构、培育新型农业经营主体、推进农业服务体系社会化建设等为切入点，构建和完善现代农业产业体系、生产体系、经营体系、农业支持保护制度和农业社会化服务体系，推进我国农业农村现代化建设。

一、优化农业结构，健全现代农业的产业体系

现代农业产业体系，是产业横向拓展和纵向延伸的有机统一，重点解决农业资源要素配置和农产品供给效率问题，是现代农业整体素质和竞争力的显著标志。尤其主要特征就是农业产业发展中突出高新技术的现代性，展示出现代农业产业体系的核心竞争力。健全建设现代农业产业体系，必须注重高新技术的发展和运用，开发农业的多种功能，向农业的广度和深度进军，促进农业结构不断优化升级。

（一）端牢饭碗，提高粮食生产能力保障水平

1. 坚持最严格的耕地保护制度

全面划定永久基本农田，以粮食等大宗农产品主产区为重点，大规模推进农田水利、

土地整治、中低产田改造和高标准农田建设。

2. 完善耕地占补平衡制度

耕地占补平衡要注重空间均衡、生态效应，探索重大建设项目国家统筹补充耕地办法，探索建设占用耕地补充责任的多元化实现途径，推进补充耕地的跨区域国家统筹，全面推进建设占用耕地耕作层剥离再利用。

3. 建立粮食生产功能区和重要农产品生产保护区

健全粮食主产区利益补偿机制，继续实施优质粮食产业、种子、植保和粮食丰产科技等工程，支持粮食主产区发展粮食生产和促进经济增长，确保稻谷、小麦等口粮种植面积基本稳定。

4. 完善粮食安全系统

深入推进粮食绿色高产高效创建，加强对粮食生产、消费、库存及进出口的监测和调控，建立和完善粮食安全预警系统，维护国内粮食市场稳定。

（二）加快推进农业结构调整，推进农村第一、二、三产业融合发展

第一，加快推进农业结构调整，推动粮经饲统筹、农林牧渔结合、种养加一体化发展。重点是调整农业种植结构，支持优势产区加强棉花、油料、糖料、大豆、林果等生产基地建设；统筹考虑种养规模和资源环境承载力，推广粮改饲和种养结合模式，发展农区畜牧业；分区域推进现代草业和草食畜牧业发展，提高畜禽、水产标准化规模化养殖水平，促进奶业优质安全发展；实施园艺产品提质增效工程，发展特色经济林和林下经济。

第二，优化特色农产品生产布局，加快现代农业示范区建设。

第三，推进农业产业链和价值链建设，建立多形式利益联结机制，培育融合主体、创新融合方式，拓宽农民增收渠道，更多分享增值收益。积极发展农产品加工业和农业生产性服务业，拓展农业多种功能，加快发展都市现代农业，推进农业与旅游休闲、教育文化、健康养生等深度融合，发展观光农业、体验农业、创意农业等新业态，激活农村要素资源，增加农民财产性收入。

（三）确保农产品质量安全，促进农业可持续发展

1. 全面推行农业标准化生产

重点是完善农业标准，加强农产品质量安全和农业投入品监管，强化产地安全管理，实行产地准出和市场准入制度，建立全程可追溯、互联共享的农产品质量安全信息平台，健全从农田到餐桌的农产品质量安全全过程监管体系；加强动植物疫病防控能力建设，强化农药和兽药残留超标治理，严格食用农产品添加剂控制标准，强化进口农产品质量安全监管；创建优质农产品品牌，支持品牌化营销。

2. 大力发展生态友好型农业

实施化肥农药使用量零增长行动，全面推广测土配方施肥、农药精准高效施用；实施

种养结合循环农业示范工程，推动种养业废弃物资源化利用、无害化处理；开展农业面源污染综合防治，开展耕地质量保护与提升行动，创建农业可持续发展试验示范区。

3. 加强农业国际合作

健全农产品贸易调控机制，优化进口来源地布局，在确保供给安全条件下，扩大优势农产品出口，适度增加国内紧缺农产品进口；积极开展境外农业合作开发，建立规模化海外生产加工储运基地，培育有国际竞争力的农业跨国公司；拓展农业国际合作领域，支持开展多双边农业技术合作。

二、强化科技支撑，完善现代农业生产体系

现代农业生产体系，是先进生产手段和生产技术的有机结合，重点解决农业的发展动力和生产效率问题，是现代农业生产力发展水平的显著标志。构建现代农业生产体系，就是要用现代物质装备武装农业，用现代科学技术服务农业，用现代生产方式改造农业，转变农业要素投入方式，推进农业发展从拼资源、拼消耗转到依靠科技创新和提高劳动者素质上来，提高农业资源利用率、土地产出率和劳动生产率，增强农业综合生产能力和抗风险能力，从根本上改变农业发展依靠人力畜力、"靠天吃饭"的局面。

（一）强化科技支撑，完善现代农业的科技体系

完善现代农业的科技体系，一方面，要抓好农业科技创新，要改善农业重点实验室创新条件，大幅度增加农业科研投入，加强国家基地、区域性农业科研中心创新能力建设；启动农业行业科研专项，支持农业科技项目，着力扶持对现代农业建设有重要支撑作用的技术研发；加强农业科技自主创新，加快推进农业技术成果的集成创新，加快生物育种、农机装备、绿色增产等技术攻关，推广高产优质适宜机械化品种和区域性标准化高产高效栽培模式；发展现代种业，开展良种重大科技攻关，实施新一轮品种更新换代行动计划，建设国家级育制种基地，培育壮大育繁推一体化的种业龙头企业；推进主要作物生产全程机械化，促进农机农艺融合。另一方面，要健全和激活基层农业技术推广网络，积极探索农业科技成果进村入户的有效机制和办法，加强基层农业技术推广体系建设，发挥农业院校在农业技术推广中的积极作用，提高基层农业科技成果转化能力；继续支持重大农业技术推广，加强农业科技推广队伍建设，保证对农技推广队伍建设的投入，坚持国家扶持与自我发展相结合，努力提高科学技术对农业的贡献率。

（二）发展农业机械化，提高农业机械化水平

《中华人民共和国国民经济和社会发展第十三个五年规划纲》提出，要加快推进农业机械化。农业机械化是农业现代化的重要标志，是衡量现代农业发展的重要标志。发展农业机械化，提高农业机械化水平，重点要在农业机械化的政策扶持、技术培训和标准化建设上下功夫。

1. 完善农机政策扶持体系

完善各项配套法规，抓好扶持政策的落实，依法促进、依法监管，为农机化发展营造更好的环境。

2. 加快农机服务产业化进程

建立和完善农机社会化服务体系，以主要粮食作物的生产机械化为重点，拓宽农机化服务领域，提供农机作业系列化、专业化服务，大力推进农机服务产业化。

3. 抓好农机技术培训工作

要加大对农民特别是农机化实用人才的培养培训力度，增强农民和农机大户的服务能力及直面市场的经营水平。

4. 加大农机监督管理

加强农业机械化标准体系建设，提高农机产品的试验鉴定和质量认证工作水平；加强对农机作业的安全监督管理，构筑农机安全宣传教育、技术检审、执法监控三大防线。

（三）利用信息技术，推进农业信息化建设

第一，加强城乡融合的信息基础设施建设，加强农业信息服务平台建设，用信息技术装备农业，健全农业信息收集和发布制度，整合涉农信息资源，推动农业信息数据收集整理规范化、标准化，推动信息技术与农业生产管理、经营管理、市场流通、资源环境等的融合。

第二，加快公用农业数据库建设，推进农业大数据应用，增强农业综合信息服务能力。

第三，大力推进"互联网＋"现代农业，应用物联网、云计算、大数据、移动互联等现代信息技术，推动农业全产业链改造升级。实施农业物联网区域试验工程，推进农业物联网应用，加快发展涉农电子商务，大力发展智慧气象和农业遥感技术应用，提高农业智能化和精准化水平。

三、发展适度规模经营，构建现代农业经营体系

现代农业经营体系，是现代农业经营主体、组织方式、服务模式的有机组合，重点是解决"谁来种地"和经营效益问题，是现代农业组织化程度的显著标志。构建现代农业经营体系，就是要加大体制机制创新力度，培育规模化经营主体和服务主体，加快构建职业农民队伍，形成一支高素质的农业生产经营者队伍，促进不同主体之间的联合与合作，发展多种形式的适度规模经营，提高农业经营集约化、组织化、规模化、社会化、产业化水平。

（一）完善农村土地制度，发展适度规模经营

构建现代农业经营体系，就是要以发展多种形式适度规模经营为引领，创新农业经营

组织方式，构建以农户家庭经营为基础、合作与联合为纽带、社会化服务为支撑的现代农业经营体系，提高农业综合效益。

1. 完善农村土地制度

重点是巩固和完善农村基本经营制度，深化农村土地制度改革，完善承包地所有权、承包权、经营权"三权"分置制度，依法推进土地经营权的有序流转，通过代耕代种、联耕联种、土地托管、股份合作等方式，推动实现多种形式的农业适度规模经营。

2. 完善农村基本经营制度

进一步推进农村土地承包经营权确权登记颁证，完善土地所有权、承包权、经营权分置办法，强化土地承包经营权纠纷调解仲裁，发展土地流转、土地托管、土地入股等多种形式的适度规模经营。

（二）完善政策体系，培育新型经营主体

重点是发展多种形式适度规模经营，培育壮大专业大户、家庭农场、农民合作社、农业企业等新型经营主体，推动家庭经营、集体经营、合作经营、企业经营共同发展。要健全有利于新型农业经营主体成长的政策体系，在财政、金融、保险、用地等方面加大扶持和引导力度，扶持发展种养大户和家庭农场，引导和促进农民合作社规范发展，培育壮大农业产业化龙头企业；鼓励和支持工商资本投资现代农业，促进农商联盟等新型经营模式发展；建立新型农业经营主体生产经营直报信息系统，加快建设农业信贷担保服务体系，优先支持新型经营主体发展适度规模经营；支持农民通过股份制、股份合作制等多种形式参与规模化、产业化经营，使农民获得更多增值收益。

（三）加强培训，培养新型职业农民

构建现代农业经营体系，必须大力培养新型职业农民，打造高素质现代农业生产经营者队伍。发展现代农业，最终要靠有文化、懂技术、会经营的新型农民。要大力实施新型职业农民培育工程，把返乡农民工纳入新型职业农民培训范围，探索开展政府购买农民工创业培训公益性服务试点，引导返乡农民工和大学生到农村创业，发展现代农业，成为"新农民"；要建立与现代农业相适应的技术培训和职业教育体系，调动大学、科研院所等机构的积极性，鼓励面向农业的各种科研机构、高校、非政府组织、民办教育等教育机构服务于农村教育，提供面向现代农业的多层次职业教育，多形式地解决农村劳动力产业技能的形成；要通过多种渠道、形式的培训，重塑农民的商品理念、竞争理念和效益理念，形成现代农业经营意识，培养新型农民，提高农产品的竞争力。

四、突出社会化，健全农业社会化服务体系

在新的时期，突出社会化，健全覆盖全程、综合配套、便捷高效的农业社会化服务体系，是实现农业现代化的重要支撑。提供社会化服务，可以有效地把各种现代生产要素注入农业生产中，不断提高农业的物质技术装备水平，推进农业生产专业化、商品化和社

会化。

（一）实施农业社会化服务支撑工程，培育壮大经营性服务组织

农业社会化服务体系是以公共服务机构为依托、合作经济组织为基础、龙头企业为骨干、其他社会力量为补充，公益性服务和经营性服务相结合、专项服务和综合服务相协调，为农业生产提供产前、产中、产后全过程综合配套服务的体系。因此，首先，要加快培育现代农业服务组织。要根据农业生产全过程的不同需要和专业特点来培育现代农业服务组织，积极发展病虫害统防统治、测土配方施肥、农机承包作业、养殖业粪污专业化处理等服务，支持开展粮食烘干、农机场库棚、仓储物流等配套设施服务，鼓励发展"家庭农场＋社会化服务"的经营模式，通过服务规模化带动生产规模化。其次，处理好公益性和经营性的关系。要完善相关政策，激励和支持科研机构、行业协会、龙头企业和具有资质的经营性服务组织从事农业公益性服务，支持多种类型的新型农业服务主体开展专业化、规模化服务。

（二）创新服务机制，拓展农业社会化服务形式

健全农业社会化服务体系，要创新服务机制，拓展农业社会化服务形式，促进社会化服务从农业生产单个环节向全程生产服务转变，从小规模分散服务向大规模整建制服务转变，从资源消耗型生产方式向集约型现代农业生产方式转变，推进农业全程机械化、规模化、集约化发展，改善农业生态环境，提高农业生产效率，增强农业综合生产能力。因此，创新农业社会化服务机制，拓展农业社会化服务形式，要推进农业生产全程社会化服务创新试点，加强试点政策实施的业务指导、绩效评价和监督管理，确保试点工作的执行落实；要积极探索农业生产全程社会化服务有效模式，根据环境容量优化生产布局，进一步提高标准化规模生产水平；要大力营造推进农业生产全程社会化服务的良好环境，积极推广合作式、托管式、订单式等服务形式，鼓励引导广大农民和各类组织积极参与农业社会化服务。

（三）加强流通设施建设，实现农产品新型流通

1. 加强农产品流通设施和市场建设，完善农村配送和综合服务网络

要采取优惠财税措施，支持农村流通基础设施建设和物流企业发展，加快建设一批设施先进、功能完善、交易规范的鲜活农产品批发市场，健全统一开放、布局合理、竞争有序的现代农产品市场体系；加快农产品批发市场升级改造，完善流通骨干网络，加强粮食等重要农产品仓储物流设施建设；完善跨区域农产品冷链物流体系，开展冷链标准化示范，实施特色农产品产区预冷工程；推动公益性农产品市场建设，支持农产品营销公共服务平台建设，开展降低农产品物流成本行动，在搞活流通中促进农民增收。

2. 发展农村电子商务，实现农产品新型流通

鼓励发展农村电子商务，实施"快递下乡"工程，深化供销合作社综合改革。尤其是

要促进农村电子商务加快发展，形成线上线下融合、农产品进城与农资和消费品下乡双向流通格局。要加快实现行政村宽带全覆盖，创新电信普遍服务补偿机制，推进农村互联网提速降费；加强商贸流通、供销、邮政等系统物流服务网络和设施建设与衔接，加快完善县乡村物流体系，实施"快递下乡"工程；鼓励大型电子商务平台企业开展农村电子商务服务，支持地方和行业健全农村电子商务服务体系，建立健全适应农村电子商务发展的农产品质量分级、采后处理、包装配送等标准体系，深入开展电子商务进农村综合示范，加大信息进村入户试点力度。

五、增加投入，完善农业支持保护制度

完善农业支持保护制度，就是要以保障主要农产品供给、促进农民增收、实现农业可持续发展为重点，完善强农惠农富农政策，提高农业支持保护效能。其主要体现在持续增加农业投入、完善农产品价格和收储制度、创新农村金融服务三个方面。

（一）强化农业基础，持续增加农业投入

增加投入是现代农业发展的物质保证，是强化农业基础的迫切需要。必须不断开辟新的农业投入渠道，逐步形成农民积极筹资投劳、政府持续加大投入、社会力量广泛参与的多元化投入机制。

1. 建立农业农村投入稳定增长机制

要积极调整财政支出结构、固定资产投资结构和信贷投放结构，中央和县级以上地方财政每年对农业总投入的增长幅度应当高于其财政经常性收入的增长幅度，尽快形成现代农业建设稳定的资金来源。

2. 优化财政支农支出结构

创新涉农资金投入方式和运行机制，推进整合统筹，提高农业补贴政策效能。加大支农资金整合力度，抓紧建立支农投资规划、计划衔接和部门信息沟通工作机制，完善投入管理办法，集中用于重点地区、重点项目，提高支农资金使用效益。要注重发挥政府资金的带动作用，引导农民和社会各方面资金投入现代农业建设。

3. 完善补贴制度

近几年实行的各项补贴政策，深受广大农民的欢迎，要不断巩固、完善和加强，逐步形成目标清晰、受益直接、类型多样、操作简便的农业补贴制度。要逐步扩大"绿箱"补贴规模和范围，调整改进"黄箱"政策；建立耕地保护补偿制度，将农作物良种补贴、种粮农民直接补贴和农资综合补贴"三项补贴"合并为农业支持保护补贴，完善农机具购置补贴政策，向种粮农民、新型经营主体、主产区倾斜。

（二）加强粮食收储供应安全保障，完善农产品价格和收储制度

1. 深入推进农业供给侧结构性改革

重点围绕市场的需求来进行生产，优化农业资源的配置，扩大农产品的有效供给，增

强供给结构的适应性和灵活性。要坚持市场化改革取向和保护农民利益并重，综合考虑农民合理收益、财政承受能力、产业链协调发展等因素，完善农产品市场调控制度和市场体系。

2. 探索开展农产品目标价格保险试点

按照市场定价、价补分离的原则，继续实施并完善稻谷、小麦最低收购价政策，深化棉花、大豆目标价格改革；积极稳妥推进玉米价格形成机制和收储制度改革，建立玉米生产者补贴制度。

3. 实施粮食收储供应安全保障工程

要科学确定粮食等重要农产品储备规模，改革完善粮食储备管理体制和吞吐调节机制，引导流通、加工企业等多元化市场主体参与农产品收储，推进智慧粮库建设和节粮减损。

（三）创新农村金融服务，建立农业风险防范机制

加快制定农村金融整体改革方案，努力形成商业金融、合作金融、政策性金融和小额贷款组织互为补充、功能齐备的农村金融服务体系。首先，发挥各类金融机构支农作用，发展农村普惠金融。完善开发性金融、政策性金融支持农业发展和农村基础设施建设的制度；推进农村信用社改革，增强省级联社服务功能；积极发展村镇银行等多形式农村金融机构，稳妥开展农民合作社内部资金互助试点；建立健全农业政策性信贷担保体系。其次，建立农业风险防范机制。加强自然灾害和重大动植物病虫害预测预报和预警应急体系建设，提高农业防灾减灾能力；完善农业保险制度，按照政府引导、政策支持、市场运作、农民自愿的原则，建立完善的农业保险体系；稳步扩大"保险＋期货"试点，扩大保险覆盖面，提高保障水平；完善农业保险大灾风险分散机制，探索建立中央、地方财政支持的农业再保险体系，鼓励龙头企业、中介组织帮助农户参加农业保险。

第七章 农村城镇化与产业化经营

从理论上讲，由于农业产业化经营把农产品生产、加工和销售有机结合起来，农产品加工和销售属于二、三产业的范畴，具有集聚性特性，其在地理位点上的集中和发展会推动城镇化发展，而农产品生产则属于农业，因此，农业产业化经营是连接城镇化与农业的有效形式。发展农业产业化经营，既能推动农业发展，又能推进农村城镇化。鉴于农业产业化经营的重要性，本章集中讨论农业产业化经营问题。

第一节 农业产业化经营对推进农村城镇化的作用

农业产业化经营是20世纪90年代初我国农民在实践中的伟大创造。这种经营形式首先从山东的诸城、潍坊等地发展起来，而后向全国扩展。其基本内涵是：以家庭承包经营为基础，以市场需求为导向，以龙头企业为依托，采取"企业+农户"等组织形式，对农产品的生产、加工和销售实行一体化经营，经营利益在各参与主体之间进行合理分配。

实践证明，农业产业化经营是符合我国国情的、具有旺盛生命力和竞争力的农业经营形式。发展农业产业化经营，是推动我国农业现代化和农村城镇化的重要途径。

一、农业产业化经营是解决新阶段我国农业发展面临的新问题的有效方式

我国农业发展进入新阶段后，面临着许多新情况和新问题。最突出的是农产品供求状况发生转折性变化，即由长期短缺变为相对过剩、由卖方市场变为买方市场后，农业生产结构与市场需求不相适应，农产品销售矛盾凸现。在过去的短缺经济时代，农业生产是以产定销，生产什么就消费什么，生产多少就销售多少，农产品是"皇帝女儿不愁嫁"，农业发展的主要矛盾是价值生产而不是价值实现。进入相对过剩经济后，农业生产变成了以销定产，市场需要什么才能生产什么，市场需要多少才能销售多少，是消费者选择农产品，是市场检验和实践农产品，市场成为农业发展的主要约束，农业发展的主要矛盾不再是价值生产而是价值实现。因此，如何使农业和农民适应市场，实现农业生产与市场需求的有效衔接，引导一家一户的农民成功进入市场，是新阶段我国农业发展必须解决的重大问题，是新世纪初我国农业迈上新台阶必须解决的重大问题。

在一家一户小规模分散经营的情况下，仅仅依靠农户自身的力量难以使农业和农民成功地进入市场。因为一方面，进入市场的过程是要付出成本的，如市场信息的收集、整理和分析，不仅需要花费时间，而且需要投入资金，市场信息还真假混杂和千变万化，单个

农户难以有充足的资金和时间获得及时真实可靠的市场信息，因而无法做出正确的面向市场的生产经营决策；另一方面，农户的小规模生产，产品数量有限，形不成经济批量，这会增加市场的收购成本，使农户生产的产品即使是市场需要的也难以顺利进入市场。从我国目前的情况看，农民的文化科技素质还比较低，商品经济的意识还比较差，驾驭市场经济的能力还比较弱，独立进行科学的生产经营决策的能力还不够强，这些都可能会使农民的市场进入行为出现盲目性。因此，农民进入市场是分散的单个农户所无法解决或解决不好的。

农业产业化经营是引导农业和农民进入市场的有效方式。产业化经营主要通过龙头企业与农户联结等组织形式，在农户与市场之间架起了桥梁。龙头企业一头连着国内外市场，一头连着农户，按照市场的需求组织加工，按照加工的需求安排市场，通过"合同收购""产量订单"等具体形式，使分散的、小规模的农户生产与社会化大市场有机地结合起来。农户按照与企业签订的合同进行生产和销售，从而实现了与市场的成功对接，实现了面向市场生产、面向销售生产、生产与销售的一体化。产业化经营的这种引导农民进入市场和调整农业适应市场的特殊功能，在实践中已经取得了显著效果。

在实践中，凡是农业产业化经营发展水平高的地方，都不存在农产品销售困难问题，不仅如此，还涌现出了一批驰名的农产品品牌，形成了一批富有市场竞争力的农业支柱产业。

二、农业产业化经营是增加农民收入的有效措施

农业产业化经营是增加农民收入的有效途径。从理论上讲，产业化经营拉动农民收入增长的具体途径是：（1）农户与龙头企业联结后，增加了农产品商品量，扩大了农产品的销售；（2）农户按照经营合同出售农产品，减少了农产品的流通环节和流通时间，降低了农民售卖农产品的交易费用；（3）农产品生产、加工、销售一体化经营，改变了传统模式下农产品生产、加工、销售互相分割，农业、工业、商业互相分离，农民只从事原料生产的格局，农民参与农产品加工和流通，分享到了农产品的加工增值和流通收益；（4）龙头企业的基地建设，使农户实现了专业化生产，提高了农户的生产效率，农民从社会分工中获得了好处；（5）以农民自己的合作经济组织为载体的产业化经营，提高了农民的市场谈判能力，减少了农民出售农产品的价格损失；（6）与龙头企业结成利益共同体后，农户参与企业利润增量的分配，从企业成长中获得了实惠。

三、农业产业化经营是提升农业竞争力的有效途径

加入世界贸易组织后，我国农业面临着国外农产品的激烈竞争。提高农业的整体素质和竞争能力，对于我国农业在完全开放环境下的生存和发展具有决定性意义。农业产业化经营，提供了在我国人多地少条件下实现农业现代化和提高农业竞争力的有效途径。通过自身的组织形式和运行机制，农业产业化经营把分散的农户与龙头企业连成一体，众多的

农户都在龙头企业统一的技术服务下，按照与企业签订的合同进行同一标准的统一生产，使一种或一类产品的生产在一个较大的区域内连成一片，形成大规模，实现了农业由家庭分工向区域分工和社会分工的跨越，在农户专业分工的基础上发展了农业的社会化大生产，推动了农户生产专业化、农业经营规模化、农业区域布局专业化、农产品生产标准化和农业社会化格局的逐步形成。这样做，没有动摇家庭经营的基础，不侵犯农民的财产权益，又实现了农业在社会范围内的合理分工，有效克服了分散生产的资源和效率损失，解决了农业扩大经营规模、运用现代科技和优化生产结构等问题。农业产业化经营还突破了传统的农业行业和区域界限，延长了农业的产业链，扩大了农业的产业群，把加工业和商贸业的产业优势引入农业，把城市的技术、资金和管理注入农业，改变了传统农业的弱质地位。所有这些，都有效提高了农业的整体素质和竞争力水平，扩大了农产品的市场占有份额。

四、农业产业化经营是推动农村经营体制完善和创新的有效形式

我国农村经营体制改革，是从实行家庭承包经营突破的。改革确立了以家庭承包经营为基础的农村经营体制，使亿万农户成为农业和农村经济的基本生产经营单位，成为市场的主体，享有生产经营自主权，农民的积极性和创造性得到了释放，农村焕发出了极大的生机和活力，有效地解放和发展了农村生产力。但随着市场趋向改革的不断深化和社会主义市场经济体制的逐步确立，家庭经营小规模、分散化的矛盾日益显现。农民缺乏组织，农业组织化程度低，制约着农村公益事业和集体经济的发展，制约着农民实现共同富裕的步伐，也制约着农村社会的稳定。因此，在农业和农村经济发展进入新的阶段后，如何在家庭承包经营的基础上有效整合农村分散的生产资源，克服家庭经营小规模、分散化的不足，提高农民的组织化程度，完善和创新农村经营体制，是农业和农村经济进一步深化改革和加快发展需要解决的重大课题。

农业产业化经营为实现"第二个飞跃"提供了一个有效途径。产业化经营能够把分散的农户联结起来，统一种植或养殖，集中连片生产，扩大经营规模，形成规模化经营。产业化经营通过自身的组织形式和运行机制，能够把农民组织起来，尤其是以合作经济组织带动农户的产业化经营模式，能够直接把分散的农民组织在一起，既发展了规模化经营，又提高了农民的组织化程度。

实践中，一些专业农户还采取合作制、股份合作制等方式组织起来，使一定范围内的某项农产品专业生产成为一个有机整体，形成规模化和集体化经营，由此产生的专业性合作经济组织，已经呈现出由分散到紧密的发展趋势，并开始实现由自发到自觉的转变。

农业产业化经营不改变家庭经营这个基础，又实现了农业经营规模的扩大和农民组织化程度的提高，把家庭经营的优越性和规模经营的必然性有机地结合在一起，把分散经营的灵活性和合作经营的竞争力有效地统一在一起，是推动农村经营体制完善和实现"第二个飞跃"的有效载体。因此，发展农业产业化经营，不仅是发展农业生产力，而且是调整

和完善农业生产关系。我们不仅要从发展生产力的角度认识发展农业产业化经营的重要意义，更要从完善农村生产关系的角度认识发展农业产业化经营的重要意义。

五、农业产业化经营符合世界农业发展的大趋势

实行农业产业化经营，是世界各国抢占农产品国际市场的重要举措。当今世界，农产品市场的竞争，已不再是单个产品、单个生产者之间的竞争，而是包括生产、加工、销售以及农产品质量、品牌、价格和农业经营主体、经营方式等在内的整个产业体系的综合性竞争。哪个国家农业产业化经营程度高，农产品竞争力就强，在国际市场中占有的份额就大。如荷兰、丹麦都是很小的国家，耕地面积相当于我国的 2% 左右，农产品出口量都名列世界前茅。荷兰农产品出口量仅次于美国、法国，占世界第三位。丹麦猪肉出口量占世界第一位。两国农业的共同特点是产业化经营程度高，所有农产品从种植、养殖、贮存、加工、运输、包装、销售都形成完整的产业链。农产品加工企业不仅规模大，而且科技水平高。丹麦只有 4 个猪肉加工厂，就把全国所有的养猪农户带动起来，加工厂不仅把农户养的猪加工成多种多样的肉制品，而且为农户提供良种、饲料、防疫、运输、技术指导等服务。牛肉、蔬菜、花卉、水产品也都采取类似的经营形式。合作社在发展农业产业化经营方面发挥了重要作用，荷兰绝大多数农产品都是通过合作社销售的，3 个奶类合作社的经营额就占领了全国 80% 的牛奶供销市场，2 个合作拍卖行几乎销售了全国所有的花卉，1 个淀粉用马铃薯合作社就把全国生产淀粉用马铃薯的农户全部带动起来，1 个种用马铃薯合作社带动了全国 70% 的种用马铃薯生产户。荷兰、丹麦都是人多地少国家，通过加工销售企业和合作社，把分散经营的农民联结成高素质的整体，以高质量的产品进入国际市场，获得了很好的经济效益，值得我们借鉴。

第二节 农业产业化经营的组织形式和运行机制

组织形式和运行机制是农业产业化经营内在的核心问题。组织形式所要解决的问题是农业产业化经营的组织载体，即如何把农业产业化经营的基本要素有效地配置在一个组织架构内，使农业产业化经营能够正常运转；运行机制所要解决的问题则是农业产业化经营的内部关系，即如何协调同一组织内部农业产业化经营的不同利益主体之间的关系，核心是经济利益关系，使农业产业化经营的各个利益主体能够相互依存和共同发展。组织形式的有效性和运行机制的灵活性，是农业产业化经营内在的旺盛生命力之所在。缺乏科学的组织形式和有效的运行机制，农业产业化经营无法在实践中取得成功。因此，发展农业产业化经营，要高度重视农业产业化经营组织形式和运行机制的建设，把培育和完善组织形式和运行机制作为发展农业产业化经营的重要内容和基础环节。

一、农业产业化经营的组织形式

从发展实践看，我国农业产业化经营具体组织形式多样，内容各具特点，但概括起来，主要有以下几种类型。

（一）龙头企业带动型

龙头企业带动型是实践中最具典型的农业产业化经营组织形式，在发展农业产业化经营中起着主导性作用。这种形式的特点是：以实力较强的农产品加工企业或流通企业为龙头，与农户形成有机联系，重点围绕一种或一类产品或一项产业，实行农产品生产、加工和销售的一体化经营。

1. "公司＋农户"模式

这种模式的内涵是：作为龙头企业的公司与农户直接连接，公司与农户直接签订生产和收购协议，农户按照协议生产并将产品直接卖给公司，在公司和农户中间没有任何中介组织。这种形式具有投资省、见效快、关系直接等优点，深受农民欢迎，但也存在着农户量大分散、交易费用多、组织成本高，而且一旦农民违约或"败德"难以追究其责任等局限性。当企业所连接的农户不多时，模式尚可正常运行；当企业所连接的农户较多时，模式的运行就很困难，在这种情况下，就要由农民的合作组织或其他中介组织代表农民与企业打交道。因此，随着农业产业化经营的不断推进，"公司＋农户"模式得到了扬弃，并在扬弃中不断发展和完善。

2. "公司＋中介组织＋农户"模式

这种模式的内涵是：作为龙头企业的公司与农户连接，但不直接与农户打交道，在公司与农户之间有一个中介组织，公司与中介组织签订生产和销售协议，中介组织再与农户签订协议，中介组织成为公司与农户的纽带，代表农户与公司进行谈判，公司通过中介组织实现了与农户的连接和完成了对农户的带动。作为对"公司＋农户"模式的直接发展，"公司＋中介组织＋农户"这种组织形式，不仅解决了企业与农户的连接问题，而且降低了企业与农户间合同签订、履行等技术操作的难度，提高了合同履约率，避免了企业与农户直接打交道所带来的过多的交易费用，大大降低了企业的组织运行成本，同时也创造出了对农村中介组织的需求，推动了农村中介组织的发展和成熟。在实践中，成为中介组织资源的主要有农民专业技术协会、合作社、农业技术推广中心、村级组织、农场、种植大户、经纪人等，其中合作社是运用最广的中介组织。因此，"公司＋合作社＋农户"就成为实践中运用最广的农业产业化经营组织形式。

3. "公司＋市场＋农户"模式

这种模式的内涵是：龙头企业通过投资兴办农产品交易市场，来带动农户家庭经营的发展。在这种形式中，作为龙头企业的公司也不直接与农户签订有关生产、加工和销售的协议，而是通过对市场基础设施的建设、市场信息的收集和发布、市场交易活动的管理等，引导农民按照市场需求从事生产和交易。

（二）合作经济组织带动型

合作经济组织带动型是农民依靠自己的合作经济组织发展农业产业化经营的一种组织形式。这种形式的特点是：由农民自己兴办的合作经济组织，通过为农民的生产和经营活动提供技术和市场信息服务，推动农户生产与市场的联结，推动农产品生产、加工和销售的一体化。目前在全国农业产业化经营的组织形式中，合作经济组织带动型所占比重为1/3左右。在实践中，合作经济组织包括农村各种类型的合作社，如：果品生产合作社、瓜类生产合作社、蔬菜生产合作社、养殖合作社、供销合作社、专业技术协会等。合作经济组织带动型也表现为不同的具体模式。

1."合作社＋农户"模式

这是合作经济组织带动型在实践中的基本模式。这种模式的内涵是：农户在自愿的基础上组成合作社，农户按照合作社的统一引导进行生产，产品由合作社统一组织销售。在这种模式中，合作社的功能基本上是服务性的，即提供技术、市场信息和收购服务。通过服务，将分散的农民组织起来，解决农民在生产中所遇到的盲目种植、技术服务不足和买难、卖难等问题，促进主导产业和产品生产的专业化和规模化，把分散的农民整体带入市场。

2."合作社＋公司＋农户"模式

这是合作经济组织带动型在实践中的发展模式。其内涵是：农户在自愿的基础上组成合作社，由合作社兴办自己的加工或运销龙头企业，通过龙头企业带动农户，实现一体化经营，实现农产品的加工增值，获取一体化经营中的利润。在这种模式中，作为龙头企业的公司是由合作社兴办的，因而是内生的，它与"公司＋合作社＋农户"模式中的公司在组织资源上是外生的不同。所以，"合作社＋公司＋农户"模式与"公司＋合作社＋农户"模式存有区别，前者以合作社为主导，后者则以龙头企业为主导。实践中，合作社兴办龙头企业的方式主要有三种：一是合作社独立兴办龙头企业，二是几个合作社联合兴办龙头企业，三是合作社向外来的龙头企业参股。

（三）市场带动型

市场带动型的特点是：通过市场基础设施建设和培育市场，建立健全市场规则，使市场成为龙头，为农户的生产和销售提供窗口和场所，运用市场机制的调节和导向作用，引导农民面向市场进行生产，实现农户生产与市场的结合，形成生产、加工和销售的一体化。目前在全国各类产业化经营组织中，市场带动型的占12%。实践中市场带动型主要有"批发市场＋农户"和"零售市场＋农户"两种具体模式。

1."批发市场＋农户"模式

又称"专业市场＋农户"模式，基本内涵是：以专业批发市场为依托，专业市场与生产基地或农户直接沟通，通过市场交易为周边地区的农民提供市场需求信号，引导农民进行规模化和专业化生产，并把生产出来的产品集中到该市场销售，用技术服务和交易服务的方式，将农户纳入市场体系，使农民顺利进入市场。这一模式的典型是寿光市的蔬菜批发市场。

2. "零售市场＋农户"模式

这种模式的典型形式是"超级市场＋农户"，是近年来国内新出现的一种农业产业化经营的组织形式。这种形式在国际上尤其在西欧国家十分流行。其基本内涵是：超级市场直接与农户连接，或通过中介组织与农户连接，建立农产品生产基地，超市将自己所需要的各种不同规格的产品以合同的形式与农民建立生产和供货关系，农民按照超市的要求从事生产和供货，农户的生产和市场销售形成了一体化。随着人们生活节奏的加快和家务劳动的社会化，超市在人们生活中的重要性会不断提升，超市会越来越成为普通居民家庭食物消费潮流的主导。因此，尽管"零售市场＋农户"这种产业化经营的组织形式目前在我国仍处于起步阶段，但其发展前景是非常广阔的。

（四）其他类型

农业产业化经营的组织形式，除了上述三种主要类型外，实践中还有"托管"模式，科研院所、高等院校、技术推广机构等的技术服务组织与生产基地和农户联结的"技术服务组织＋农户"模式，经纪人、专业大户带动模式等。在"托管"模式中，作为龙头企业的公司成建制地接管原隶属于行政主管部门的企业或行政村、农场，接管后由公司统一组织生产和经营活动，原来的劳动力主要从就业和出租场地获取收入，这样，原来的企业或行政村、农场等就被公司托管。在"技术服务组织＋农户"模式中，技术服务组织主要为农户的生产和经营活动提供技术服务，通过提高农户所生产产品的科技含量来提高农户的市场竞争力，使农户的产品顺利进入市场，但技术服务组织一般不在产品销售方面与农户发生联系。经纪人、专业大户带动模式与龙头企业带动型或合作经济组织带动型类似。

上述各种组织形式，都是在实践中不断形成和发展起来的，适应于不同的条件。因此，农业产业化经营组织的选择和完善，应从具体的实际情况出发，从各地的农村组织资源状况出发，因地制宜，因产业制宜，发挥优势，尊重农民的意愿和选择，发展多样化的组织形式，不能简单地照搬照抄，更不能用行政手段强行让农户与企业联结。农业产业化经营组织形式的完善，应朝着稳定化、规模化和效率化的方向发展。

二、农业产业化经营的运行机制

农业产业化经营的顺利运转，还必须要有良好的内在运行机制。从理论层面讲，农业产业化经营运行机制的内容包括利益分配机制、运行约束机制、风险规避机制和运行保障机制。从发展实践看，我国农业产业化经营的运行机制正在形成和逐步完善之中，具体做法也表现出了多种类型。

（一）利益分配机制

农业产业化经营利益分配机制所要解决的主要问题是：协调产业化经营各参与主体之

间的利益关系，合理分配产业化经营的利益。合理分配共同经营利益是农业产业化经营各参与主体长期合作和联合的基石，而利益的合理分配只有通过完善的利益分配机制才能实现。因此，利益分配机制是农业产业化经营顺利运行的核心。在实际运行过程中，利益分配机制又具体表现为参与主体之间的利益联结方式和利益分配方式。从各地的情况看，农业产业化经营的利益联结和分配方式是多形式、多样化的，参与主体之间既有紧密型的利益联结，也有松散型的利益联结；既有只在经营层面的利益联结，也有深层次的产权层面的利益联结。以龙头企业带动型为例，农业产业化经营各参与主体具体的利益联结和分配方式主要有以下几种：

1. 普通收购方式

即公司根据市场行情，意向性收购农民所生产的产品，然后进行加工、销售，同时向农民反馈市场信息及提供技术指导，收购价格一般是随行就市。这种利益联结方式属于松散型的，参与双方享有充分的选择权，不相互约束。由于体现利益关系的价格是由市场决定的，这种连接方式所体现的利益分配机制实际上就是外部的市场机制。农民在这种方式下承担的市场风险较大。

2. 合同契约方式

即公司直接与农户或通过中介组织与农户签订生产和收购合同，农户按照合同契约进行生产，公司按照合同契约进行收购，其他相关的利益关系也在合同中明确规定。这种利益联结方式属于紧密型的，参与双方都要遵守合同条款，双方相互约束，是实践中采用最多的一种方式。一般地，在合同契约方式中，体现利益分配关系的收购价格主要有三种形式：一种是合同保证价格，即不管实际的市场价格是多少，公司都按合同规定的价格收购农民的产品，合同价格一般是按照"预测成本 + 合理利润"或前几年市场价格的平均值确定的，较好地体现了公司与农户双方的利益，由于合同保证价格相对稳定，与市场价格的偏差也不会太大，农民的市场风险大大减小；另一种是市场保护价格，即公司与农户确定一个合同基准价格，当市场价格高于合同基准价格时公司按实际的市场价格收购，当市场价格低于合同基准价格时公司按合同基准价格收购，由于这一合同价格在市场价格较低时对农民的利益起到了保护作用，因此被称为保护价格，与合同保证价格相比，保护价格让农民获得了市场价格溢高后的利益，利益分配向农民做出了倾斜，受到了农民的普遍欢迎；再一种是参照加成价格，即公司以国家的粮食保护价格为参照，用高于国家保护价格一定幅度的价格收购农民的产品。除价格方式外，合同契约对参与双方利益关系的协调还有一些非价格方式，如企业按合同标准为农户提供一定数量的周转金，企业按优惠价格为农户提供种子、种苗、种禽、饲料和生产技术等。

3. 产权联合方式

即参与产业化经营的各方以股份制的形式进行合作，各方的资产或产品均按统一标准折合成股份，以股权为纽带连接利益关系，实施按股分红。与合同契约联结方式相比，这种利益联结方式从经营层面深入到了产权层面，属于产权层面紧密联结型的，参与各方的利益结合更紧密、更深入，真正形成了"利益共享、风险共担"的利益共同体，因而是一种层次更高、更为成熟的利益联结和分配方式。

4. 利润返还方式

又称"二次分配"方式，即在公司与农民的利益联结中，农民除以价格方式获得产品销售收入外，公司再从自己的赢利中拿出一部分按一定标准返还给农民，农民参与了公司赢利的分配，即二次分配。在这种利益分配方式下，农民不仅获得了农产品生产环节的收益，而且分享了农产品加工、流通环节的利益，有效地克服了对农民的产品"一次买断"的不足。

5. 代理收费方式

即龙头企业在与农户的联结中，只代理产品的加工、销售等业务，按单位产品收取固定的代理费用。这种方式的好处是农民所得收入较多，但不足是公司在利益上是旱涝保收，农民则要承受较大的生产经营风险。

（二）运行约束机制

农业产业化经营运行约束机制所要解决的主要问题是：如何保证产业化经营参与主体经济行为的规范性和经济利益的完整性。如果没有一个强有力的约束机制，利益分配机制不能有效地发挥作用。我国农业产业化经营运行约束机制的发育还不成熟，这是实践中产业化经营各方经常产生利益纠纷的一个基本原因。所以，加强约束机制的培育和建设，对于农业产业化经营的健康发展十分重要。

从既有的实践看，农业产业化经营的运行约束机制主要有四种类型：

1. 市场规则约束

即在松散型联结的模式下，产业化经营的参与各方没有确定特定的交易规则，各自都按照一般的市场规则进行交易活动。如龙头企业收购农户的产品时不压级压价、不拖延货款，农户向企业交售产品时不以次充好，等等。由于市场规则是所有经营者在任何情况下都要遵守的一般规则，其对农业产业化经营运行的约束并不具有特殊性，因此，松散型联结的农业产业化经营模式的稳定性是较差的。

2. 合同规则约束

这是目前农业产业化经营运行约束机制的主要类型，在实践中普遍采用，所占比例大约为50%。其内涵是：产业化经营的参与各方缔结规范的经营合同，各自的权利和义务以及不履约的处罚措施都通过合同条款明确规定下来，大家共同执行和相互监督。由于合同具有法律效力，违约要承担法律责任，因此，合同约束就是一种刚性约束机制，这种机制约束下的农业产业化经营运行具有较高的稳定性。

3. 合作规则约束

这一类型主要在合作经济组织带动型的组织形式中采用，大约占产业化经营组织与农户联结方式的15%，在具有合作成分的农业产业化经营模式中，参与各方的经济行为除了受合同规则的约束外，还受到合作规则的约束。在合作规则下，如果管理者的行为不当或经营方案不符合大多数成员的利益，管理者就有可能遭到罢免，经营方案就会得不到通过，这样的约束就在很大程度上保证了各参与主体经营行为的规范性和经济利益的完整性。然而，从实际情况看，农业产业化经营中的合作规则尚未得到很好的遵守，合作规则的约束作用远未发挥出来。

4. 产权规则约束

这一类型主要出现在以产权联合方式进行利益联结和分配的农业产业化经营中，在数量上大约占产业化经营组织与农户联结方式的10%多。在具有股份制性质的农业产业化经营模式中，参与各方的经济行为除了受合同规则的约束外，还受到股权规则的约束。同样，在股权规则下，如果管理者的行为不当或经营方案不符合大多数股东的利益，管理者就有可能易人，经营方案就要进行修改，这样的约束也能在很大程度上保证各参与主体经营行为的规范性和经济利益的完整性。

（三）风险规避机制

农业产业化经营风险规避机制所要解决的主要问题是：如何使产业化经营的运行不受或少受外部意外风险的影响，即尽可能降低农业产业化经营运行的风险性。农业产业化经营运行的外部风险主要来自两个方面：一是市场风险，即价格的大幅度波动超出了经营主体的承受能力，使农业产业化经营的正常运行受到影响。二是自然风险，即由自然灾害引起的农户生产的巨大损失，如干旱、洪涝、病虫害、失火等使农户收成骤减，农户的再生产受到影响，从而使产业化经营不能正常运行。由于市场风险和自然风险是单个企业或农户无法抗拒的，为了保证农业产业化经营的顺利运行，就必须建立风险规避机制，以有效应对这些外部风险。

风险规避机制在内容上包括规避市场风险的机制和规避自然风险的机制。目前，我国农业产业化经营风险规避机制的构建尚处在探索之中，只有少数龙头企业对此做出了初步尝试，但收到了较好效果。实践中的做法主要有两种：

1. 风险基金制度

即龙头企业每年从经营利润或从市场价格溢高部分中提取一定比例的数额，作为风险基金，设立专门账户进行管理，以备在遭受不可抗拒的风险损失时对农民进行补偿或对企业的运转资金进行补充，即用风险基金制度规避风险。

2. 商业保险制度

即利用商业保险来规避风险。如华农集团在与农户联结进行一体化经营时，为农户的养鸡进行了商业保险，规定因火灾、水灾、大型瘟疫等造成的损失由保险公司赔偿60%～80%，保险费用由企业和养鸡户按企业70%、农户30%的比例共同承担，这种利用商业保险规避风险的方式为企业和农户都带来了明显的好处。

（四）运行保障机制

农业产业化经营运行保障机制所要解决的主要问题是：如何培育良好的外部条件，理顺外部关系，以促进农业产业化经营的健康运行。利益分配机制、运行约束机制和风险规避机制尽管功能不同，但所解决的都是农业产业化经营体的内部关系问题。农业产业化经营还会涉及许多外部关系，产业化经营的健康运行不仅要理顺内部关系，而且要理顺外部关系。

从发展情况看，建立运行保障机制的重点是资金保障机制。资金是连接农业产业化经营参与主体的脉络，是维系农业产业化经营的重要条件。如果没有资金支持，农业产业化经营无法有效运转。资金不足，是目前农业产业化经营中存在的一个基本问题，是制约农业产业化经营发展的一个主要因素。实践中，农业产业化经营的资金筹措主要有四种方式：

1. 自我积累

即龙头企业、合作经济组织和农户都主要通过自身积累的资金从事农业产业化经营活动，这是众多中小型尤其是小型规模的农业产业化经营体的主要资金筹措方式。

2. 间接融资

即通过银行贷款获得农业产业化经营的基本资金。由于商业化改革使银行在放贷方面十分谨慎，贷款门槛提高，因此，只有具备一定实力的企业才有可能得到贷款，广大农户一般很难从这一渠道得到资金。

3. 直接融资

即通过资本市场获得农业产业化经营的基本资金。资本市场支持农业产业化经营的潜力远未开发出来。

4. 利用外资

在农业产业化经营体中，一些龙头企业利用外资扩大了规模，提高了与农户的联结能力，一些龙头企业本身就是合资企业或外资独资企业，如中法合营王朝葡萄酿酒有限公司、吉林德大有限公司等，但农业利用外资的水平仍然较低，吸引外资进入农业产业化经营领域仍有广阔空间。

运行保障机制的建立还应注重税收政策、农地使用权流转政策等相关政策的优化，为农业产业化经营提供一个良好的外部保障环境。

三、农业产业化经营组织形式和运行机制的完善

农业产业化经营组织形式和运行机制的不断完善，是促进农业产业化经营健康发展和提高农业产业化经营水平的重要问题。总体来讲，我国农业产业化经营的组织形式和运行机制尚处在发育成长之中，促进农业产业化经营组织形式和运行机制的成熟和完善仍需要大量工作。根据上述分析，结合实践中存在的问题，完善我国农业产业化经营的组织形式

和运行机制的重点是：引导龙头企业与农户之间建立起稳定的"利益共享、风险共担"的机制，使龙头企业与农户之间结成利益共同体，维护农民的经济利益不受损失。农业产业化经营的组织形式和运行机制的完善，应注意以下几个方面。

（一）维护农民的主体地位和经营自主权

农民的主体地位和经营自主权是农民生产经营积极性的基础，失去了这个基础，农业产业化经营将不会成功。在农业产业化经营组织形式和运行机制建设过程中，由于要联结龙头企业与农户，要进行主导产业和生产基地的规划，要组织农产品的生产、加工和销售的一体化，要确定利益分配方式等，这些都直接涉及农民的主体地位和自主权。搞不好，就会侵害农民的主体地位和自主权。从理论上讲，农民在产业化经营中的主体地位是由农民的商品经济地位和法律地位等因素决定的。首先，在市场经济条件下，农民是一个独立的商品经济主体，是自负盈亏的商品生产经营者，有权对生产什么、生产多少以及如何生产等问题进行自主决策，并独立承担决策的风险和负责生产经营活动的盈亏结果；其次，以家庭承包经营为基础、统分结合的农村基本经营制度，赋予了农民的生产经营自主权，在法律制度上确立了农民的生产经营主体地位。实践证明，农民的生产经营积极性还直接与农民主体地位的维护情况有关。只有充分尊重和维护农民的主体地位，才能有效调动农民的积极性，发挥农民的创造性。因此，农业产业化经营组织形式和运行机制的建设，必须高度重视农民的主体地位和经营自主权问题，要尊重农民的主体地位，确立农民的主体地位，维护农民的主体地位，不得以任何理由或借口侵害农民的主体地位和经营自主权。

尊重农民的主体地位，具体讲，就是要尊重农民的土地承包权、生产决策权、自主经营权、产品处置权和经营收益权，就是要维护农民的这些权利不受侵犯。尊重农民的主体地位，在产业化经营实践中，要特别注意不能代替农民决策，更不能对农民强迫命令。政府和企业应帮助农民分析市场行情，提供技术服务，但不能代替农民决策，当农民还不能理解和接受一体化经营的方案时，应允许农民思考和选择，要由农民自主地选择产业化经营的组织形式和运行机制，不能把政府或企业的意志强加在农民头上。从目前情况看，农民的主体地位还很脆弱，一些地方在产业化经营过程中还经常发生侵害农民自主权的事情，比如强迫农民与龙头企业联结，强迫农民种这养那，强迫农民接受统一的经营方案，强迫农民接受不利于农民的利益联结和分配合同等，这就要求我们要高度认识尊重和维护农民主体地位的重要性，加大培育农民主体地位工作的力度，切实尊重农民的生产经营自主权。违背农民意愿，侵犯农民自主权，挫伤农民积极性，绝对不可能获得农业产业化经营的成功。

（二）保护农民的经济利益

农民尽管是产业化经营的重要主体，但由于农民是分散的，生产是小规模的，分散的小规模的农户无法与龙头企业公平竞争，无法与龙头企业平等谈判，在经营合同中，龙头企业常居于主动，农户则往往较为被动，这就决定了农民在产业化经营中处于弱者地位。

另一方面，在农业产业化经营组织形式中，多数龙头企业都是"外生"的，是独立于农民之外的，与农民并不是同一个利益主体，虽然龙头企业在带动农民进入市场方面起了很大作用，但在利益分配方面，企业会首先考虑自身的利益，即使为农民提供低偿或无偿服务，向农民让利，也是有限的。农民的弱者地位使农民在产业化经营收益的分配中处于不利地位，龙头企业对自身利益的追求则更强化了农民在经济利益上的不利地位。因此，农业产业化经营组织形式和运行机制的建设，要高度重视农民经济利益的保护问题，把保护农民的经济利益放在第一位。利益机制的内容应充分体现企业利益与农户利益的平等性，龙头企业应从自身的长期利益出发认识保护农户利益的必要性和重要性，对所联结的农户不能"竭泽而渔"，而应"放水养鱼"。农民经济利益的保护，除在经营层面建立和完善公正的利益联结和分配机制外，应重点发育和建设龙头企业与农户"利益共享、风险共担"的利益共同体，积极探索企业与农户在产权层面联合的途径。如上所述，龙头企业的"外生性"不利于农民经济利益的完整性，可以用产权合并的方式"内化"龙头企业，在产权层面使农民成为龙头企业的股东，龙头企业和所联结的农户形成一个真正的利益共同体。另外，提高农民的组织化程度，大力发展农民合作，以合作的组织增强农民的谈判能力，对保护农民的利益也非常重要，从长远讲，这是保护农民利益的根本措施。

（三）提高组织形式和运行机制的效率

农业产业化经营组织形式和运行机制的效率具有三个方面的含义：第一，信息在组织形式和运行机制链上的传递是畅通的、快速的；第二，要素在组织形式和运行机制框架内的配置是最佳的；第三，交易成本在组织形式和运行机制系统中是最低的。这三个含义归结到一点，就是组织形式和运行机制要有利于实现农业产业化经营的健康运转和最大化利益。效率性是农业产业化经营组织形式和运行机制建设要遵循的基本准则，提高效率就是要提高农业产业化经营组织形式和运行机制信息传递的畅通性和快速性、资源配置的有效性和交易成本的节约性。实践中尽管出现了多种类型的农业产业化经营组织形式和运行机制，但并非每种类型都符合效率标准，都具有最佳效率。因此，农业产业化经营组织形式和运行机制的建设和优化，还应根据效率准则选择最佳的具体组织形式和运行机制。

（四）提高农业产业化经营组织系统的开放性

农业产业化经营的组织系统应该具有高度的开放性，即技术、人才、资金面向国内外吸引，产品面向国内外市场销售，尤其是在加入世界贸易组织后，龙头企业要在发挥比较优势的基础上，积极参与国际竞争，吸收国际上先进的技术和管理经验，提高企业产品的科技含量和企业的管理水平，增强一体化经营的市场竞争力。只有这样，才能使企业和一体化经营在竞争中立于不败之地，在竞争中不断发展。

第三节　农业产业化经营中的龙头企业建设

发展农业产业化经营，龙头企业是关键。培育和壮大龙头企业，是发展农业产业化经营的中心环节。因此，农业产业化经营必须抓好龙头企业建设这一环节。

一、龙头企业在农业产业化经营中的作用

龙头企业在农业产业化经营中具有非常重要的作用，这种作用主要表现在四个方面：

（一）开拓市场

龙头企业比农户具有明显的资金优势，生产能力较大，能带动较大范围的生产基地和农户，形成较大的市场供给能力。龙头企业还具有一定的规模优势，在经营过程中能占有一定的市场份额，尤其在区域性市场中占有一定份额，从而成为区域性的信息和价格形成的重要源头。另外，龙头企业在与国内外企业开展合作或联合的过程中，也为农产品及其加工品拓展了市场空间，能够根据国内外市场需求开展生产与加工，有助于推进区域性或全国市场一体化的形成。

（二）引导生产

龙头企业是一个重要的中介，一头与市场相连，另一头与农户相连，在农户与市场之间起着桥梁和纽带作用。在经营过程中，一方面向农户提供生产信息，帮助农户进行种养决策，要求农户提供符合质量标准规定的农产品原料，引导农民按照市场需求进行生产，有效解决了农户种（养）什么、种（养）多少的问题，避免了农民自发生产可能形成的盲目性；另一方面向农户提供资金、设备和技术以及相应的服务，引导农民运用先进手段和技术进行生产，推动农业生产技术水平的提高。

（三）加工转化

对农户提供的原料型农产品进行加工转化，是龙头企业的重要职能。通过加工转化，不仅可以实现农产品增值，增加经营收益，而且可以提高农产品与市场的适应程度，拓展农产品市场空间。加工转化的层次越多，农产品增值的范围也就越大，对市场的适应性也就越强。

（四）销售服务

为农户提供产品销售服务，是龙头企业的又一项重要职能。龙头企业既有加工型企业，也有流通型企业。加工型企业通过采购农户的原料型农产品，加工转化后再行销售。流通型企业是对农户的产品进行必要的产后处理后即销售于市场。不论何种形式，都避免了单个农户直接面对市场、独立承担市场风险的局面，促进了市场流通分工的发展和市场体系的完善。

龙头企业在农业产业化经营中的这些重要作用，决定了培育和壮大龙头企业是发展农业产业化经营的中心环节。龙头企业经济实力的强弱、科技水平的高低、带动能力的大小，决定着农业产业化经营的规模和成效。因此，发展农业产业化经营，要把培育和壮大龙头企业放在中心位置，作为中心环节。要尽力培育和建立一批经济实力强、科技含量

高、辐射范围广、带动能力大的龙头企业，形成一批能够与国外农产品加工流通企业相抗衡的企业集团，引导调整优化农业结构，带动农业产业升级，开拓农产品国内外市场，拉动农业增效和农民增收。

二、龙头企业建设的重点

从龙头企业的作用和各地的实践看，龙头企业建设要抓好四个重点：

（一）坚持高起点

要把增强经济实力、科技创新能力、市场开拓能力、产品竞争能力、带动农户能力等作为龙头企业建设的核心内容。按照"大"（经营规模大）、"高"（科技水平高）、"外"（外向型）、"新"（产品新）、"强"（开拓市场能力强、带动农户能力强）的目标，加强龙头企业建设。

（二）采取多形式

龙头企业可以是加工型企业，也可以是流通型企业，还可以是中介服务组织；可以由国有工商企业来办，也可以由农民合作经济组织来办，还可以由个体、私营、外资企业来办；可以由一家企业办，也可以由不同所有制企业联合办；可以独资办，也可以吸引社会资金办，还可以引进外资办。确定龙头企业，关键是要看对农户的辐射带动作用，要看与农户的利益联结关系。不管什么所有制和哪种类型的企业，只要能与农户形成稳定合理的利益联结，能够带动农户并使农民从中真正得到实惠，就可以确定为龙头企业，就应该给予积极扶持。要形成多种形式并存、多元化发展的龙头企业建设格局。

（三）建立现代企业制度

不管哪种类型、哪种形式的龙头企业，都要按照现代企业制度和市场经济规则的要求，做到产权清晰，权责明确，政企分开，管理科学。要完善企业的法人治理结构，完善企业内部运行机制，提高企业生产效率和管理水平。有条件的地方，要通过联合、并购等资产形式，组建现代企业集团。提倡和鼓励符合条件的龙头企业，通过规范的公司制改造，发股上市，进入资本市场，筹措发展资金。

（四）搞好自身管理

龙头企业要注重自身竞争力建设，加快科技进步，提高产品质量，改善经营管理，增强竞争能力，不断提高技术创新能力和市场开拓能力，不断积累发展能力，在此基础上谋求发展。当前要特别注意两点，一是龙头企业建设不能盲目扩张，高低水平重复建设；二是龙头企业建设要突出主业，把有限资金集中用在农产品加工、销售和生产基地建设上。

三、龙头企业建设要注意的问题

龙头企业建设要处理好与农户的利益联结关系，这是龙头企业建设中的一个核心问题，也是龙头企业获取外部支持的基础和前提。龙头企业只有与农户形成稳定合理的利益联结关系，尤其是与农户结成紧密的利益共同体，使农民获得应得的利益，才符合农业产业化经营的本来意义。因此，龙头企业建设就要高度重视与农户的利益关系的建设，把优化与农户的利益关系作为龙头企业运行机制建设的核心；把与农户形成稳定合理的利益联结关系，尤其是与农户结成紧密的利益共同体，作为龙头企业建设的基本方向和要求。龙头企业要切实对农民负责，要认真履行与农户签订的产销合同，不能在产品销售困难时撒手不管，使农民受损失。在实践中，对那些与农民没有利益关系，进行农产品工厂化生产的企业；或虽与农民发生利益关系，但不向农民让利、甚至与农民争利的农产品加工销售企业，不能作为龙头企业来扶持。

尊重农户的土地承包权，是龙头企业从事农业产业化经营的一个基本原则。龙头企业从事农业产业化经营的重点领域，是农产品产后加工和营销、产前农业生产资料供应服务以及产中技术服务，通过采取公司加农户和订单农业的方式，带动从事直接农产品生产的农户，但龙头企业不能直接接管农户的承包地，不能代替农民从事直接农产品生产，尤其是不能长时间、大面积租赁和经营农户的承包地。不能把公司带动农户搞成公司替代农户，更不能把公司带动农户搞成公司兼并农户。龙头企业如果需要建立种苗繁育、示范推广基地，发展设施农业，应当尽量与乡镇农业示范场或国有农场结合，利用其设施和土地，确有困难的企业可小范围租赁农户的承包地。由乡镇政府或村级组织出面长期租赁农户的承包地，再转租给龙头企业从事产业化经营的"反租倒包"，不符合家庭承包经营制度，不利于维护农民利益，应予制止。

龙头企业应增强与农户联结的稳定性。农业产业化经营运行的不稳定因素，除了市场风险和自然风险外，农户或企业的"违约"是一个重要方面。"违约"往往出现在市场收购环节，市场价格过高于合同价格时容易使农户违约，一些农户将签约产品不交售给企业而是在市场上高价卖出；市场价格过低于合同价格时容易使企业违约，一些企业拒绝按合同价格收购农户的产品。"违约"也会出现在其他环节，如一些企业承诺的技术服务或提供周转金不能兑现，有的农户把企业垫支提供的雏鸡转卖给他人，等等。严重的违约会使农业产业化经营的运行中断，如大江集团就曾因农户违约而不能完成鸡肉生产计划，企业签订的出口合同无法履行，使企业的正常经营活动受到了影响。因此，增强龙头组织与农户联结的稳定性，一方面，要增强运行机制的抗风险能力；另一方面，要减少和消除违约行为。市场风险的防范，风险基金是一个有效的机制。风险基金的建立，除企业自身的努力外，政府应当给予必要的扶持，对企业收益中用于风险基金的部分可以予以免税优惠，以鼓励企业建立风险基金。自然风险的防范，可充分利用社会的商业保险资源，我国的商业保险制度已经基本成熟，利用商业保险规避农业产业化经营的自然风险，是一条有效途径。违约行为的纠正，除用教育手段提高农民和企业决策人员的商业道德、增强各自的市场观念和一体化经营意识、提高相互之间的信任度和用法律手段严格处罚违约行为尤其是企业的违约行为外，在风险规避机制建设方面可以考虑建立"信誉保证金"制度，即企业与农户签订产品收购合同时，农户按照合同定购额的一定比例向企业预付一笔款项，用作农户的信誉保证金，农户完成合同规定的交售任务后，企业清算货款，退回信誉保证金，并按银行利率支付利息，农户若违约，则信誉保证金不再退回。信誉保证金制度实际上起到了增大农户违约成本的作用，有助于农户行为的优化。

龙头企业的发展还要重视农业行业协会的建立工作。在龙头企业的基础上建立农业行业协会，有利于行业自律，有利于维护正常的市场秩序，有利于行业信息的交流和技术水平的提高。行业协会还能够在解决国际贸易争端中发挥重要作用，在很多方面起到政府难以起到的作用。要积极创造条件，加快我国农业行业协会的建立和发展，如小麦协会、玉米协会、大豆协会、果品协会等，充分发挥农业行业协会在提高龙头企业竞争力方面的作用，充分发挥龙头企业在提供农产品国际国内市场信息、政策法规咨询服务、技术研发、市场开拓、行业准入管理、国内价格及进出口价格协调管理、反倾销反补贴调查和应诉行业损害调查、贸易纠纷处理等方面的作用。

扶持龙头企业健康快速发展，是政府扶持农业产业化经营的一项重要内容。龙头企业承担着带动农户生产、帮助农民增收的任务，龙头企业的兴衰关系大批农民的生产和收入，所以，扶持龙头企业就是扶持农民。各级政府要在财政、税收、信贷、资本市场等方面，加大对龙头企业扶持的力度。中央和省级财政要专门安排资金支持农业产业化基地建设、科研开发和技术服务，对重点龙头企业的贷款给予贴息优惠，适当提高农产品加工和流通企业购进农产品原料的增值税进项抵扣率，把重点龙头企业技术改造纳入国债支持的范围，把农产品加工企业作为全国中小企业信用担保体系的优先扶持对象。我国已经成为世界贸易组织的正式成员，扶持龙头企业发展的政策措施，既要体现加大扶持力度的宗旨，同时也要符合 WTO 规则，具体的政策措施不能与 WTO 规则相矛盾，以避免引起不必要的贸易争端。

第四节　农业不同行业的产业化经营

农业产业化经营虽然具有共同的内涵和标准，但由于农业的不同行业在生产过程、产品特性及功用等方面都存在着差异，不同行业的产业化经营就具有各自的特点，具有各自的具体经营形式。进行农业产业化经营，不仅要遵从农业产业化经营的共性，而且要遵从不同行业产业化经营的个性。只有把共性和个性很好地结合起来，才能实现农业产业化经营的健康发展。

一、畜牧业的产业化经营

畜牧业是发展产业化经营潜力最大、领域最为广阔的一个部门。

（一）畜牧业产业化经营的发展前景

我国畜牧业产业化经营的发展前景十分广阔。从理论上讲，畜牧业产业化经营的前景是由城乡居民生活和出口对畜产品尤其是加工型畜产品的需求程度决定的，而我国今后对畜产品的需求将十分巨大。

（二）畜牧业产业化经营的特点

畜牧业产业化经营具有自身的特点，正确认识和把握这些特点是设计畜牧业产业化经营方案和具体实施畜牧业产业化经营的基本前提。

1. 畜牧业产业化经营的产品需求受收入水平的制约较大

在食物消费序列上，畜产品处在较高位置。与谷物、蔬菜类产品相比，畜产品的消费受收入水平的影响更大，消费者的畜产品消费能力所要求的收入支撑水平要明显高于谷物、蔬菜类产品。只有在人均收入达到较高水平后，以谷物类产品为主导的食物结构向以畜产品为主导的食物结构的转换才能实现。畜产品的这种消费性质，决定了畜牧业产业化经营的市场容量受城乡居民收入支付能力的较大制约。因此，畜牧业产业化经营必须充分考虑城乡居民的收入水平及其增长状况，产品的种类及其加工深度等应与城乡居民的实际消费能力相适应。在目前我国城乡居民收入水平还不很高的情况下，要特别注意通过降低产品的生产经营成本来开拓产业化经营的市场。

2. 畜牧业产业化经营对饲料行业和草业的依赖性较大

饲料是畜牧业产业化经营的主要要素投入，在很大程度上影响着畜牧业产业化经营的运转。从组织形式上讲，饲料行业和草业是畜牧业产业化经营的重要组成部分，是畜牧业产业化经营体系的重要环节。在畜牧业产业化经营体中，饲料企业可以与畜产品加工或营销企业一样单独成为"龙头企业"。因此，畜牧业产业化经营必须高度重视饲料行业和草业的发展。

3. 畜牧业产业化经营对兽医服务业的依赖性较大

产业化经营使一种畜禽在一个地区的规模迅速扩大，大规模的畜禽饲养很容易传播疾病，尤其是一些流行性疾病对规模化饲养的威胁更大。畜禽疫病近年来已成为制约我国畜牧业生产发展的重大障碍。因此，发展畜牧业产业化经营离不开健全的畜禽疾病防治体系，兽医服务是畜牧业产业化经营的一个基本环节。

4. 畜牧业产业化经营产品的卫生检疫要求较高

畜产品作为重要的食品，与人们的健康有直接关系。与植物性产品不同，畜产品更容易携带各种疾病因子，更容易腐烂，因而对生产的卫生条件和环境要求更高。在 WTO 框架下，畜产品的卫生检疫还是一个重要的贸易竞争手段。我国畜产品的卫生检疫水平还较低，疫病、各类药物、化学物质、生物激素残留和污染等对畜产品卫生质量的危害比较严重，影响了食物安全及消费者健康，也影响了我国畜产品的出口贸易，每年因此而退货、压级压价所造成的出口损失近亿元，一些国家还以此为由对我国封闭市场。因此，畜牧业产业化经营必须高度重视畜产品的卫生检疫，把卫生检疫作为产业化经营的一个内在环节。

（三）畜牧业产业化经营的具体做法

畜牧业产业化经营的实践，既要遵从农业产业化经营的一般规则，又要体现出畜牧业产业化经营的基本特点，具体做法要抓好四个重点。

1. 选择适当的组织形式

组织形式是畜牧业产业化经营得以正常运转的基础。由于屠宰和加工在畜产品生产中居于重要地位，且国家对牲畜屠宰实行定点制度，因此，畜牧业产业化经营拟选择以屠宰场或加工厂为龙头的组织形式，亦可以建立以饲料企业为龙头的组织形式。当龙头企业联结的农户较少时，可采用龙头企业与农户直接联结即"龙头企业＋农户"的形式；当龙头企业联结的农户较多时，就应采用龙头企业与农户间接联结即"龙头企业＋中介组织＋农户"的形式。但不论哪种组织形式，都要建立完整的产业链。

2. 建设好龙头企业

畜牧业产业化经营一般应采用龙头企业带动型模式。龙头企业在畜牧业产业化经营中居于关键位置，建好龙头企业，对于畜牧业产业化经营的健康快速发展就尤显重要。龙头企业以屠宰场和加工企业为主，饲料企业也可以充当龙头企业。由于作为我国畜牧业生产主体的农户饲养规模小、经营粗放，不少农户仍把养猪、养鸡、养牛等看作是家庭副业，投入少，管理水平低，因此，龙头企业通过与农户联结，要充分发挥整合农户生产资源的作用，引导农户实现规模化生产。龙头企业还要充分发挥开拓市场的作用，不仅要开拓本地市场和全国市场，还要努力开拓国际市场，把自己的产品打入国际市场，分享国际竞争的好处。为了提高市场竞争力，龙头企业应将生产和经营重点集中在优势产品上，提高生产经营的专业化程度。要通过资产重组，扩大规模，改换机制，增强活力，提高龙头企业的自我积累和自我发展能力。国家应对畜牧业龙头企业以必要的资金支持，在资本市场上给畜牧业龙头企业一定倾斜。

3. 建立良好的运行机制

龙头企业与农户之间首先要建立一个良好的利益联结和分配机制。由于畜牧业生产的周期相对较长，产品的质量要求相对较高，靠松散型的市场收购很难满足一体化经营的需要，也很难提高一体化经营的市场竞争力，因此，畜牧业产业化经营应该选择龙头企业与农户之间紧密型的利益联结和分配机制。不论是经营层面的紧密型还是产权层面的紧密型，利益机制的内容都应体现企业利益与农户利益的平等性。随着龙头企业经营规模的扩大，应积极探索企业与农户在产权层面联合的途径，发育龙头企业与农户的利益共同体。在建立和完善利益分配机制的同时，要建立和完善风险规避机制，从长期发展讲，畜牧业龙头企业应该设立风险基金，利用风险基金制度和商业保险制度化解一体化经营体的生产经营风险。

4. 提供相应的配套服务

畜牧业生产中的一些技术问题是农户解决不了的，尤其是在规模饲养的情况下，如疾病的诊断和防治，饲料的配合与选用，等等。这就要求在产业化经营中，龙头企业要为农户提供系列的配套服务，包括雏畜（禽）的提供、疾病的防治、饲料的选用和关键的饲养技术等。通过这些配套服务，增强龙头企业与农户之间的信任度和联结的紧密度，提高畜牧业产业化经营的水平。

二、蔬菜业的产业化经营

国外发展经验表明，发端于畜牧业的产业化经营在产业扩散上首先扩散到蔬菜业。因此，蔬菜业是继畜牧业之后产业化经营快速发展的行业，是农业产业化经营的又一重要潜力领域。

（一）蔬菜业产业化经营的发展前景

蔬菜消费需求发展的一个重要趋势是产后处理化程度不断提高。随着收入水平的提高，人们对蔬菜的需求不仅由大路菜转向精品菜，而且由原料菜转向加工菜，对蔬菜的洗涤、分级、保鲜、加工等产后环节的需求增强，这就要求提高蔬菜的产后处理水平。

蔬菜业属于劳动密集型产业，发展蔬菜业不仅可以集约使用土地，而且可以多用劳动力，这种产业性质与我国人多地少、劳动力丰富的资源结构相适应。所以，蔬菜业在我国是具有比较优势的产业。加入 WTO 后，农产品的自由贸易更有利于我国蔬菜产业比较优势的发挥，蔬菜产品的出口会不断扩大，这种出口需求会成为促动蔬菜业产业化经营的重要力量。

（二）蔬菜业产业化经营的特点

蔬菜业产业化经营在产品对象上与畜牧业明显不同，这种不同决定了蔬菜业产业化经营具有自身的特点。

1. 蔬菜业产业化经营对产销环节衔接的要求更紧密

蔬菜是城乡居民需求量较大且基本上是每餐必食的产品，消费者对食用蔬菜的基本要求是及时、新鲜、洁净、安全，这就要求蔬菜从产地到销地的运输必须快捷，生产与销售环节的衔接必须紧密。因此，蔬菜业产业化经营对集散市场、批发市场、零售市场等市场体系的依赖性很强，市场体系尤其是批发市场在蔬菜业产业化经营中扮演着重要角色。从事蔬菜业产业化经营，必须高度重视市场体系尤其是批发市场的建设。

2. 蔬菜业产业化经营对标准化生产基地的依赖较强

对于蔬菜业来讲，农户的小规模零星分散种植，形不成必要的商品量，也不便于集中收购，因而不能适应产业化经营。蔬菜的产业化经营，要求蔬菜生产的规模化、连片化、商品化、标准化种植。只有规模化的生产，才能形成规模化的商品，在此基础上才能形成产业链。因此，蔬菜业的产业化经营是与蔬菜生产的大面积规模化种植连在一起的，即使是集约型的温室生产也需要一定的空间面积做基础。

3. 蔬菜业产业化经营对冷藏保鲜设施的需求较大

蔬菜的生物学特性决定了其易蔫、易烂、自然保鲜期很短，而消费者对食用蔬菜的基本要求又是新鲜，解决这一矛盾的有效途径是发展冷藏保鲜设施。发展冷藏保鲜设施，还是减少生产经营损失、提高经济效益的重要措施。所以，冷藏保鲜是蔬菜业产业化经营的重要环节，冷藏保鲜设施是蔬菜业产业化经营的重要的基础设施，从事蔬菜业产业化经营必须重视必要的冷藏保鲜设施的建设。

（三）蔬菜业产业化经营的具体做法

根据农业产业化经营的一般要求和蔬菜业产业化经营的特点，进行蔬菜业产业化经营需要重点抓好以下几个环节。

1. 选好组织形式

组织形式是连接蔬菜业产业化经营参与主体的机构，恰当的组织形式是实施蔬菜业产业化经营的基础。鉴于市场在蔬菜业产业化经营中的重要地位，适于蔬菜业产业化经营的组织形式主要有"市场带动型""龙头企业带动型"和"合作经济组织带动型"三种。这三种形式可以并行，也可以相互交叉。不论选择哪种形式，都应该形成完整的产业链。

2. 建设生产基地

生产基地是蔬菜业产业化经营的依托。蔬菜生产基地建设，一要做到区域化布局，在统一规划的基础上，发挥优势，突出特色，形成集中连片的、规模化的、商品化的专业性生产；二要做到标准化生产，标准化生产有利于提高产品的市场竞争力，只有实现标准化生产，才能实现标准化管理和标准化销售，龙头组织（加工企业、流通企业、合作经济组织等）应制定统一的生产标准和操作规程，引导农户实现生产的标准化；三要做到系列化服务，龙头组织应从产前的品种培育或引进、种子（苗）及肥料供应到产中的栽培管理技术、病虫害防治再到产后的分级、包装、保鲜等各个环节，为农户提供统一的全程服务，系列化服务对于标准化生产的实现是必要的和重要的。

3. 发展中介组织

蔬菜产业化经营的特点决定了发展中介组织对推进蔬菜业产业化经营的重要性。由于蔬菜的品种较多，技术要求相对较高，生产周期相对较短，对销售系统的依赖相对较大，因此，蔬菜产业化经营的中介组织应重点选择专业技术协会这种形式，在专业技术协会的基础上进一步发展各种专业合作社。

4. 优化利益关系

利益关系同样是蔬菜产业化经营的核心问题。要本着企业利益与农户利益并重的原则构建蔬菜产业化经营的利益分配机制、风险规避机制和运行约束机制，积极探索实现龙头组织与农户"利益共享、风险共担"的利益共同体的各种形式。

5. 壮大龙头企业

加工型龙头企业的发展，对提升蔬菜业产业化经营的层次具有关键作用。因此，蔬菜业产业化经营不能只停留或局限在"市场带动型"的形式上，应大力发展加工型的龙头企业，通过加工企业的带动，延长蔬菜业产业化经营的产业链条，扩展蔬菜业产业化经营的内容，提高蔬菜业产业化经营的层次。

三、水果业的产业化经营

与蔬菜业一样，水果业在西方国家是发端于畜牧业的产业化经营最早扩散及的产业。从产品性质讲，水果业亦是发展产业化经营的重要潜力领域。

（一）水果业产业化经营的发展前景

我国果品资源丰富，品种繁多，种植区域广大。苹果、柑橘、梨、香蕉等各类水果，除鲜食之外，还有各种各样的加工食用方式，有的可以榨汁，有的可以酿酒，有的可以磨粉，有的可以作酱，不同的方式可以加工出不同的产品，不论加工哪种产品，都有利于增加附加值，有利于开拓市场。水果的这种产品属性，为发展水果产业化经营奠定了基础。

（二）水果业产业化经营的特点

水果业的产业化经营，大致有以下三个主要特点：

1. 生产周期长

水果的生产周期长，一年只有一次，季节性非常明显，而水果的消费则不具有季节性，季节性生产与常年性消费之间的矛盾十分突出，解决这一矛盾的有效途径是冷藏保鲜。因此，水果业产业化经营对冷藏保鲜设施的依赖性很大，冷藏是水果业产业化经营的一个非常重要的环节。

2. 对自然条件指向性强

水果生产对自然气候和海拔高度的指向性很强，每一种水果都有其适宜的产区，如苹果只有在温带一定海拔高度的地区生产，香蕉只有在热带地区生产，葡萄适宜在盆地式的区域生产，等等。非适宜区之外，不仅产量低，而且品质很差，适宜区的范围往往又不很大。因此，水果生产具有明显的地域性，集中连片的特征比较明显。水果产业化经营对地域性的生产基地依赖很大，搞好区域性的基地建设是水果产业化经营的重要内容。

3. 外在品质很重要

与其他农产品的品质主要是内在品质不同，水果的品质同时表现在内在品质和外在品质两个方面，内在品质是指营养成分含量、口味、口感等，外在品质包括以果型、果实、大小、表皮、色泽等展现的形象特征。内在品质好，但外在品质不好，如果形不正、表皮粗糙、色泽不亮丽或不匀等，都会影响果品的市场竞争力。我国很多水果在中国香港难以进入超市，只能作为地摊产品，主要原因就是外观品质差。随着生活水平的提高，人们对水果的外在质量更讲究，要求更高。因此，水果产业化经营就要高度重视水果的外在品质的提高，要注重水果的产后处理。

（三）水果业产业化经营的具体做法

水果业的产业化经营，在实践环节上要突出抓好五个方面：

1. 构建完整的产业链

水果产业链相对较长，也比较复杂，一般分为鲜果型产业链和加工型产业链两种。

鲜果型产业链的基本内容是：栽培基地的选定和建设→产前果苗提供及栽培技术培训→农户栽植和管理及产中技术服务→产品收获及收购→分拣分级→打蜡→包装→冷藏→销售系统。

加工型产业链的基本内容是：栽培基地的选定和建设→产前果苗提供及栽培技术培训→农户栽植和管理及产中技术服务→产品收获及收购→简单产后处理→冷藏→加工→销售系统。

这两条产业链也可以交叉，形成一条更长的产业链，即产品收购后，产后处理中外在品质好的果品用于鲜食销售，外在品质差的果品用于加工。

2. 确立恰当的组织形式

由于冷藏是水果业产业化经营的重要环节，标准的冷藏设施又需要较大投资，单靠农户或农户合作难以解决，而传统的简单储藏又不能保证质量，果品的加工更要求专门的设备和技术，因此，水果业产业化经营宜采用龙头企业带动型的组织形式。在这种形式中，龙头企业居于主导地位，龙头企业本身的经营状况和带动能力，对一体化经营的成败有着决定性影响，水果产业化经营必须加强龙头企业建设，以提高龙头企业的带动能力。

3. 建设栽植基地

要按照区位自然优势的原则，选择所要经营的果品的适宜生长区域，进行集中连片布局，形成生产基地。为基地提供必要的道路、水利等基础设施建设，为基地的农户提供必要的栽培、修剪、除虫等技术服务。制定统一的栽培管理规程，使基地实现标准化生产，以有利于提高果品的内在品质和外在品质。

4. 搞好产后处理

产后处理是提高果品市场竞争力的有效手段。产后处理主要包括冲洗、分拣、杀菌、分级、打蜡、包装等系列操作和冷藏、加工，这些工作的完成，需要专门的设备。因此，水果产业化经营必须建立相应的产后处理系统和设施，如分级分选线、气调保鲜库、冷藏运输工具、加工设备等。

5. 优化运行机制

即建立合理的龙头企业与农户之间的利益分配机制、运行制约机制和风险规避机制，把农民利益与龙头企业利益置于同等重要的位置，在保护农民利益的基础上实现龙头企业的利益最大化。

第五节　推进我国农业产业化经营应注意的问题

除了前面所提出的有关方面外，推进我国农业产业化经营的健康发展还应注意以下问题：

一、促进农民增收和农业增效是农业产业化经营的重要目标

发展农业产业化经营，要紧紧围绕着农民增收和农业增效这两个基本目标，培育和建立现代农业产业体系，为农民增收和农业增效创造持续稳定的产业机制。

促进农民增收是农业产业化经营的重要目标，农业产业化经营不能偏离这个目标。促进农民增收的根本是维护农民在农业产业化经营中的合法权益，首先要维护农民的市场主体地位和经营自主权。农民的市场主体地位和经营自主权是农民生产经营积极性的基础，失去了这个基础，农业产业化经营将不会成功。关于维护农民的市场主体地位和经营自主权问题，前面已经做了详细论述，不再重复。

农业产业化经营要把农产品加工作为延长农业产业链的重点，努力提高农产品的加工度和加工层次。传统经济体制下形成的产业分工体系，使农产品生产、加工、销售相互分割，农业、工业、商业相互分离，农民只从事原料农产品生产，农业与工商业缺乏产业内在联系，农业产业链条短，分享不到农产品加工和流通增值的利益，这是长期以来我国农业效益低的基本原因，也是开拓农产品市场的重要制约因素。由于农业的产业体系不完整，不仅制约了农业整体素质和效益的提高，也制约了农产品加工业的发展，使我国农业长期停留在原料型产业的状态，与现代农业产业体系形成了较大差距。现代农业与传统农业的一个根本区别，就在于对农产品加工程度的差异上。从发达国家情况看，现代农业早已摆脱了仅仅提供原料和初级加工品的地位，已成为一种"从田头到餐桌"的完整产业，包括了农产品的生产、加工、贮运和销售等全部内容。现代农业的竞争，不仅体现为农业生产环节产品和技术的竞争，更体现为包括农业产前、产中和产后在内的整个农业产业体系的竞争。

根据农业增效目的的要求，产业化经营应该把实现的农产品加工增值和流通利益合理地返还于农业和农民。要防止加工、流通企业在农业产业化经营过程中的垄断行为，避免加工、流通企业向农业和农民的风险转嫁。要注重培育农产品生产、加工、销售三个方面的共荣机制，使农产品生产与产前和产后产业形成内在的一体化。通过农业产业化经营，构建农产品生产与加工、销售一体化的现代农业产业体系。

二、发展农民合作是农业产业化经营发展的重要方向

在发达国家，由合作社牵头组织农业产业化经营的情况相当普遍，农民绝大多数都是合作社的成员，合作社成为农业产业化经营的重要载体。按照自愿原则组成的合作社，包

括生产合作社、加工合作社、流通合作社、金融合作社、消费合作社等，不仅增强了农业产业化经营的运行能力，而且有效提高了农民的组织化程度，提高了农民的市场谈判能力，保护了农民的合法权益。

由于农业的产业特性，合作社在传递市场信息、普及生产技术、组织引导农民按照市场需求进行生产和销售等方面发挥着不可替代的重要作用。目前，我国农民的合作程度还较低。农民缺乏合作组织，市场谈判能力弱，不能适应农业现代化和国际化发展的要求，不利于农业产业化经营的健康发展。培育和壮大农民的合作经济组织，大力发展"合作社＋农户"或"龙头企业＋合作社＋农户"的产业化经营形式，提高农民的组织化程度和市场竞争力，是我国农业产业化经营的一个基本发展方向。

在农业产业化经营过程中，龙头企业在带动农民方面发挥着重要作用，培育和壮大龙头企业是发展农业产业化经营的中心环节。但是，龙头企业并不能代替农民的合作经济组织。因为在龙头企业带动型的组织形式中，多数龙头企业都是"外生"的，是独立于农民之外的，与农民并不是同一个利益体，农民是依附于龙头企业而不是拥有龙头企业。这种"外生性"决定了在产业化经营的利益分配方面，龙头企业会首先考虑自身的利益，寻求自身利益的最大化。即使向农民让利，为农民提供低偿或无偿服务，也是有限的。寄希望于龙头企业向农户大规模让利，是不现实的。另一方面，由于农户是分散的，生产是小规模的，在信息上与龙头企业严重不对称，在力量上根本无法与龙头企业相抗衡，在经营中无法与龙头企业平等谈判，无法与龙头企业公平竞争，无法保护自身的经济利益，这使得在产业化经营中龙头企业居于主动，农户则处于被动，农民成为产业化经营的弱者。

合作经济组织是改变农民弱者地位和维护农民经济利益的有效形式。与龙头企业的"外生性"不同，合作组织对农民而言完全是"内生"的。在合作组织中，农民既依附于合作组织，同时又拥有合作组织。这种"内生性"，为合作组织维护农民利益提供了制度保证。另一方面，通过合作，分散的农民变成有组织的农民，农民的组织化程度提高了，农民的市场谈判能力增强了，农民在产业化经营中的地位就改善了。从长远讲，发展农民合作，使合作社成为农业产业化经营的重要载体，是我国农业经营体制改革和优化的重要内容。

在我国农业产业化经营的实践中，发展农民合作的重点应该放在产后的农产品加工和流通领域，重点培育农产品流通合作社和农产品加工合作社。在产中领域，应重点发展为农民提供各种技术服务的合作组织。现有的"合作社＋农户"产业化经营模式，要不断完善内部管理制度，不断优化与农民的关系，不断提高经营水平。

三、因地制宜、循序渐进是发展农业产业化经营的基本原则

从实际出发，因地制宜，是发展农业产业化经营的一个基本原则。所谓从实际出发，

因地制宜，就是从本地区、本单位的自然资源条件和区位特点出发，通过分析资源优势和区位优势，在比较优势的基础上定位农业产业化经营的主导产品，规划和建设农业产业化经营的主导产业和生产基地。我国幅员辽阔，各地条件千差万别，比较优势不尽相同，这是农业产业化经营必须因地制宜的客观基础。如果不从本地条件出发，不按照自身比较优势从事农业产业化经营，农业产业化经营不会获得成功。不因地制宜的结果，还会直接导致产业化经营在项目上的雷同或重复建设。目前一些地区出现的产业化经营项目雷同或重复现象，就是没有真正从实际出发、因地制宜的表现。农业产业化经营项目的雷同或简单重复，不仅会浪费农业资源，而且会加剧市场竞争，这对农业产业化经营的健康发展是不利的。所以，各地在推进产业化经营过程中，必须坚持因地制宜原则，从实际出发，从自身的比较优势出发。只有这样，才能形成各具特色的农业产业化经营模式，才能实现农业产业化经营的健康顺利发展。

循序渐进，量力而行，是发展农业产业化经营的又一个重要原则。产业化经营作为农业经营形式的一种创新，在实践中的推行是有条件的。这些条件主要包括：具有符合市场需求的主导产品，具有承担主导产品生产的主导产业，具有承载主导产业布局和生产的生产基地，具有一定带动能力的龙头企业，具有从事产业化经营的具体组织形式，具有产业化经营的配套制度。农业产业化经营虽然不能坐等条件成熟后再进行，但如果完全超越现实条件，不量力而行，急于推行，甚至拔苗助长，用"下达指标"的方式硬性扩大产业化经营规模，必然欲速则不达，使农业产业化经营踏入失败。所谓量力而行地推行产业化经营，就是根据各个条件成熟的程度来逐渐地、有选择性地发展农业产业化经营。由于产业化经营的各个条件不可能马上成熟，各个条件发育和成熟的程度也会不一样，各个条件在实践中还要不断补充和完善，因此，在农业产业化经营起步后，还要坚持循序渐进的原则，根据条件的可能逐渐扩大经营规模，逐渐提高产业化经营水平。在实践中，一些地方曾用"定指标、定速度"的方式推进农业产业化经营，以尽快扩大经营规模和带动更多的农户，这样做的主观愿望是好的，但客观效果不一定好。农业产业化经营有一个逐渐发育的过程，当条件尚未成熟时，"急于推"不能形成好效果。政府的责任是积极培育农业产业化经营的条件，为龙头企业和其他中介组织的成长创造良好的外部环境。

四、生产基地建设是农业产业化经营的重要环节

生产基地是龙头企业的依托，是联结农户的载体，是形成区域性主导产业的基础，农业产业化经营必须抓好基地建设，建设好农产品生产基地。

农产品生产基地建设，应与农业结构调整和培育主导产业相结合，重点抓好四个环节：

（一）区域化布局

按照自然条件优势，集中连片种植，形成较大范围的专业化生产和规模化经营，使生

产形成规模，商品形成批量。要克服目前普遍存在的按县乡行政区域布局产业、一个乡一个产业、每个乡的产业都不同的现代小农经济的做法，打破县乡行政区域界限，按经济区的思路筹划产业布局，这样才能真正做到科学合理的区域化布局。生产基地的布局还应和龙头企业建设结合起来，使基地的生产能满足龙头企业加工和销售的需要。

（二）特色化产品

生产基地的产品生产，要力求突出特色，打出品牌，形成优势。要注重开发市场潜力大的绿色食品和有机食品，如建立无公害蔬菜、无公害水果生产区；注重开发具有地方特色的名、特、稀产品，如稀有小杂粮、特种蔬菜、波尔山羊、肉狗等；大路产品则要通过改善品质提高竞争力，如扩大优质专用小麦、玉米等的生产规模，改良苹果品种等等。

（三）标准化生产

要按照 WTO 规则的要求，根据国内和国际公认的质量标准，逐步对产前的环境质量，产中的投入和栽培饲养，产后的储藏、加工、包装等各个环节和各道工序，规定统一的规格和质量要求，实行严格的监测检验制度，实现标准化生产，为龙头企业的系列化加工和出口奠定基础。

（四）系列化服务

按照配套、高效、及时的原则，加强服务体系和服务设施建设。龙头企业与基地之间要形成有机联系，逐步做到对基地统一供应良种、肥料、农药，统一收购产品，统一加工销售。政府的农业科研和技术推广机构，要提高为农民服务的意识，为农民及时提供高质量的技术和市场信息。

五、充分发挥政府对农业产业化经营的引导和扶持作用

发展农业产业化经营，离不开政府的积极引导和扶持作用。要按照"扶持产业化经营就是扶持农业、扶持龙头企业就是扶持农民"的思想，确定政府在农业产业化经营中的作用，加强政府对农业产业化经营的引导和扶持作用。

根据国内外的经验，在发展农业产业化经营过程中，政府的主要职责应是制定发展规划和扶持政策，为农业产业化经营的健康发展创造必要的外部环境，弥补农业产业化经营的组织缺陷，降低市场交易风险，维护农业产业化经营主体的合法权益。根据这样的职责定位，联系我国目前农业产业化经营的实际，当前和今后一个时期，政府推进农业产业化经营应着重做好以下方面的工作：

（一）搞好规划，加强引导

搞好规划对引导农业产业化经营的合理布局、健康发展具有重要作用。各地都应结合实际，制定本地区农业产业化经营发展规划，把农业产业化经营纳入当地经济和社会发展

的全局，统筹安排。根据当地资源优势，引导农业产业化经营朝区域化布局、专业化生产、社会化服务方向发展。同时，要协调好政府各部门之间的关系，检查、督促各部门围绕推进农业产业化经营，改进工作方法，转变工作作风，齐心协力，为发展农业产业化经营创造一个良好的外部环境。

（二）加大政策扶持力度，促进龙头企业健康发展

各级财政部门应在财政支农资金增量中安排一定数量，用于支持农业产业化经营的龙头企业引进、研究开发和推广新品种、新技术，同时安排一定数量的政策性贷款，支持农业产业化经营龙头企业的建设。条件成熟时，适当增加农业产业化经营龙头企业的上市公司数量和融资规模。重点扶持一些有基础、有潜力的龙头企业建设高标准、高起点的农产品生产加工出口基地。鼓励有进出口经营权的龙头企业积极参与出口商品配额投标。适当提高农产品及其加工制成品的出口退税率。对于符合规定的重点龙头企业的农产品及其加工品的出口给予信贷支持。

（三）引导龙头企业与农户利益关系，增强农业产业化经营发展的内在动力

农业产业化经营的实质是要建立一种有效的机制，使农户参与产业化经营能够获得比单纯搞初级产品生产更多的收益。为此，要引导龙头企业与农户建立利益共享、风险共担的组织形式和经营机制。这不仅是农户的需要，也是企业的需要。农户需要稳定的销售渠道，龙头企业需要稳定的农产品供给，双方是互惠互利、唇齿相依的关系。在实践中，要根据各地所处的发展阶段、从事的产业以及当时的市场情况而引导产业化采取不同的组织形式和经营机制。产业化经营处于起步阶段的地方，要重点发展"订单农业"，加强产销衔接，规范产销双方的权利和义务。产业化经营基础较好的地方，可以通过建立风险基金，实行最低收购保护价、按农户出售产品的数量返还一定利润，以及提供良种设备、资助周转金、进行技术培训等形式，使企业与农户建立比较紧密的利益联结机制。特别要鼓励、提倡和扶持农民专业合作经济组织的发展，这类组织既可以作为连接工商企业与农户的桥梁，又可以发展为龙头企业。此外，还要积极探索和鼓励农民利用土地使用权、产品、技术和资金等要素入股，采取股份制、股份合作制、合作制等多种形式与企业形成利益共同体。但是，无论采用何种组织形式和经营机制，都应建立在龙头企业和农户自愿选择的基础上，按照市场经济规律办事，不能用行政的办法，搞强迫命令。

（四）加强农业科技研究与推广，为农业产业化经营提供强有力的科技支撑

在宏观层次上，要调整农业科技发展方向，以适应市场对农产品多样化需求和农业增效、农民增收为目标，更加注重农产品的优质化、专用化，提高产品质量和效益。当前，应以优质化、专用化农业品种的选育及良种产业化为突破口，大力开展改善品质、提高质量、节本增效技术研究，提高优质农产品的产出率和商品率。建立持续高产、优

质、高效的农业技术体系，提高常规农业技术的科技内涵和组装配套程度，大力发展以生物技术、信息技术、设施农业等为主体的农业高新技术。同时拓展农业科技发展领域，促进农业产前、产中、产后技术体系的配套完善和产业化开发，促使农产品加工业成为新阶段农村经济的增长点。在微观层次上，要优先支持粮食、油料、果蔬、肉类等大宗农产品加工科技企业的发展，支持饲料、饮料、保健食品、药用植物等功能食品的生产与加工，大力培育一批新兴产业，带动农产品加工业的全面快速发展。为农产品加工龙头企业的技术进步提供政策优惠，包括对技术起点高的龙头企业优先提供财政资金和银行贷款等。

（五）抓好农产品市场体系建设，为农业产业化经营创造良好的市场环境

农业产业化经营是以市场为导向的经济活动，产业化的发展成效要通过市场来检验，因此，培育完善的农产品市场体系，是推动农业产业化经营的重要环节。从当前和今后一个时期看，重点是培育农产品批发市场。首先应搞好规划。产地批发市场应建在农产品的集中产区，销地批发市场一般在城市，应纳入城市建设的统一规划。农产品多种多样，产地批发市场只能是专业性的，但销地批发市场应尽可能建成综合性的。在积极建设批发市场的同时，还应注意做好培育中介组织、发展拍卖方式等"软件"工作，以充分发挥批发市场的信息中心功能和指导产销的功能。市场建设需要大量的资金投入，除了政府有计划地安排这方面的基本建设投资外，还应采取多渠道投入的办法，允许企业和个人集资投入，实行谁投资、谁经营、谁受益的政策。还应做好市场信息服务工作，建立全国农业市场信息网络，定期向农民提供各种生产信息、产品库存信息、市场供求信息和有关技术信息。

（六）建立农产品规格和标准体系，为农业产业化经营发展打下坚实的基础

所谓规格是对产品的内在使用性能和档次的要求，所谓标准是对产品品质的要求。现代国际农产品贸易实践表明，规格化、标准化是农产品质量的保证，也是发展农业产业化经营的基础。在现代流通体系中，标准化生产是公平公正交易的前提，只有实现农产品的规格化、标准化，才能既保障生产者的利益，又保障消费者的利益，也才能引导龙头企业生产优质产品。从另个角度看，农产品规格化、标准化还是超市、物流和信息化等现代市场流通系统发挥作用的必要条件。因此，有关政府部门应建立以加工和食用品质为中心的质量检查评价体系，开发农产品品质评价技术，建立有效的和权威的农产品质量评价、检查、监督、管理体系，使优质优价政策落到实处，推动农业产业化经营水平不断提高。

（七）加强法制建设，用法律法规保障农业产业化经营健康发展

市场经济是法制经济。农业产业化经营在发展过程中，各环节的联结主要通过合同契约的方式来实现。任何一个环节履约出了问题，就会影响整个产业链的正常运转。在

目前的农产品购销活动中，违约现象比较普遍。因此，要确保农业产业化经营的健康发展，就必须严格按照《合同法》《公司法》等有关法律办事，以约束合同各方如期履约。同时还要深入实际，调查研究，及时制定配套的法律法规，特别需要规范、明确合同的内容，包括双方的权利和义务，履约方式、违约处理等有关条文和规定。还应加强对干部群众的法制教育，强化人们的法制观念，引导企业和农民依法签约、认真履约，维护合同的严肃性，提高其依法办事、依法经营的自觉性，运用法制来保障农业产业化经营的健康发展。

第八章　农村城镇化与生产要素流转

农村城镇化过程，从生产要素流转的角度讲，就是农业生产要素尤其是劳动力要素由农业向非农产业、由农村向城镇流转的过程。农村城镇化的推进，有赖于农业劳动力由农业部门向非农业部门的流转和农村人口由农村向城镇的流转。只有加快农业劳动力由农业部门向非农业部门的流转速度和农村人口由农村向城镇的流转速度，才能较快地推进城镇化。因此，把握农村城镇化，还需要认识生产要素的流转规律，把生产要素流转与城镇化推进有机地结合起来。

第一节　生产要素流转的理论规律

生产要素的流转，即生产要素的流动和转移，其含义是生产要素在产业间和地域间的运动。其中生产要素在产业间的流转和转移，如劳动力要素由农业转移到非农产业，土地要素由农业用途转向非农业用途，资本要素由非农产业流向农业等等，是生产要素流转的核心内容。地域间的流转，从一般原理上讲是依存于产业间的流转的，也就是说，生产要素在产业间的流转方向，基本上决定了生产要素在地域间的流转方向，如劳动力在产业上由农业向非农产业流转，在地域上就会表现出人口由农村向城镇的流转。

一、劳动要素的流转规律

根据理论抽象和发展经验，可以把农业劳动要素的流转规律概括为以下几个方面。

（一）流转趋向：由低收入产业向高收入产业流转

经济学对农业劳动力流转趋向规律的研究，最早可以追溯到英国经济学家威廉·配第。配第生活在17世纪的英国，当时英国正处于产业革命的前夜，社会经济生活的各个方面都在发生着符合商品经济运行规则的有序变化，这使得配第有可能观察经济生活中的产业差异，尤其是通过对英、法、荷等欧洲国家之间经济实力的比较，使配第能在较广的经济坐标上观察各国经济水平差异的产业原因，这些观察进一步的分析结论体现在配第的名著《政治算术》之中。在该书中，配第描述了不同产业之间收入的差异，并将这种差异与劳动力流转联系起来。配第写道："工业的收益比农业多得多，而商业的收益比工业多得多"。产业收益的差异使不同产业的劳动者的收入出现了差异，"英国的农民每周的劳动所得不过4先令，而海员通过工资、食品以及住房等其他各种供应所得到的收益多到12

先令，所以一个海员实际上等于三个农民"；产业收益的差异也使具有不同产业结构的欧洲国家之间的经济实力出现了差异。如人口的大部分从事工业、商业和外贸的荷兰，人均国民收入要比欧洲大陆其他国家高得多。配第认为，产业间的收益差异会推动劳动力由低收入产业向高收入产业流转，劳动力就业层次的提高，使人均国民收入增加，进而农业份额下降。这种产业收入差异推动劳动力流转的论断，在经济学说史上被称为"配第定理"。

在配第定理的基础上，英国经济学家科林·克拉克独立研究了劳动力的流转规律，揭示了劳动力流转与经济发展程度之间的深刻关系。克拉克的研究基于他所收集的 20 多个国家各部门劳动要素投入和总产出的序时资料。通过对随着经济发展劳动力流转所发生的规律性变化的实证研究，得出了著名的劳动力流转趋向规律的结论：随着人均国民收入的提高，劳动力首先由第一产业向第二产业流转；当人均国民收入进一步提高，劳动力便向第三产业流转。总的结构趋势是，劳动力在第一产业的分布减少，在第二、第三产业的分布增加。克拉克的这一结论，在经济理论史上曾经是闪光的一页，被誉为"克拉克定理"。克拉克本人认为，他的发现不过是印证了配第的观点，因此经济学说史把配第的观点和克拉克的发现合在一起，统称为"配第——克拉克定理"。

由上述的对经济理论研究结论的叙述，可以概括出农业劳动要素流转在趋向上的三个规律：

收入趋向——由低收入流向高收入；

产业趋向——由农业流向非农产业；

地域趋向——由农村流向城镇；

这些流转趋向规律，是观察和分析农业劳动力流转问题的基础。

(二) 流转数量规律：数量变化呈现出三个阶段

农业劳动力的非农化流转，在数量上表现出来的规律可以划分为三个阶段：

第一阶段——农业就业份额与农业就业总量都增加（即同向并存）；

第二阶段——农业就业份额下降但农业就业总量增加（即逆向并存）；

第三阶段——农业就业份额与农业就业总量都减少（即同向并存）。

第一阶段一般出现在经济发展初期，由于此时非农产业发展水平低，可吸纳劳动力就业能力弱，农业劳动力向农业外部流转的规模小于农业人口增加而新增加的农业劳动力规模，所以，无论就业份额还是总量，农业劳动力都是增加的态势。

第二阶段一般发生在经济发展初期的末期和经济发展中期的开始时期，此时工业化进程已开始加速，农业劳动力向非农产业的转移步伐加快，转移规模扩大，从而导致农业劳动力在全社会的就业总量中所占的相对份额下降。然而，由于农村人口基数仍然较大，人口自然增长所生成新的劳动力依然多于从农业转移出去的劳动力，故农业劳动力在总量上仍然是增加的。但是，这一阶段农业劳动要素总量增加的速度大大放缓，明显低于第一阶段。

第三阶段一般从经济发展中期的中期开始出现，与工业化的大规模推进相对应。由于工业化的大规模推进，农业劳动力以较大规模和速度流转到非农部门就业，从而引发了农业就业份额和农业就业总量的同向减少。

（三）流转数量规律：递减速度呈现出"倒 U 型分布"

所谓"倒 U 型分布"，是指农业劳动力数量的减少速度呈现出倒 U 型态势，即起初的减少速度微缓，继而加快，达到最大速度后又开始减慢，速度轨迹呈现倒"U"型。

（四）流转数量规律："转向点"模型

如上所述，农业劳动要素的流转在绝对数量上表现出先增加后减少的规律。农业劳动要素总量由绝对增加变为绝对减少的"点"，被称之为"转向点"。在经济发展过程中，农业就业总量变化的"转向点"具有历史意义，这是农业发展出现结构性变革的一个基本特征。

在农业劳动要素流转过程中，农业就业"转向点"的出现究竟需要多长时间，也就是说，有哪些基本要素影响农业就业"转向点"的出现，为什么有的国家"转向点"出现得早而有些国家"转向点"出现得晚，这是研究农业劳动要素流转时应该回答的一个理论问题。

二、土地要素的流转规律

土地要素的位置固定性和数量不可增加特征，决定了土地要素的流转不像劳动要素那样丰富。

从理论上讲，土地要素的流转并不像劳动要素流转那样表现为地理位置的移动，而是表现为其用途的改变。土地用途的改变，会引起土地利用结构的变化。因此，土地利用结构的变化是土地要素流转的反映。土地要素流转基本趋向是：

第一，在农业内部，随着粮食生产率水平的提高和城乡居民收入水平提高后因需求收入弹性不同而引起的对农产品需求的改变，土地由粮食生产流转于非粮食生产，粮食生产用地所占的相对份额呈下降趋势。当然，这种趋势的程度最终取决于粮食生产的土地生产率水平以及人口总量的增长情况，因为粮食毕竟是人类生存最基本的生活资料。这样，农业用地结构的变化，就反映了土地要素在农业内部的流转情况。

第二，在整个经济系统中，随着农业生产率水平的提高，农业用地向非农业流转。耕地面积的不断减少，是这种流转的最直接表现。当然，农业用土地向非农业领域流转，除了农业生产率提高这个决定因素外，收入水平提高后人们对非农业产品需求的增加也是重要的促动因素。随着收入水平的不断提高，人们不仅需要更多的工业性产品，而且需要更多的由基础设施和城市等提供的服务，如交通、旅游休闲、文化娱乐等，这些方面的发展则需要占用愈来愈多的土地，引起农业用土地向非农业生产领域流转。与第一种流转情况不同的是，这种流转表现为农业土地要素的非农化。

三、资本要素的流转规律

资本要素的流转分为两个方面：一是工业性物质资本向农业的流转，另一是农业的货币资本的流转。工业性物质资本向农业的流转，是通过化肥、农药、机械等工业性投入的形式体现的。这种流转结果，是增加了农业的要素投入量，提高了农业要素的投入水平。从严格意义上讲，这种流转不属于农业生产要素流转，而属于农业生产要素替代的范畴。即物质资本对农业土地要素的替代和对农业劳动要素的替代。

农业资本要素流转的典型意义是农业货币资本的流转。这种流转因工业化过程中工农业关系的变化而呈现出阶段性规律。一般来讲，在经济发展的初期，农业是国民经济的最大部门，此时工业化所面临的主要任务是资本的原始积累，而此时的工业仍是一个弱小的产业，工业化启动和推进所需要的充分资金自然不能从工业内部生成，既然工业是从农业中产生、分化和独立出来的，且此时农业在整个经济中居于绝对的位置，国民收入的绝大部分来源于农业，劳动人口的绝大份额就业于农业，那么无论从理论上讲还是从现实上讲，为工业化提供资金积累的重担都会落在农业身上。所以，这一时期的工农业关系的基本特征是：农业支持工业，工业化的推动以农业提供的资金积累为主。与此相应，农业货币资本的流转趋向就由农业流转到了农业外部。

当经济发展到农业与工业平等发展的阶段时，农业不再从资金积累上支持工业化的发展，农业的剩余用于其自身的发展，工业化的进一步推进则依靠工业自身的剩余积累，与这一阶段相应，农业的货币资本不再流转于农业外部，而是留在农业内部成为农业自身发展的资本积累。当然，在具体的经济运行过程中，农业的货币资本也在外流，但农业也接受农业外部的货币资本，二者在数量上大体处于平衡，此即农业货币资本在农业与工业平等发展的经济发展阶段不向外流转的本质含义，即不再外流是指在动态上的流出与流入的平衡，而不是货币资本的绝对不外流。

当经济发展到工业支持农业发展的阶段时，农业则大规模的接受其外部的资金支持。在货币资本的流转上，农业成为货币资本的净流入者。

上述三个阶段中，第一阶段的农业货币资本向农业外部流转对农业的影响最大。

从理论上讲，农业货币资本向农业外部流转可以分为两个层面：政府层面和农户层面。在政府层面，导致农业货币资本向外流转的形式有以下两个：第一，工农产品价格"剪刀差"，即工业品价格高于其价值，农产品价格低于其价值，工农产品出现不等价交换的状况，这一方式在运行中具有隐蔽性；第二，农业赋税，即政府通过立法，将农业货币资本取走，这一方式具有公开性。

在农户层面，引起农业货币资本向外流转的途径有三个：第一，储蓄，即农民将所持有的农业货币资金存入银行，银行再通过信贷形式将之用于非农产业，这是农户使农业资本非农化的最重要途径；第二，农民利用持有的货币资本直接兴办非农企业，从事非农业生产活动；第三，农民以集资入股的形式将农业货币资本投入非农产业。

第二节　我国农业生产要素流转的基本态势

本节将运用上一节中所概括出来的若干理论规律，具体分析我国农业生产要素流转的现状及动态变化，重点概括农业生产要素流转的态势特征。

一、农业劳动力要素流转态势

农业劳动力要素流转是我国农业生产要素流转中表现最活跃的一个部分。尤其是 1979 年以来，在改革开放政策的推动下，我国农业劳动力流转进入了一个全新时期。农业劳动力向非农产业快速流转，不仅推动了农村经济发展，而且成为整个国民经济发展的主要推动力量。

（一）流转的数量规模

为了反映我国农业劳动力的流转规模，我们设计如下模型：

$$ATNL = ATNR + ATNG$$

$$TTNL = TTNR + TTNG$$

上式中，ATNL 表示每年从农业中新流转出来的劳动力数量，即农业劳动力每年所非农化的数量，是一个流量的概念；ATNR 表示每年农村非农业劳动力增加的数量，即每年农业劳动力流转为农村非农业劳动力的增量，这部分劳动力在传统口径上作为农村的非农业劳动力，但并不意味着其完全在农村的非农产业就业，他们可以流转到城镇并自谋非农职业；ATNG 表示国家每年安排的城镇就业人员中来自农村的劳动力，这意味着这部分农业劳动力是在国家计划安排下实现非农化流转的。

利用 ATNR 和 ATNG，可以计算出各年农业劳动力流转的总体存量规模，即 TTNL。TTNL 等于农村非农业劳动力的年末存量 TTNR 与城镇新就业中来源于农村的劳动力数量的累计 TTNG 之和。

（二）流转的主要方式

我国农业劳动力流转在方式上具有四个特征。

第一，自谋职业与国家安排：以自谋职业为主。在我国农业劳动力流转中，国家有计划安排对吸纳农业劳动力非农化就业只发挥了有限的作用。

第二，就地转移与异地转移：以就地转移为主。

第三，兼业转移与分离转移：以兼业转移为主。

（三）跨区流转的基本特征

第一，性别、年龄及文化程度。

第二，外出时间选择。

第三，流向区域选择。

第四，外出方式与工作寻找方式。如果从有无政府或其他正式组织的直接参与来考察，已经发生的农业劳动力跨区域流转大体有两种方式。其一，政府或其他正式机构直接参与实现的劳动力跨区域转移，如江苏省政府就曾经要求苏南乡镇企业从苏北农村招工等。其二，没有政府或其他正式机构参与的农民自发外出，这种方式的特点是，外出的决策完全是农民自己做出的。

第五，经营范围和产业领域。总体而言，外出劳动力的就业范围首先是国有企事业单位；其次是城市私营企业；再次是个体工商户。在乡镇企业、城镇集体企业事业单位就业和独立或合作从事个体工商企业的比重大体相当。

第六，职业分布层次。目前我国跨区域流转的劳动力的就业层次还较低。

第七，流转变更程度。外出劳动力的流转还表现出了较高的变更程度。较高的变更程度，说明跨区域流转的劳动力就业还很不稳定，具有较大的风险性。

二、农业土地流转态势

作为一种要素，耕地在农业用地中占有重要位置。在农业用地的流转中，耕地是最活跃的部分。因此，对我国农业土地要素流转态势的分析，即以耕地的流转为主。

（一）耕地在农业内部的流转态势

耕地在农业内部的流转表现为耕地使用结构的变化。我国耕地的使用结构发生了显著变化，尤其是 1979 年以来，变化程度不断加大。耕地使用结构变化的主旋律是：耕地使用呈现出了明显的非粮食化趋势。具体表现为：

第一，耕地要素由粮食生产向非粮食生产流转。

反映耕地要素由粮食生产向非粮食生产流转的基本指标是粮食作物播种面积占农作物总播种面积的份额及其变化。这说明，在全部农作物生产中，耕地作为一种生产要素，是由粮食生产向经济作物、蔬菜和瓜类等流转，这是我国耕地在农业内部流转的基本主旋律，即耕地使用的非粮食化趋势。耕地流转的这种非粮食化趋势，在沿海经济发达地区表现得更为显著。

第二，在粮食生产中耕地要素向主要粮食品种流转。

反映在粮食生产中耕地要素向主要粮食品种流转的基本指标是主要粮食作物播种面积占粮食全部播种面积份额的变化。如果观察 1979 年以来的情况，则玉米和小麦份额都呈明显上升趋势，水稻则稳中有降。所以，可以认为，耕地要素在粮食生产中的流转主要是趋向于稻谷、玉米和小麦等主要粮食作物，其中以趋向于玉米和小麦更为明显。

第三，在经济作物生产中耕地要素由棉花生产向油料生产流转。

反映在经济作物生产中耕地要素由棉花生产向油料生产流转的基本指标是棉花播种面积和油料作物播种面积各自占经济作物作物全部播种面积份额的变化。可以认为，1979 年以来，经济作物生产中耕地要素主要由棉花生产向油料生产流转。

第四，有相当一部分耕地要素由作物类生产流转于水果类生产。

反映耕地要素流转这一趋势的基本指标是水果栽植面积的扩大。

（二）耕地的非农化流转态势

耕地减少的主要原因是非农业经济活动对耕地的占用。工业化和城市化不仅使耕地的非农化流转在数量上十分庞大，而且流转的大多是平坦肥沃、位置优越的耕地。

三、农业资本流转态势

农业资本的流转，也表现为在农业内部流转和非农业化流转两个方面。

（一）农业资本在农业内部的流转态势

由于农业物资消耗是农业生产活动在一年内所消耗的全部物质资本的货币表现。因此，农业物质消耗的结构就体现了资本要素在农业中的配置状况。物质消耗的结构及其变化，就成为反映资本要素在农业内部流转态势的指标。

农业物质消耗结构的变化，表明了农业资本要素在农业内部流转是一个由种植业向非种植业部门流转的态势。

（二）农业资本非农化流转态势

农业资本非农化流转包括两个层面，一是农业内部由农业流转到非农产业，二是由农业流转到了农村外部的国民经济系统。前者的主要表现是，农民用从农业生产活动中积累的资金从事非农业活动，如乡镇企业的兴办和发展，就与农业资金的积累支持分不开的。从资本流转系统来看，这部分非农化的资金最终会通过增加农民收入或改善农业和农村基础设施从而增加农民福利的形式回流于农民。后者的主要表现是，国家通过税收、金融和"剪刀差"形式从农民手中积累资金，农业资金通过税收、金融和"剪刀差"形式流转到农村外部的非农业系统，成为国家工业化的资本积累。从我国的实际情况看，这一层面是农业资本要素非农化流转的主渠道。

实事求是地讲，我国农业通过资本要素非农化流转为国家工业化的资本积累做出了巨大贡献。

1. 邮政储蓄的只存不贷

由于邮政储蓄只存不贷，纯粹靠上缴中央银行吃利息赚钱，吸纳的存款百分之百流出农村，已经成为农村资金的一个庞大漏斗，邮政储蓄利用自身的机构优势、网络优势、利率优势和信誉优势，广泛吸引农民存款。在不少农村的公路沿线农舍土墙上，到处可以看到"邮政储蓄只存不贷没风险""邮局存款最安全保险"等宣传标语。在不少地区，邮政储蓄呈现出异常增长的势头。

2. 商业银行的多存少贷

近年来，随着国有银行改革的深入，国有商业银行在降低不良资产率和防范金融风险的同时，逐步撤并分支机构，上收信贷管理权限，县级支行的贷款权限很小，有的甚至没有放贷权力。这样，商业银行在县及县以下的营业网点基本上就成了单一的储蓄机构，所吸收的存款以二级准备金的形式集中到市级分行，再以同样的方式集中到省分行和总行，由县以上的金融机构统一发放贷款，所发放的贷款主要用于城市的工商企业。在这种格局下，国有商业银行一定程度上讲成了农村资金的"抽水机"，农村资金通过商业银行县及以下营业网点流出了农村。

3. 农村信用社存款的部分"农转非"

农村信用社是农村金融的主渠道，承担着为农民提供金融服务的重要职责。但在信用社吸收的农民存款中，有相当部分通过存款准备金、转存银行款、购买国债和金融债券、拆借于商业银行、放贷于城镇非农企业等形式流出农村，信用社资金"农转非"现象十分突出。

另外，农村资金还通过购买国家债券和彩票以及部分农民参与非法博彩活动等流出农村。

农村资金大量外流，并不是因为农民、农业生产、农村经济发展不需要资金，并不是因为农村出现了资金过剩。事实上，农民的资金需求很大，农业生产和农村经济发展的资金缺口很大，农民从金融机构得到贷款的难度很大。农村资金外流，根本上导源于资金回流农村的金融体制不顺，渠道不畅，机制不活，农村信用机制不完善。具体讲，农村资金外流的主要成因有以下几个：

一是商业银行改革梗阻了资金进入农村的金融传导机制。国有银行的商业化改革，强调资金安全和监管是非常必要的，但在实践中对金融风险的防范变成了简单的撤并机构和"信贷权力上收"，银行在基层的营业机构大大减少，基层银行缺乏必要的放贷权，这在很大程度上阻抑了资金进入农村的通道。20世纪90年代初以来，作为农村金融服务供给主体的中国农业银行，就大量撤并设置在乡镇及其乡镇以下的分支机构，机构设置上表现出明显的城市化倾向，其他国有商业银行从农村撤出的倾向更为明显。目前，国有商业银行都实行集中制、集权制的信贷管理体制，主要信贷审批权限集中到一、二级分行，工行、农行对县级机构实行授权、授信制度，其他商业银行基本上把信贷审批权全部上收。在实际工作中，县级行一般只享有严格规模限制内的消费性信贷、存单抵押贷款等审批权力，并实行"贷款第一责任人""贷款终身责任制"等制度，信贷监管强调"两个100%"（贷款手续的合规合法性和利息收回100%）和"两个98%"（本金收回和商业承兑汇票到期资金收回率98%），信贷员患上了"贷款恐惧症"，致使基层行能不放贷就不放贷，基层行的存差资金主要用于上存上级银行获取利差收入。于是，各地普遍出现了"慎贷""惜贷"现象，县域金融萎缩，基层行对农村经济的信贷支持功能退化，逐渐变为上级行的超级"储蓄所"和农村资金的"抽水机"。

二是农村信用社与农民的关系不顺制约了资金顺利进入农村。农村信用社本来是农民的合作经济组织，承担着为农民提供金融服务的主要职责，但由于各种原因，信用社在体制上出现了"异化"，基本上成了准官办的金融机构，失去了与农民的合作关系，失去了合作金融的内核。在农民眼里，信用社与商业银行没有什么区别，从商业银行贷不到的款在信用社同样也贷不到。另一方面，尽管在业务分工上信用社主要是面向农村经济和农民，但国家金融监管机构对农村信用社的监管使用着与商业银行同样的规则，农村信用社是按照与商业银行相同的模式和方法从事金融运转业务，国家对农村信用社也没有特殊的优惠扶持政策。为了生存和提高竞争力，信用社往往把贷款业务重点放在效益好和风险小的非农业项目上，对农业和农民的服务只限于少数经营大户和黄金客户，广大农户的贷款需求则很少考虑。另一方面，农村信用社精简合并工作的力度也不小，精简机构和人员，减轻了农村信用社的运营包袱，降低了经营成本，但也削弱了为农业、农村和农民服务的力量。

三是邮政储蓄缺乏资金回流农村的通道。邮政储蓄"只存不贷"，收储资金全部上交人民银行，形成了农村资金"只出不进"的单向流动。在现行政策下，人民银行为农村信用社提供一部分支农再贷款，作为对农村信用社的资金支持。从资金流量上认识，这种再贷款可以看作是农村邮政储蓄的转化。但是，再贷款的额度较小，远远不能弥补从邮政储蓄流出的农村资金量。

四是农户经营规模小、分散，贷款成本高、风险大，也制约着信贷资金向农村流动。农户的经营规模普遍偏小，经济总量很小，农村点多、面广、战线长，经营十分分散，农户单笔贷款的额度也小，贷款费用相对于工商企业和经营大户来讲要大得多，这增加了面向农村的金融经营成本，从而制约了信贷资金顺利流入农村。

第三节　我国农业生产要素流转的效果评价

农业生产要素的流转，是推动经济结构转换和经济发展水平提高的基本要素。因此，农业生产要素的流转，对农业和整个经济发展都具有积极作用。然而，这并不意味着农业生产要素的流转就一定能够形成正面效果。如果流转不当，农业生产要素的流转同样会对经济发展造成不良影响。本节将在上一节实证分析结果的基础上，对我国农业生产要素流转的效果进行评价，在此基础上辨析我国农业生产要素流转存在的基本问题。

一、农业生产要素流转形成的积极作用

农业生产要素流转，对推动我国农业结构、农村经济结构和整个国民经济结构的变革和经济发展水平的提高都产生了非常重要的作用。

（一）劳动要素流转形成的积极作用

在我国农业生产要素流转所形成的积极作用中，劳动要素流转的积极作用是最为显著的。农业劳动力的非农化流转促进了农村产业结构变革，增加了农民收入，启动了农村工

业化过程，带动了农村城镇化进程，促进了农村经济和整个国民经济的快速发展。

第一，农业劳动力的非农化流转，为乡镇企业提供了充足的人力资源，使乡镇企业得以在劳动密集的方式下展开并完成资本原始积累过程，并在此基础上不断发展。

乡镇企业的异军突起，是我国20世纪80年代农村发展的一个重大事件，此点已被国内外广泛公认。而乡镇企业从业人员，基本上全部是非农化了的农民。所以，如果没有农业劳动力向农村非农产业的流转，就不会有乡镇企业的发展。没有乡镇企业的发展，就不会有我国农村经济的今天。乡镇企业发展的更深层意义还在于启动了农村的工业化过程和带动了农村的城镇化进程。

第二，农业劳动力的非农化流转，改变了农村的就业结构，改变了整个国民经济的就业结构，进而带动了产业结构的变革和优化。

第三，农业劳动力的非农化流转，还是增加农民收入、改变农民观念的一个重要力量。

另外，农业劳动力非农化流转，还促进了城市就业制度的改革，这对优化劳动力的资源配置、实现城乡劳动力市场一体化起到了积极作用。

（二）土地要素流转形成的积极作用

土地要素流转形成的积极作用，主要表现在土地要素的流转所引起的农业生产结构的变革和优化上。由于农业生产是一种以土地为基本生产要素的经济活动，农业生产结构变革和优化的基础就是土地要素在农业内部流转所引起的农地使用结构的变化。我国农业土地尤其是耕地流转引起的使用结构的变化，对带动农业生产结构的调整和优化产生了重要的作用。我国耕地在农业内部流转的基本态势是循着非粮食生产的方向，即耕地由粮食生产向非粮食生产流转，这就为经济作物、蔬菜和瓜果等高价值的农业生产的发展提供了空间。高价值农作物生产的发展，使从价值角度衡量的种植业结构发生了比播种面积结构更为显著的变化。

耕地的非农化流转，在为工业化和城市化提供空间基础方面发挥的作用是巨大的。同时，耕地的非农化流转，也进一步提高了耕地资源的稀缺程度。而耕地稀缺程度的提高，又进一步推动了耕地有效利用率的提高，这主要表现在耕地复种指数的不断增大上。

（三）资本要素流转的积极作用

首先，农业资本要素在农业内部的流转，成为推动农业整体结构调整和优化的一个重要力量。我国农业资本在农业内部的流转呈现出非种植业化态势，即资金由种植业生产向非种植业生产流转。这种流转的结果，是扩大了畜牧业、渔业和林业的生产，提升了这些非种植业生产在农业中的地位，这种作用具体表现在农业产值结构的变化上。畜牧业和渔业份额的上升，又进一步推动了市场上农产品供应的丰富和居民生活水平的提高。

其次，农业资本要素的非农化流转，为国家工业化提供了大量资金，推动了国家工业化的快速发展。如前所述，在我国工业化起步和推进过程中，国家采取各种方式，主要是

"剪刀差"方式，从农业中获取了数量相当可观的资金，从而基本保证了工业化扩展对资本积累需要。一定意义上说，几十年来我国工业化建设的投资资金主要是由农业资本的非农化流转而来的，农业资本的非农化流转成为工业部门的重要资本推动和保证。农业资本向工业化过程无偿流转，使我国的工业部门实现了高速度增长。如果没有农业所提供的资金作保证，工业部门的高速度增长是不可能的。建立在农业资本非农化流转的基础上的工业部门的快速增长，使我国在短短几十年内就建立起了比较完整的现代工业体系，拥有了独立保卫国家的能力，人民生活有了很大的改善，有效地摆脱了工业化起步时有可能形成的"贫困恶性循环"和"低水平均衡陷阱"。总之，如果没有农业资本的非农化流转，我国工业化的成功启动和推进是完全不可能的，这是我国农业资本非农化流转的非常积极且重要的作用。

二、农业生产要素流转的问题辨析

我国农业生产要素的流转，在对促进农业发展、农村经济发展、农村城镇化和整个国民经济发展所产生的积极和深刻作用的同时，也存在着一些不合理的层面。这些层面的存在，给我国农业的健康顺利发展带来了一定负面影响。

（一）耕地要素流转的问题辨析

我国耕地要素流转中的问题集中存在于耕地的非农化流转方面。耕地非农化流转中存在的不合理问题主要有两个：一是非农化流转速度过快，超过了我国资源结构所能承受的程度。我国的耕地资源本来就先天不足，人均占有量明显低于世界平均水平，耕地的大量流转，使人均占有量更少，人地矛盾更加突出，不少地区人均占有量已低于联合国规定的警戒水平。而且耕地的减少不仅是一个数量概念，还具有质量含义，因为被工业化、城市化所占用的耕地大部分是生产能力高、地理位置好的良田。在我国农业的综合生产能力中，耕地是最重要的部分。耕地的大量非农化流转，对我国农业尤其是粮食的增产潜力以及粮食的供给能力都将形成不利影响。

耕地非农化流转存在的第二个问题是，利用程度低，浪费严重，有的甚至是乱占滥用。如在第一节的理论分析中所析，随着经济的发展，耕地流转而形成的工业化和城市化是社会的进步。然而，在我国非农化的耕地中，有相当一部分并不是由经济发展规律所决定的，而是乱占滥用。《土地管理法》颁布实施后，耕地锐减趋势一度得到控制，但后来又重新回升。一些地方、单位从地方利益出发，越权超量批地，乱占滥用耕地。一些所谓"开发区"，仅仅是把大片耕地圈起来，圈而不开，使耕地资源严重浪费。

在耕地的非农化流转中，一些脱离经济发展水平和国情的高消费项目对耕地的占用是很严重的，在此方面建高尔夫球场就是典型。据国家土地管理部门统计，我国已建成近百个高尔夫球场，占用了大量耕地。显而易见，在目前经济水平下，大量兴建高尔夫球场这样的大量占有耕地的高消费项目，是脱离我国国情的。

（二）资本要素流转的问题辨析

我国农业资本要素非农化流转存在的主要问题，一是流转的数量过大，二是持续时间过长。由于农业资本长期非农化大量流转，对农业和农民自身的发展带来了不利影响。

首先是农业的自身积累水平很低，扩大再生产的能力十分脆弱，缺乏发展后劲，抵御自然灾害的能力有限，基本上仍然处于靠天吃饭的状态。

其次是农民收入水平较低，增长缓慢，城乡居民收入水平仍存在着很大的差距，且差距近年来不断拉大。

再次是国家在从农业中获取资本积累的同时，把农民排斥在工业化和城镇化的过程及福利之外，严格的户籍制度使农民无法进行身份转换，这不仅使农民无法分享工业化和城镇化的好处，如农民与工作安排、公费医疗、劳保福利、住房分配等城市人所享有的消费特权无缘，而且把农民大量滞留在农村，使农业就业份额下降缓慢严重滞后于农业产值份额的下降，强化了既有的二元结构。世界银行的一项研究结论表明，由于发展中国家人口增长加快，劳动力剩余现象普遍存在，农业劳动力份额下降速度与农业产值份额相比有一个时滞。通常当农业与工业各自占国内生产总值的比重在达到相等以后，人均 GDP 大约再提高 1 倍多时，农业与工业各自占总劳动力的比重也达到相等。剩余劳动力滞留在农业和农村，是我国工业化在汲取农业资金的同时留给农业的一个结构性矛盾，这个矛盾已演化成我国经济发展的总体性矛盾，它在我国未来的经济发展中仍会凸现制约性作用。可以说，在我国今后经济的现代化过程中，所要解决的矛盾主要就是这个矛盾。

（三）劳动力要素流转的问题辨析

我国农业劳动力非农化流转存在的问题主要有三个：

第一，"离土不离乡、进厂不进城"模式，直接导致了乡镇企业布局的分散化和农村城市化的滞后。上一节的分析表明，我国农业劳动力非农化流转的主要模式是"离土不离乡、进厂不进城"。这种模式的存在虽具有某种程度的客观性，但它所产生的负面效应已日益凸现出来。首先，这种模式直接导致了乡镇企业布局的分散化，而分散化的乡镇企业布局不仅对乡镇企业进一步发展不利，而且还付出浪费土地、污染环境等社会代价。其次，这种模式延缓了农村人口城市化的历史进程，使我国的城市化严重滞后于农业劳动力非农化。

第二，务农劳动力素质弱化。农业劳动力非农化流转，一般都是"精英"率先流转，这是一个规律。因此，如果在农业劳动力大规模流转时期，不通过人力资本投资对务农劳动力进行智力输入，则农业劳动力素质就会出现下降。

第三，"民工潮"对社会秩序形成了一定冲击。"民工潮"是我国农业劳动力大规模流转的写照。"民工潮"的形成，除了就业机会与劳动力供给之间巨大的缺口、交通运输能力不足、地区间经济发展水平的明显差异等因素外，也反映了对农业劳动力跨区域流转缺乏有效的宏观指导和调控，同时也反映了一些如户籍制度的不适应性等。尽管"民工潮"的出现具有一定程度的必然性，但它对社会秩序的冲击所形成的负面影响则是不可忽视的。

第四节　我国农业生产要素流转的实现机制

农业生产要素的流转，是在一系列因素的促动和作用下实现的，这些因素发生作用的内在机理，就是农业生产要素流转的实现机制。农业生产要素流转过程的顺利进行，需要完善的实现机制作保证。因此，分析我国农业生产要素流转的实现机制，有助于深化对我国农业生产要素流转的态势及问题的认识，也有助于对我国农业生产要素流转对策选择的设计。

一、农业生产要素流转的一般实现机制：收入差原理

尽管影响农业生产要素流转的因素很多，但从理论上讲，这些因素中最核心的是要素的收入，因为任何要素就业的目的都是为了获得收入，收入最大化是要素就业选择和调整的基本法则。这样，收入的差距就会促动生产要素由低收入的就业领域向高收入的就业领域流转。只要存在着收入差距，就会形成要素的流转。这一原理被称为生产要素流转的"收入差原理"。无论是劳动要素、土地要素还是资本要素，都无不受这一原理所支配，只不过在劳动要素上的表现更为直接和明显而已。在实现经济运行中，土地要素和资本要素是作为物而存在的，它们本身无法实现自我流转，只有在人的能动作用下，土地要素和资本要素才可能流转，土地要素和资本要素的流转都是人的意志的体现，即在人的支配下实现由低收入就业领域向高收入就业领域的流转。所以，劳动要素在收入差原理作用下的流转行为，就集中代表了所有要素的流转行为。

经济学对促动生产要素流转的收入差原理的研究，最初使用的是实际收入概念。在经济学说史上，早期的"配第定理"和"克拉克规律"，以及后来的"刘易斯—费景汉—拉尼斯模式"等，都是从实际收入意义上分析农业劳动力流转的实现的。20世纪60年代末，美国经济学家托达罗提出了"预期收入"概念，从而发展了收入差原理，形成了"托达罗模式"，该模式的出发点是，农业劳动力由农村向城市转移的决策是根据"预期收入"最大化目标做出的。这种决策有两个根据：第一是城乡实际收入差异，第二是城市就业机会或就业概率。城市收入水平与就业概率的乘积，就是农业劳动力流转的预期收入。托达罗认为，一个农业劳动者决定他是否流转于城市的决策，不仅决定于城乡实际收入差异，而且决定于城市就业概率。当城市失业率很高即就业概率很小时，即使城乡收入差异很大，一个农业劳动者也不会简单地做出迁入城市的决定，他还必须考虑就业因素。只有当在城市获得的预期收入高于从事农作的实际收入时，迁入城市的决策才是合理的。因此，决定农业劳动力由农村向城市流转或由农业向非农产业流转的机制是"预期收入差"。

预期收入差的定义式为：

$$D = W \cdot N - R$$

上式中，W 代表城市或非农产业的实际工资率，N 代表城市或非农产业的就业概率，R 代表农作的平均实际收入，D 代表预期收入差。可见，D 越大，推动农业劳动力非农化流转的动力越强，非农化流转的农业劳动力就越多。农业劳动力非农化流转的数量（M）是预期收入差（D）的增函数，即

$$D = W \cdot N - R$$

在任何时期内，流转者在城市找到工作的概率由两个因素决定：非农产业部门新创造的就业机会的数量和现有失业人数。就业概率 N 与前一个因素成正比，与后一个因素成反比，即

$$M = f(D)(f' > 0)$$

上式中，λ 代表非农产业部门新就业机会的创造率，T 代表城市就业总量，S 代表城市劳动力总量。所以 S 与 T 之差就是城市的失业总量，λ 与 T 之积就是城市新创造的就业机会数量。

非农产业部门就业机会的创造率等于产出增长率（R）与劳动生产率（P）之差，即

$$\lambda = R - P$$

二、我国农业生产要素流转的具体实现机制

我国农业生产要素流转的实现，从根本上说，也是收入差原理作用的结果。如果非农产业和农业之间不存在收入差异，则不会出现农业生产要素尤其是劳动力大规模的流转。但是，我国农业生产要素流转的实现也有自身的特点，这些特点集中体现在宏观经济体制和政策对农业生产要素流转实现的作用上。

从我国农业劳动力流转来看，具体的促进农业劳动力大规模流转的实现机制，除了"收入差"拉动外，还有以下几个主要方面：

第一，农民独立商品生产者地位的确立，从根本上启动了农业劳动力流转。1979 年以前，我国农民是生产者，但不是一个独立商品生产者和经营者，农民没有自主权来调整劳动力要素配置，这是农业劳动力流转长期凝固的一个重要原因。1979 年以来，以家庭联产承包责任制为核心的农村经济改革，赋予了农民的经营自主权，使农民逐渐成为独立的商品生产者和经营者。尽管农民实际获得的经营自主权还是不完备的，但农民已经能够充分地支配自己的劳动时间，调整和优化自己的劳动要素配置，这就使农民为了实现收入最大化目标而根据市场条件变化将其剩余劳动力配置于非农产业活动成为可能和必然，从而为农业劳动力流转提供了根本基础。

第二，政策上容许农民自由流动、自主择业，是农业劳动力流转的重要推动力。1979年以来，国家逐渐放弃了限制农民向外转移的一些政策措施，制定了允许农民自由流动的

政策。鼓励农民到农村非农产业就业；容许农村人口自理口粮进入小城市就业、落户、办企业；容许农民跨区域流动和就业；容许农民有控制地进入大中城市寻找工作和就业；农村人口转为城镇人口的审批较过去放宽；劳动部门不仅管理城市劳动力，也注意农村的就业和农村劳动力的流转，尤其是城乡之间的流转；劳动力市场逐渐增多并日益成长；为农民进入城市择业提供就业培训、就业指导和有关信息服务；用法律手段保护农民工尤其在"三资"企业和私人企业就业的农民工的合法权益，这些政策消除了农民流转尤其是向城镇流转和跨区域流转的壁垒，成为农业劳动力大规模流转的重要推动。

第三，乡镇企业大发展，是拉动农业劳动力流转的重要力量。1979年以来，我国乡镇企业异军突起，农村非农产业的大发展为农业劳动力流转做出了重要贡献。乡镇企业共吸纳农业劳动力1亿多人，平均每年近600万人，占农业劳动力转移总量的80%以上。目前乡镇企业职工已超过1.3亿人，占农村劳动力总数的30%左右，相当于全国国有经济单位职工总数的110%；农村社会总产值的42%、全国出口交货值的47%、国家税收的25%来源于乡镇企业。乡镇企业已经成为我国经济的增长点。很明显，没有乡镇企业的大发展，就不会有农业劳动力的大规模流转。当然，1979年以来乡镇企业的飞速发展，与政府的鼓励和支持政策是分不开的。

第四，城市食品供应制度的完全货币化和市场化，为农业劳动力流转提供了极大的便利。农业劳动力的跨区域流转尤其是向城市流转，首先是解决吃饭问题。在传统经济体制下，城市人口食品供应制度的非货币化和非市场化，是制约农业劳动力流转的基本因素。1979年以来，随着经济体制改革的不断深入，我国城市人口的食品供应制度逐渐走向货币化和市场化，以至于最终彻底放弃与户籍制度相联系的供应制度，完全走向货币化和市场化，农民跨区域流动后在异地的生存问题得到了解决。不可否认，这为农业劳动力的流转尤其是跨区域大规模流转提供了便利条件。

第五，农业增长使农产品供给短缺状况得到了有效缓解，是农业劳动力大规模流转的基础。农业劳动力流转受制于农业发展状况，这是农业劳动力流转的国际经验。我国的实践也表明，农业状况较差时期，农业劳动力流转的环境就紧缩；农业状况较好时期，农业劳动力流转的环境就宽松。1979以来，我国农业的持续增长，扭转了农产品长期供给短缺的局面，这为农业劳动力大规模流转提供了基础。

我国农业资本要素流转的实现表现出了更强的特殊性。资本要素在农业内部的流转，即由粮食生产流转于非粮食生产，由种植业生产流转于养殖业生产等，完全遵循了收入差原理。而资本要素的非农化流转，则主要是在国家的价格政策下实现的。为了从农业中积累工业化发展的资金，在传统经济体制下，国家制定并实施了工农产品价格的"剪刀差"政策，由此实现了农业资金向工业化过程的大量流转。所以，价格政策是传统经济体制下我国农业资本非农化流转实现的主要机制。

第五节 农业生产要素流转的国际比较

农业生产要素流转是经济发展中的一个必然现象，也是经济发展的一个基本内容，任何国家都会遇到这个问题。但是，不同国家由于自然经济条件不同，农业生产要素流转就表现出了不同的特征及模式。美国和日本无论在农业资源结构方面还是在农业发展道路方面都具有典型特征，故以二者为例，对农业生产要素流转进行简要的国际比较。

一、美国的农业生产要素流转

美国的经济发展经历表明，农业生产要素流转是推动其农业现代化和整个经济结构变革的重要力量。

（一）美国的农业劳动力要素流转

在美国农业生产要素流转中，劳动力的非农化流转是最为活跃的，它奠定了美国现代经济的基础。

根据历史，自1790年英国纺织工人斯莱特在美国建立第一个棉纺织厂从而播下工业革命的火种以来，到19世纪20年代，美国开始进入工业迅速发展的阶段。随着机器大工业的发展和工厂制度的兴起，以及农业在技术方面的改进和农业劳动生产率水平的提高，美国逐渐启动了现代农业劳动力的流转进程。

1820～1850年这一时期，成为美国农业劳动力非农化流转的启动时期。在这一时期，美国总劳动力增长1.6倍，而非农业劳动力增长4.6倍，农业劳动力仅增长0.8倍，农业劳动力占总劳动力的份额由78.8%下降到54.8%，平均每年递减1.2%。

1850～1880年时期，美国农业劳动力流转的特征是区位大迁移。进入19世纪中叶，美国西部发现了金、银矿，政府又通过《宅地法》鼓励人口西移，加之横贯东西的铁路大动脉所提供的便利，农业劳动力流转呈现出了西进浪潮。所以1850～1880年时期，美国农业劳动力流转的特征是区位大迁移，即由东部流转到西部。在这一流转中，多数劳动者没有改变职业，不仅如此，许多流转于西部的东部非农业人口也加入了西部的农业开发行列。因此，从总体上讲，这一时期，美国农业劳动力非农化流转速度减缓，总劳动力增长1倍多，农业劳动力增长超过0.5倍，农业劳动力占总劳动力的份额仅由1850年的55%减少到1880年的51%，平均每年递减0.2%。

从1880年开始，美国农业劳动力非农化流转进入快速阶段，这种快速流转的势头一直持续到20世纪60年代末，长达90年，农业劳动力份额由1880年的51%下降到1970年的5%以下，这标志着美国农业劳动力非农化流转过程已经完成。在此期间，美国于1910年达到了农业就业的"转向点"。20世纪70年代以后，美国农业劳动力非农化流转缓慢，农业就业份额和就业总量都趋于稳定，这是完成了农业劳动力的非农化流转过程后的典型表现。

美国农业劳动力流转的整个过程，具有五个明显特点：第一，农业劳动力流转完全是在市场机制的作用下推进和完成的。第二，农业劳动力流转与整个经济发展保持了较好的适应关系。第三，农业劳动力流转与农业发展保持了较好的适应关系，农业劳动力非农化流转并未对农业本身的发展带来负面冲击，农业在农业劳动力非农化流转过程中始终发挥了重要作用。第四，服务产业的发展在吸纳农业部门所释放的剩余劳动力方面发挥了积极作用。第五，农业劳动力非农化与城市化保持了较好的协调关系。可以看出，美国农业劳动力非农化流转走的完全是一条城市化的道路，即农业劳动力向非农产业的流转，在地域上完全表现为由农村向城镇的区位转移。

（二）美国的农业资本要素流转

美国农业资本要素的非农化流转大约持续到 19 世纪的末期，所采用的模式主要是"米勒—马歇尔模式"（Miller Marshallian Model）。这一模式的实质是：在市场取向和完全竞争的体制下，商业化家庭农场，为了使自己不至于丧失在实际单位平均成本不断下降中的地位，总是追寻并采用最好的生产技术，从而在不断的技术进步中，家庭农场就在较低的价格水平下，为非农业部门提供了不断增加的充足的食物和原料，即通过竞争给予（持续的农业技术进步）和竞争索取（较低的农产品价格），实现了农业资本向非农产业的流动。相当完全竞争的市场体制、商品化家庭农场和不断进步的农业技术，是这一模式存在并得到发挥作用的基础。

实践证明，美国所采取的这种模式是一种非常积极的模式，它是先给农业以增加生产的制度基础、技术基础和追求利润的动力，然后在农业生产运行状态良好的基础上，积极主动地为工业化提供资金积累，而不是在农业生产发展缓慢甚至停滞的状态下，通过硬性"挤压"使农业消极被动地提供资金积累。因此其结果，不仅保证了工业化的高速发展，农业本身也得到了不断改造，从而实现了工业化和农业发展的共同繁荣，这是美国农业资本非农化流转的最根本特征和成功之处。

农业为工业化提供资金积累的使命完成后，美国政府适时进行了农业政策的调整和转换。从 19 世纪末开始，政府加强了对铁路部门的管理，使铁路部门对农场主的货运收费合理化；给农业提供较低利率的贷款；鼓励更有效的经营农产品购销商业等。这些措施使市场发生了有利于农业的变化，农业品价格比工业品价格出现了更快的上升，从而使农业顺利步入了与工业平等发展的阶段。到 20 世纪 30 年代初期，又适时对农业实施了以资金大规模回流于农业为特征的保护政策。

（三）美国的农业土地要素流转

美国农业土地要素非农化流转的规模也是很大的，每年大约有 1800 万亩耕地被非农业经济活动占用，但美国的土地资源相对丰富，农业用地的大量非农化流转并未对美国农业发展带来不利影响，相反还极大地促进了非农产业经济的快速发展。

美国农业土地要素非农化流转的特征是"集中型"非农化，即非农产业活动在区位上高度集中，如从波士顿到华盛顿的大约550公里长的地带内，形成了一个世界上最庞大的城市连绵区，许多大城市连成一片。这种"集中型"的非农化模式，是节约土地、提高土地利用率的有效方式。

二、日本的农业生产要素流转

农业生产要素的流转，同样是日本农业现代化和经济结构变革的重要推动力量。

（一）日本的农业劳动力要素流转

日本农业生产要素的流转是以农业劳动力非农化流转为主体的。根据日本经济学家的观点，日本工业化从19世纪80年代中期开始启动，日本现代农业劳动力流转过程也就随着工业化的启动而启动。当时农业劳动力在日本总劳动力所占的份额在76%以上，从1880年代中期到1920年，日本经历了农业劳动力非农化流转的第一个快速期，农业劳动力份额下降到54%，下降了20多个百分点。在随后的时期，由于非农就业机会增长的减缓和战争的影响，日本农业劳动力非农化流转步入了一个相对停滞的阶段，1947年的农业劳动力份额几乎与1920年相同。进入20世纪50年代以来，随着日本经济高速增长阶段的到来，农业劳动力非农化流转进入了速度最快的时期。1950～1980年，日本农业劳动力的绝对量减少了2/3左右，其份额下降了37%，平均每年的流转量都超过了60万人，到1980年，农业劳动力份额已下降到10.4%。这一时期，日本完成了农业劳动力的非农化流转中农业劳动力份额由50%左右下降到10%左右的关键过程。也就是说，日本仅用了30年时间，就完成了农业劳动力的非农化的关键过程，这大大短于美国、法国等发达国家。如实现农业劳动力份额由50%下降到10%左右所经历的时间，美国为80年（1880～1960年），法国为120年（1855～1975年），加拿大为95年（1870～1965年），德国为85年（1880～1965年），丹麦为95年（1875～1970年）。战后日本农业劳动力快速非农化的主要原因是非农产业快速发展的推动，在此方面，较高的储蓄和投资水平以及中小企业的大量存在发挥了关键作用。

日本农业劳动力在快速非农化的同时，也暴露出了一些问题：

一是农业劳动力的非农化流转与农地经营的集中不一致，农业劳动力的快速大量非农化并未引起农地的有效集中和农场经营规模的扩大。1955～1985年，日本农业劳动力人数减少了65%，而农场的平均规模只扩大了23%，由1公顷增加到1.22公顷。农地集中的缓慢，导致了日本小规模土地经营格局的凝固化。虽然日本农业在小规模土地经营基础上也实现了较高程度的现代化，但日本为此付出的代价是很大的。农地集中缓慢的原因，除了与人均土地资源较少有关外，主要是日本政府的政策法律导向的偏差。1952年日本颁布的农地法案规定，每个农户所拥有的土地不得超过3公顷（北海道为12公顷），这就抑制了土地所有权的流转和集中，虽然进入 20 世纪 60 年代后，日本在 1962 年对农地法进行了修改，废除土地所有最高限额的规定，但由于经济快速发展已使土地价格猛涨，土地所有权的转移和集中仍很缓慢。

二是农业劳动力非农化流转的兼业性质。1960～1985 年，日本以从事非农业活动为主的劳动力在农业劳动力中所占的比重由 17.7% 提高到了 45.3%，兼业农户由 65.7% 增加到 85.6%，其中第一类兼业农户由 33.7% 减少到 17.8%，而第二类兼业农户则由 32% 增加到 67.8%，农户的高兼业性使日本成为世界上农民兼业化程度最高的国家。农户的兼业化发展虽然对改善农户的收入结构和提高农户的收入水平产生了积极作用，但从宏观上讲，高兼业性对农业结构改造和生产能力的提高是不利的。

三是务农劳动力素质的弱化。与农业劳动力快速大量非农化相伴生的一个现象是日本留在农业中经营农业的劳动力的素质弱化，集中表现是务农劳动力老龄化，农业后继乏人。日本基本农业从业者中，年龄在 60 岁以上的比例 1965 年为 18.9%，1975 年为 24.3%，1985 年为 36.5%，1995 年为 52.4%，即目前日本的基本农业从业者中，已有多于一半的人年龄超过了 60 岁，后继乏人已成为日本农业发展的一个严重问题。

（二）日本的农业资本要素流转

在日本工业化的资本积累过程中，农业资本要素的非农化流转也做出了很大贡献。

日本农业资本非农化流转的基本模式是"贸易条件改善—高税收模式"，即高农产品价格与高农业税收相结合。在日本工业化资本积累过程中，农业赋税起了重要作用。据统计，1888～1902 年间，日本从农业中获得的税收要占到全部非农业投资的 60% 左右。从农业贸易条件看，1880～1910 年间，农业贸易条件上升了 6.2%，纵观 1880～1980 年的百年历史，日本农业的贸易条件一直处于不断改善的趋势中。从理论上讲，高价格与高税收相配合的内在意义是：一方面，高农产品价格会刺激农民采取新技术，增加农业剩余生产，提高农业的供给能力；另一方面，高农业赋税又保证了将部分农业剩余有效地转移到非农业部门，以用作工业化的资本积累。与此同时，以土地税为形式的农业税收制度还会迫使农民集约性地使用土地以提高土地生产率。由此可见，高价格是农业生产剩余不断增长的基础，高税收是工业化从农业中转移资本的基础，两个基础共同配合，即形成了农业增长与工业化顺利发展、农业与工业化相辅相成的局面。

三、农业生产要素流转国际比较的基本结论

通过上述对美国和日本这两个典型国家农业生产要素流转的分析和比较，可以得出如下结论：

第一，农业生产要素的流转是推进农业现代化和经济结构转换的重要力量。农业生产要素流转的过程受阻，整个经济发展就会受到抑制。

第二，农业劳动力要素的非农化流转是农业生产要素的流转中最活跃部分，农业劳动

力要素的非农化流转过程的完成，标志着现代经济的确立和经济现代化的实现。

第三，农业劳动力要素的非农化流转，应该与人口城市化的推进和农地集中与农业经营规模扩大的推进相一致。

第四，农业土地要素的非农化流转，应该采取集中化模式，这有利于土地使用率的提高。

第五，农业资本要素的非农化流转，要与经济发展的阶段性相一致，随着经济发展阶段的变化，要适时调整农业资本要素非农化的宏观政策。

第六节　优化我国农业生产要素流转的对策选择

根据农业生产要素流转的理论规律，参考国际经验，结合我国农业生产要素流转存在的基本问题，我们提出优化我国农业生产要素流转的若干对策建议。

一、实现我国农业生产要素流转有效性的标准

农业生产要素流转的有效性，是指农业生产要素流转对农业发展和国民经济发展的有效性。农业生产要素流转有效性的基本标准，是设计优化我国农业生产要素流转对策建议的依据。

从单层面看，我们提出农业生产要素流转有效性的五个标准：

第一，农业剩余劳动尽快非农化。即农业剩余劳动不应该长期滞留在农业内部。剩余劳动力在农业内部的长期滞留，对农业发展和整个国民经济发展都是不利的。

第二，农业劳动力非农化与农村人口城市化要协同推进。即农业劳动力的非农化流转要采取集中型模式。这种模式的特征是，非农产业在一定区位集中，大多数农业劳动力必须经过跨地域流转才能实现非农化。非农产业的地域集中，就是城镇化的推进。城镇化严重滞后于农业劳动力的非农化，会形成不利于整个国民经济发展的结构性矛盾。

第三，农业土地的非农化在模式上要与农业劳动力的非农化相协调。即农业土地的非农化流转也要实行集中型模式，以在地域上为农业劳动力的集中非农化提供作业空间。农地非农化集中的区位，应充分考虑到交通、地理、资源及人文等方面的因素。

第四，农业土地的非农化在规模上要与农业生产能力相适应。即农业土地的非农化流转在速度上不能过快，在数量上不能过多。不能因为农业土地的非农化而影响农产品的供给能力和农业的发展。

第五，农业资本的非农化要与农业发展相适应。即农业资本非农化不能以严重牺牲农业为代价，不能影响农业本身的发展。

从要素配合层面，我们提出农业生产要素流转有效性的两个标准：

第一，各种农业生产要素非农化相互之间要保持协调。任何要素非农化的单独推进，

都不能完成农业生产要素非农化的全部使命。所以，农业生产诸要素非农化必须协调。协调的含义是，农业劳动力的非农化、农业土地的非农化和农业资本的非农化在数量上和速度上，相互保持一定的比例关系。

第二，农业生产三要素非农化和产业发展保持协调。农业生产发展三要素协调非农化，是实现产业协调发展的必走途径；而农业生产三要素协调非农化，又要通过产业协调发展表现出来。这种协调包括农业生产三要素非农化与农业发展的协调和农业生产三要素非农化与产业演进顺利进行的协调。

二、我国农业生产要素流转优化的基本取向

优化我国农业生产要素的流转，应该坚持四个基本取向：

第一，要提高农业生产要素流转的质量和效率，使农业生产要素的流转在我国农业和整个经济发展中发挥更大作用。

第二，要加快我国农业劳动力要素非农化流转的速度，农业劳动力要素的非农化流转要与城镇化推进相协调，农地集中和农业经营规模扩大也要与农业劳动力非农化保持一定程度的协调。

第三，要严格控制我国农业用地尤其是耕地的非农化流转，农地非农化流转要采取"集中型"模式，尽可能减少土地浪费，提高土地利用率。

第四，要根据我国宏观经济特征的变化，适时调整农业资本非农化政策，避免农业资本非农化流转时间过长，实现农业发展与工业化推进的协调。

三、优化我国农业生产要素流转的对策选择

主要从三个方面来探讨优化我国农业生产要素流转的对策选择。

（一）优化农业劳动力要素流转的对策选择

我国农业劳动力与人口城镇化和农业产值份额下降的结构性变化不相一致，农业就业份额下降严重滞后于农业产值份额的下降，人口城镇化又严重滞后于农业劳动力非农化，由此形成的结构性偏差严重制约着我国经济的健康发展。即使是农业劳动力非农化流转本身，其与农业就业份额下降至10%仍相差40个百分点，这说明我国农业劳动力非农化流转的差距还很大，任务相当艰巨。因此，通过加快农业劳动力的非农化流转，调整结构性偏差，是目前和今后一段时间我国经济发展的一个重要问题。因此，必须高度重视农业剩余劳动力的非农化流转问题，加快农业劳动力的非农化流转。在加快我国农业劳动力非农化流转的基本取向下，优化我国农业劳动力要素非农化流转的基本对策是：

1. 把农业劳动力流转纳入整个社会经济发展的大系统

首先要在经济发展的指导思想上，充分认识农业劳动力非农化流转的重要性和必要

性。没有农业劳动力的非农化流转，就没有城乡二元结构转换所引起的社会就业结构的转换和城乡发展的统筹。而仅有产业结构的转换，是不能实现我国的现代化的。不仅如此，就业结构和产值结构的不协调所产生的特殊矛盾，还会成为我国现代化道路上的障碍。从结构份额上判断，我国农业劳动力流转水平与农业劳动力份额下降到10%之间还有一段较长的距离，因此，我国现代化要在城乡全面实现，将最终由农业劳动力的非农化流转程度决定。21世纪初期，将是我国社会经济结构变化最激烈、劳动力流转最活跃的时期，农业剩余劳动力的开发利用和就业转移问题也将变得更加突出，成为影响国民经济发展全局的重大战略问题。因此，必须在经济发展的指导思想上，高度重视农业劳动力非农化流转问题，清醒认识并充分估计解决这一问题难度。

其次，要把农业劳动力流转纳入国家与国民经济与社会发展计划和规划之中。今后的发展计划和规划，不能再把农业劳动力流转看作只是农民的事情、农村的事情，要把农业劳动力非农化流转作为影响国民经济与社会发展全局的大事，把农业劳动力非农化流转列为国家发展计划和规划的重要内容。

再次，要把农业劳动力流转纳入就业行政管理部门的统一管理之中。过去的就业行政管理部门，只管城市人口的就业，国家的就业计划只是城市就业计划，这种做法已不能适应农业劳动力非农化流转的需要，甚至有碍于农业劳动力的顺利流转，必须尽快彻底改变。就业行政管理部门，既要管理市民的就业，又要管理农民的就业，把城乡劳动力看作一个有机的整体，统一开发，统一利用，统一管理，形成一个有效的城乡统一的劳动力市场。

2. 积极推进以乡镇企业为主体的农村非农产业的发展

未来农村非农产业的发展状况，将在很大程度上决定着农业劳动力的流转和就业。因此，必须加快以乡镇企业为主体的农村非农产业的发展，积极推进农村非农产业发展水平的提高。

首先，国家应把支持乡镇企业发展作为一项基本政策稳定下来并长期坚持下去。在宏观政策上，应给予更多的指导和扶持，为乡镇企业创造一个公平竞争的制度环境和社会环境，减轻乡镇企业不合理负担；在产业政策上，应考虑将劳动密集型企业，尤其是农副产品加工业及部分城市工业的配套企业，适当向农村扩散，并采取一定的优惠政策，对农村的劳动密集型企业加以扶持；在区域政策上，应把中西部地区乡镇企业的发展作为扶持和支持的重点，一方面，已确定的中西部地区乡镇企业的发展的优惠政策要及时到位，另一方面，可以考虑建立旨在提高中西部地区乡镇企业融资能力的信用基金制度，并鼓励东部地区以要素捆绑的方式到中西部兴办产业，加强地区之间的产业扩散和经济协作，区域政策的另一个要点是要把乡镇企业发展与小城镇建设结合起来，通过小城镇建设实现乡镇企业的相对集中，通过乡镇企业的相对集中促进小城镇建设的发展；在管理政策上，应将目前乡镇企业的集中独家管理转变为行业管理，以有利于乡镇与城市产业发展的协调和融合。

其次，乡镇企业发展的技术选择，应把劳动密集型技术放在重要位置，以提高乡镇企业吸纳劳动力就业的能力。随着乡镇企业发展的升级，技术改造的重要性日益突显，不断进行技术改造是乡镇企业能保持其生命力的根本所在。然而，技术改造不等于就是一味追求资本密集型技术。如果不重视劳动密集型技术，就等于放弃了乡镇企业在农村的劳动力资源优势，这不仅不利于乡镇企业市场竞争能力的提高，而且背离了乡镇企业吸纳更多的农业剩余劳动力就业的历史使命。况且资本密集型技术不等于就是现代先进技术，劳动密集型技术也不等于就完全是传统落后技术。加入世界贸易组织后，劳动密集技术将是我国农业和农村经济竞争力的一个重要基点。总之，未来乡镇企业发展的技术选择，仍然应把吸纳农业劳动力就业功能作为一个基本的出发点。

再次，调整乡镇企业布局，把乡镇企业发展与小城镇建设有机地结合起来，实现乡镇企业布局的相对集中。测算表明，乡镇企业适当集中比分散布局在就业能力方面（包括连带效应）可扩张50%以上，而且还可以节约土地，能与城镇化推进并列起来。

第四，调整乡镇企业结构，加大第三产业发展的力度，通过第三产业发展带动乡镇企业吸纳就业能力的提高。第三产业的社会服务业是吸纳劳动力就业的重要领域。加快发展第三产业，不仅是乡镇企业的课题，而且是城市企业的任务，这一领域将为解决我国剩余劳动力就业问题提供广阔空间。乡镇企业布局相对集中，与小城镇建设结合起来后，可有望带动农村第三产业的发展。

第五，积极推进乡镇企业的制度创新。要在乡镇企业产权制度改革和要素制度培育方面有新的突破，通过促进要素自由流动和更大范围内合理配置和优化组合，为乡镇企业找到最大限度创造就业机会和最大限度推进技术进步两者的最佳结合点创造制度条件；淡化乡镇企业的社区属性；加强乡镇企业内部管理，提高乡镇企业的规范度和管理水平。

第六，高度重视中西部地区乡镇企业的发展。我国农业剩余劳动力的压力主要在中西部地区，中西部地区又具有自然矿产资源丰富、劳动力价格便宜、市场潜力广大等优势，因此，乡镇企业发展的重心应适当向中西部倾斜。这样做不仅有利于吸纳更多的农业劳动力就业，而且可以缓解农业劳动力跨区域流转的压力。与此同时，应鼓励东部沿海地区的乡镇企业以两头在外的方式更大规模地打入国际市场，以便为中西部乡镇企业的跟进腾出国内中低档产品的市场空间。

3. 调整农业劳动力要素流转模式

以就地流转、分散流转为特征的农业劳动力非农化流转的"离土不离乡、进厂不进城"的模式，如前所析，在土地利用、环境保护、乡镇企业发展，以及城市化推进等方面已经表现出了严重的负面效果。而且更为明确的是，主要依靠"离土不离乡、进厂不进城"的农村就地流转模式，已无法解决数以亿计的农业剩余劳动力的出路问题，无法完成农业劳动力非农化流转的过程。因此，必须对我国农业劳动力非农化流转的模式进行调整。

放弃"离土不离乡、进厂不进城"的就地分散流转模式，确立"离土又离乡、进厂又进城"的跨区域集中流转模式。可以说，如果在农业劳动力非农化流转的同时不能相应推进城镇化，那么即使农业剩余劳动力问题解决了，也会出现第二次劳动力流转过程，即劳动力及人口由农村向城市的流转，而第二次流转的社会成本以及对经济发展的延误将是无法估量的。

在政策上把农业劳动力的非农化流转与农村非农产业的集中布局发展、小城镇建设和城市化推进紧密结合起来，形成三者内在一致化的政策。

4. 加大城镇化推进力度

农业剩余劳动力流转将引起农村人口城镇化，这是一种历史的进步，期望把人口的大多数留在农村是不现实的。我国城镇化的潜力还很大，应通过发展城市产业，创造更多的就业机会，吸纳更多的剩余劳动力就业，彻底改变城镇化滞后于农业劳动力非农化和工业化的局面。

第一，在城市发展方针上，在继续实行"严格控制大城市发展，适度发展中等城市，积极发展小城镇"方针的同时，应随着城镇化的推进和改革深化做出必要的调整。县城以上城市在户籍管理、用工制度、子女入学、住房商品化、社会保险等方面，应有利于农民进入而不应限制农民进入，尽可能减少农民的进入成本。

第二，加快小城镇建设，把小城镇发展纳入国家社会经济发展总体规划。目前我国有小城镇 1.9 万个，20 世纪 80 年代以来，小城镇已累计吸收 3000 多万农村劳动力，占农村剩余劳动力转移总量的 30%。因此，小城镇是吸纳农业剩余劳动力的一个重要基地，同时也是乡镇企业规模经营的基地，今后应把小城镇的发展作为一项战略目标来抓，在小城镇体制、产业布局、户籍管理、土地使用、社会保险等方面制定相应政策，促进小城镇在吸纳农业剩余劳动力就业和城乡经济协调发展方面发挥更大作用。

第三，提高中等城市发展水平和质量，使中等城市在推进我国城市化进程方面发挥中坚作用。我国中等城市的数量较多，分布很广，但发展水平和质量不高，因而发展潜力很大。单从区位分布上比较均衡这一优势上看，中等城市在吸纳农业剩余劳动力就业、推进城市化进程、促进区域经济平衡发展等方面就具有重要地位和作用。因此，在城市化方针上，应逐渐提升发展中等城市的重要性，加大中等城市发展力度，通过中等城市发展水平和质量的提高，带动农业劳动力非农化和城市化的健康发展。

第四，城乡劳动力市场要一体化，不能因为城市出现失业和下岗现象就中断城乡劳动力市场的一体化进程。从根本上讲，保护城市就业市场、把城乡劳动力市场割裂开来的政策取向是与我国经济发展的长远目标相悖的，因而必须调整。事实上，进城打工的农村劳动力，与城市就业者分别处于不同的岗位层次上，并不会对城市劳动者的就业构成直接的竞争威胁。因此清退农民工，一方面并不会减轻国家整体的就业压力，另一方面还会因为农民收入下降而对市场需求产生不利影响，反过来会增加城市失业。此外，由于同样的岗位雇佣城市职工，企业要支付更多的工资，其结果会提高整体工资水平，降低我国经济的竞争能力。总之，试图限制农民进城以保护城市就业市场的政策取向是不可取的。我们应该积极推进城乡劳动力市场的一体化，通过城乡劳动力市场的一体化提高市场配置劳动资源的效率。

（二）优化农业土地要素流转的对策选择

我国农业土地流转政策优化的重点是，保护耕地，严格限制耕地的非农化流转；提高土地利用率，严格杜绝土地浪费现象。

第一，农用土地的非农化流转，要按照《土地管理法》规定的审批数量权限严格审批，杜绝越权批地和超量批地以及批少占多现象的发生，对土地尤其是耕地的保护一定要坚持法律的尊严，使法律手段成为调控农地非农化流转数量的主要工具。

第二，农用土地的非农化流转，要采取集中型模式。通过集中型流转，为非农产业的区位集中和小城镇发展提供基础，促动城市化的健康发展。

第三，农用土地的非农化流转，要严格限量。国家要加强对非农业建设用地数量的控制，可按下式计算非农业建设占用耕地的数量控制指标：

$$M = [M_1 + M_2 + M_3 - (M_4 + M_5)]/n$$

上式中，M 为全国每年非农业建设占用耕地数量的指标；n 为规划年限；M_1 为全国现有耕地面积；M_2 为规划期内垦荒面积；M_3 为其他途径增加的耕地面积；M_4 为全国必须确保的最低限度的耕地面积；M_5 为自然灾害因素损失的耕地面积。

全国必须确保的最低限度耕地面积由下式确定：

$$M_4 = [(F \times P + D)/A] + M_6$$

式中，F 为人均所需粮食（包括直接口粮和间接口粮），（公斤/人）；P 为规划人口数量（人）；A 为粮食单位面积产量（公斤/亩）；D 为规划期内非生活类用粮（工业原料、农业种子等）（公斤）；M_6 为规划期内确保的蔬菜和经济作物用地（亩）。

总的控制指标确定后，要按国家建设、乡镇企业及村民建房不同用途进行分解下达，实际非农化的数量不能突破控制目标。

第四，加强农业生产用地管理，制止耕地撂荒。耕地撂荒是一种变相浪费土地的现象，应该坚决制止。

（三）优化农业资本要素流转的对策选择

直到目前为止，我国农业仍然为工业化的发展提供资金积累，宏观经济政策的调整严重滞后。所以，优化我国农业资本流转政策选择的核心是，放弃继续从农业中汲取非农产业发展资本积累的政策，确立以农业资本零位净流出即资本从农业部门流出与资本流入农业部门动态平衡的宏观政策，使我国经济发展尽快转入农业与工业平等发展阶段。政策调整的持续滞后，将对我国农业的健康发展是极为不利的，而农业发展的受阻又必然会影响到整个经济的健康顺利发展。

　　总之，我们应该采取全方位的政策措施，并根据发展的变化对政策措施进行不断调整，以推动我国农业生产要素流转过程的顺利进行和完成，通过农业生产要素流转的顺利进行推动农村城镇化的顺利进行。

第九章　农村三大产业融合助力新型农村金融快速发展

第一节　当前金融支持农村三大产业融合发展的现状

一、当前金融支持农村三大产业融合发展的理论研究

目前，专门针对金融支持农村一二三产业融合发展的研究尚不多见，更多的是在农村一二三产业融合发展的综合性研究中对这一问题有所涉及。同时，一些学者聚焦于金融支持农业产业化经营、新型农业经营主体、小微企业等相关领域，研究了金融需求特点、金融发展环境、金融支持机制和模式创新等问题，为分析金融支持农村一二三产业发展提供了有益借鉴。

在金融支持农村一二三产业融合发展方面，研究者注意到了加大金融支持的重要性，但系统研究提出政策创设建议还有待深入进行。不少研究者建议，应加大金融支持农村一二三产业融合发展力度。有的研究者在分析日本"六次产业化"发展的基础上，提出了金融支持农业生产者产业化经营的建议，对创设金融支持农村一二三产业融合发展相关政策提供了有益借鉴。在深化农村集体产权改革的基础上，支持承包经营土地、经营性资产的资本化，准予农业生产者以土地经营权、生产设施和设备等实物出资入股组建农业企业，或以其抵押融资支持生产；拓宽农业政策性金融的支持范围，加大对农业生产者发展加工、销售、服务等长期、低息贷款支持；探索建立非营利性的农业产业化投资基金，以股权微利退出等支持投资农业产业化经营实体。有的研究者提出了加大对农产品加工企业融资支持力度的建议，也有一定借鉴意义。要研究将企业收购资金列入专项政策性贷款的方式方法；扩大抵押物范围，将农产品仓单、出口订单等作为抵押品；推进"财园信贷通"模式。

在金融支持农业产业化经营方面，研究者分析了金融支持农业产业化经营的历程、作用机制、融资瓶颈，提出了相关对策建议。有研究者具体分析了金融支持农业产业化经营的内在逻辑、作用机制和发展历程，认为金融机构按照一定的规则，通过某种金融工具为农业产业化企业提供各种资金支持，进而推动整个农业产业效益的提高、规模的扩大和结构的优化，突出强调了金融工具创新的重要性。部分研究者在分析金融支持农业产业化发展阶段和存在问题的基础上，提出做好农业产业化金融服务的相关建议，树立"大金融"的顶层设计理念，建立系统完整、运作有序、功能互补、竞争充分的金融体系，健全农村

金融供给体系、多元化的农业投融资体系、信用担保体系、民间金融体系，完善金融支农法律法规体系，规范和创新农村金融监管体系，积极发挥产业链的整体效能，突出关键领域和重点环节，加大产品创新力度，拓展服务渠道，不断扩大金融服务覆盖面。

在金融需求方面，现代农业和新型经营主体对金融需求的新特点越来越受到关注。现代农业的金融需求明显不同于传统农业，对规模化金融、全方位金融、特色化金融、创新型金融的需求明显增多。新型农业经营主体的金融需求不同于传统农户，生产集约化程度提升，融资规模更大；经营品种和类型丰富，资金用途各异；资金周转和回报周期不一，融资周期多元；生产经营效益总体较好，贷款意愿和还款能力较强；产业链联系更加紧密，金融需求日趋多元。当前小微企业在转型升级中，融资特点向期限变长、金额变大、风险变高、抵押担保品更少、质量更低转变，金融机构必须有针对性地配置金融产品或开展金融创新。

在金融供给方面，农村金融体系不断完善逐步成为共识。过去一段时间，金融体系与农业农村领域的要求不相符合，市场导向的多元化、竞争性的农村金融体系尚未完全建立，与农业适度规模经营相配套的金融政策没有跟上。但近年来农村金融体系逐步构建，已初步构建商业金融、政策金融、合作金融和民间金融四位一体的农村金融网络，农村金融开始真正出现方向性的转变，增加了对农民的服务意识和责任意识。一个产权多元化、规模多层次、多类型、可持续、广覆盖的现代普惠型农村金融体系正在加快形成。金融支持农业发展在经历了自发探索、稳定发展、创新提升三个阶段后，现在正面临金融产品和渠道不断丰富、直接融资规模稳步增长、农产品期货市场和农业保险支持明显的金融支持新局面。

在金融支持现代农业机制与模式方面，加快创新步伐成为一致意见。从国内外实践看，信贷优惠政策、农业保险以及农产品期货市场都是支持农业发展的有效措施。目前，农业经营主体或小微企业等的金融需求仍然没有完全得到满足。

总的来看，农村一二三产业融合发展是农业产业化经营的"升级版"，对于推进"四化同步"、实现全面小康、提升我国农业竞争力意义重大，需要金融的大力支持。同时，农村一二三产业融合发展的潜力巨大，是有待金融部门挖掘的巨大"蓝海"。理论界对农村一二三产业融合发展和金融支持农业产业化、现代农业发展等相关问题已有所关注，形成了一些有价值的研究成果，对于促进农村一二三产业融合发展，真正让农业增效、农民受益、农村兴旺具有参考价值。但关于金融如何抓住政策红利、在支持农村一二三产业融合发展中有所作为的专门研究尚不多见。因此，本研究定位于分析提出促进金融支持农村一二三产业融合发展的对策建议，为加强政策层面的顶层设计提供支撑。希望通过本研究，提出相关政策建议和制度安排，促进金融支持在我国农村一二三产业融合发展中充分发挥作用，走出一条中国特色的农业产业竞争力提升、农民增收道路。这对创新国家和地区农业经营方式、提升农业产业竞争力具有示范意义，对探索和丰富世界农业发展模式也有重要作用。

二、金融支持农村一二三产业融合发展的基础

近年来，农村金融改革不断深化，服务水平持续提高，农村一二三产业融合发展面临

较为良好的金融支持环境。

（一）金融服务体系日益完善

目前，我国农村金融服务体系不断完善，政策性金融、商业性金融和合作性金融功能互补、相互协作的格局正在形成。主要涉农金融机构盈利水平逐年上升，涉农贷款不良率持续降低。

（二）农业保险取得长足发展

近年来，我国农业保险实现了跨越式发展。粮食作物保险、主要畜产品保险、重要"菜篮子"品种保险和森林保险获得重点发展，农房、农机具、设施农业、渔业、制种保险等业务逐步推广。我国农业保险在基本覆盖农林牧渔业各主要产业的同时，在农业产业链前后都有了新的延伸，从生产领域的自然灾害、疫病风险等逐步向流通领域的市场风险、农产品质量风险等拓展，农业保险产品不断创新。生猪价格保险试点从北京扩大到四川、重庆和湖南等地区，蔬菜价格保险试点从上海扩大到江苏、广东、山东、宁夏等地区。结合新型农业经营主体的实际情况，开发了设施农业保险、农机保险等符合新型经营主体需求的保险产品。加强涉农保险和涉农信贷的合作，推动了小额贷款保证保险业务的发展。

（三）政策导向作用初步发挥

中央高度重视金融支农的作用。尽管目前还没有出台专门的金融支持农村一二三产业融合发展的政策，但在连续多年的中央1号文件中都涉及了有关内容。主要包括：加大对龙头企业的金融支持力度，对合作社兴办加工流通给予支持等。国务院办公厅印发了《关于金融服务"三农"发展的若干意见》（国办发〔2014〕17号），从宏观层面对农村金融做了架构布局。各有关部门综合运用财政、税收、货币、信贷等政策，强化金融支持"三农"发展的正向激励。一是财政政策。中央财政出台了县域金融机构涉农贷款增量奖励、农村金融机构定向费用补贴政策，引导和激励金融机构加大对"三农"发展的支持力度。二是税收政策。根据财政部、国家税务总局政策规定，对金融机构营业税、所得税等给予优惠。三是货币信贷政策。中国人民银行积极运用差别化存款准备金率政策工具，完善支农再贷款和再贴现政策，发挥宏观审慎政策的逆周期调节和结构引导作用，鼓励农村金融机构将更多的信贷资源配置到"三农"领域。

（四）支持农业产业化有成效

农业产业化经营特别是龙头企业为商业银行服务"三农"提供了一个有效抓手。20年来，以中国农业银行为代表的商业银行围绕龙头企业和产业集群，加大支持力度，创新服务机制，在金融支持农业产业化和龙头企业方面进行了积极探索与实践。一是支持龙头企业。中国农业银行出台《关于支持农业产业化龙头企业发展的意见》，开展支持龙头企业为重点的全行农村产业金融"千百工程"计划，组织实施支持重点龙头企业的"龙头企业·百亿百家"行动，制定了10个区域性涉农行业信贷政策，研发37个区域性涉农信贷产品,服务龙头企业的信贷产品体系进一步完善。

三、金融支持农村一二三产业融合发展的产品及业务实践

各地和相关金融机构在创新支持农村一二三产业融合发展的产品和服务方面,进行了一些探索和实践。

(一)支持农业产业链条

围绕支持农业产业链条,金融机构进行了积极探索。中国农业银行开展新型农业经营主体融资增信试点,与各级政府合作,由财政出资成立共保基金,为家庭农场、专业大户、农民合作社、龙头企业等客户提供担保,中国农业银行按照一定比例放大安排授信额度,较好发挥了财政资金的杠杆作用,有效控制了贷款风险。推广了"龙头企业+农户/合作社+银行""政府+商业银行+担保公司+保险公司+龙头企业+合作社+农户"等农业产业链金融模式。

(二)开发特色贷款产品

围绕农村一二三产业融合发展涉及的规模化种植、农产品加工收购、休闲农业等产业形态,各地金融机构根据当地农村改革进度、主导产业发育、资源要素禀赋、未来发展规划等,开发了各具特色的贷款产品。中国农业银行天津分行创新推出了农家院贷款产品,解决农家院综合环境提升的需求;甘肃省涉农金融机构针对马铃薯、中药材、经济林果和草食畜等地方特色优势产业实际,创新推出了"马铃薯收购与加工特色农业农户小额贷款产品";广西北海、崇左等地涉农金融机构根据"一村一品"特色农业特点,推出了"支农宝""蔬菜大棚贷款"等特色贷款业务;北京农商银行在京郊推广了"民俗旅游户贷款"及"凤凰乡村游商户贷款";重庆农村商业银行根据休闲农业蓬勃发展的现状,开发了农家乐经营贷款、美丽乡村住房贷款等产品。这些贷款产品在促进农村一二三产业融合发展方面起到了积极作用。

(三)扩大可抵押物范围

针对农村一二三产业融合发展从业主体、农村经营主体普遍面临的有效抵押物不足问题,各地金融机构充分挖掘抵押物,可以归纳为五类:一是对于农机生产、销售和科技型农业企业的融资需求,探索基于仓单、存货、动产、商标权、专利权、依法可转让股权等权益质押贷款业务。二是对于商业化涉农项目,以经营收益权、应收账款、订单和存货质押、土地使用权、大型水利设备等作为抵质押物,并结合企业保证、农民联保等多种抵押担保方式。三是在承包经营权流转可实现的地区,开展农村土地承包经营权贷款。四是在一部分政府改革深入到位、政策风险可控的地方,开展农村集体建设用地、宅基地使用权、农房等抵押贷款业务。五是对于涉农中小企业和农户,采取多户联保、龙头企业担保、订单质押,并结合地方产业特色创新抵质押方式。

（四）加大信用贷款力度

一些地方和金融机构共同加强农村信用体系建设，为农村一二三产业融合发展从业主体获得信用贷款打下基础。一是推进信用体系建设，二是开展合作社等新型主体信用评级，三是加大信用贷款力度。

（五）发展融资租赁业务

与经营性租赁不同，农业金融租赁是通过融物的形式达到融资的目的，一些金融机构开展了积极探索。中国农业银行广东分行重点支持以湛江为代表的甘蔗主要产区的农机租赁，以茂名、梅州等为重点的水稻主要产区的农机租赁，以阳江、佛山等海水、淡水养殖主要产区的农机租赁，以及云浮、广州等畜牧业主要产区的农机租赁。通过农业产业化、农业产业融合所需的农产品加工成套装备的租赁，突破了制约农产品精深加工的瓶颈；在节能环保型农用动力机械、种肥药精准施用装备、新型节水装备等设备租赁的探索，也为延伸农业产业链条、实现持续发展提供了支撑。

（六）拓宽直接融资渠道

金融机构通过发行金融债、支持上市等方式，扩大农村一二三产业融合发展主体直接融资规模，如中国农业银行积极联合证券、保险、担保等金融同业，拓展服务能力，为龙头企业提供丰富优质的金融服务。中国农业银行总行与深圳证券交易所等16家机构合作，累计为300多家农业优质客户提供股票上市、发债等综合服务。

（七）互联网金融正发力

P2P网络借贷、网络小额贷款、股权众筹融资等互联网金融也开展了涉农业务，在支持农村一二三产业融合发展方面的作用正在显现。一是P2P网络借贷规模扩大。目前P2P网络借贷中贷款方有不少是发展农村加工、流通和旅游业的农户和企业。二是网络小额贷款快速发展。这是互联网和金融结合的典型模式，包括消费金融和供应链金融，发展迅速，前景广阔。

四、金融支持农村一二三产业融合发展的问题及原因分析

金融支持农村一二三产业融合发展，面临良好环境，实践中已有探索，政策上也有一定支持力度。但总体上来看，金融支持农村一二三产业融合发展还呈现分散、零星的特点，处于自发探索、刚刚起步阶段，专门的产品、配套的政策还不多见。农业农村金融抑制的局面仍未完全改变，金融支持与农村一二三产业融合发展的金融需求之间仍存在一定差距，亟须以问题为导向，深入分析问题背后的原因，以便有针对性地提出相关建议。

（一）存在的问题

金融支持存在的问题主要表现在间接融资总量不足、直接融资渠道有限，难以满足一二三产业融合发展从业主体需求。

一是信贷供给总量不足。尽管近年来涉农贷款一直增长，但与日益旺盛的农业产业融

合发展融资需求相比，仍有较大差距。很大一部分经营主体没有或者只获得了很少的贷款，大量的农业经营主体仍然面临信贷资金短缺的情况。从全国来看，目前龙头企业信贷资金需求与银行实际提供的资金缺口比例一般在30%～40%。

二是长期大额贷款较少。过去涉农贷款多以小额信贷为主，但随着农村一二三产业融合发展，经营规模扩大、产业链条延伸，购买生产资料所需的流动资金和加工设备等固定资产投资的需求加大，现有农户小额信用贷款远远不能满足需求。从农业企业获得贷款的期限结构来看，短期贷款占全部贷款的80%，中长期贷款比重仅为20%，不少龙头企业由于中长期贷款不足，不得不占用流动资金贷款，使得企业流动资金贷款更加紧张。在一项对家庭农场的贷款融资需求调查中，大多数家庭农场主都希望贷款额度能从现有的5万元提高到20万元以上，其中五成期盼贷款额度提高到50万元以上、贷款期限延长到5年以上。

三是金融产品创新力度不够。农村的金融需求在不同地区、不同人群、不同产业、不同阶段、不同的经济发展水平存在较大的差异性。农村金融需求的多样性、层次性和地域性，决定了农村金融产品需要不断创新。尤其是在农村一二三产业融合发展的背景下，殷切的融资需求与较弱的融资能力之间的矛盾，更需要通过产品创新来解决。传统的农村贷款业务，品种单一，贷款条件苛刻，缺乏针对农村一二三产业融合方面的信贷产品，无法适应农村经济发展的需要。一些金融机构针对农村一二三产业融合发展的要求，开发和尝试了一些新的信贷营销品种，效果很好，但仅仅作为尝试，并没有持续试行。大多数农村金融机构创新动力或能力不足，没有开展这方面的尝试。

四是农产品期货、农业保险市场等作用尚未充分发挥。期货是规避市场风险的重要手段，但只有少数农业经营主体利用期货市场进行套期保值，无法满足许多生产经营者的需要。期货品种仅限于粮棉油糖等大宗农产品，生猪等鲜活农产品期货还是空白，期货交割仓库和现货市场布局不匹配，期货市场机构投资者较少，期货价格起伏较大。此外，适应全产业链、产业融合发展需要的农业保险产品不足，农业保险保障水平低、大灾风险分散机制尚未健全等问题仍然比较突出。

（二）主要原因

存在这些问题，原因是多方面的，既有现行金融体系方面的因素，也有农业农村产权制度的制约，还有从业主体自身的不足。

一是农村一二三产业融合发展的农村金融体系尚未形成。建立政策性金融、商业性金融和合作性金融功能互补、充满活力的农村金融体系，对于支持农村一二三产业融合发展至关重要。从不同性质的金融机构来看，由于农村一二三产业融合发展实践历史并不长，政策性金融机构还没有把农村一二三产业融合发展作为支持重点，在整个金融支持体系中的引导作用发挥得不够充分；商业性金融机构对农村一二三产业融合发展的关注程度不高，没有对产业融合发展提供有力支撑。

二是各金融机构协同支持农村一二三产业融合发展的机制不够健全。银行类金融机构和农业保险公司、农业担保公司等非银行类金融机构以及信用评价机构、抵押物评估交易处置机构，在各有分工的基础上密切协作，是各相关金融机构发挥自身作用，形成对农村一二三产业融合支持合力的基础。实践中，除了一些地方进行了探索外，总体上各相关金融机构之间还没有形成有效的风险分担、收益共享机制。银行业金融机构与信用评级、农业保险、农业担保等机构缺乏有机联系，发放贷款面临信用征集、抵押物评估处置、农业经营风险高、收益慢等诸多现实难题。这不仅制约了农村一二三产业融合发展，也进而影响到相关从业主体参加农业保险、利用担保机构的积极性和能力，不利于农业保险和担保等相关机构的发展。

三是金融机构的内在动力和外在压力不足。从国际经验来看，要推动金融机构为农服务，既要出台激励性政策，让金融机构有动力服务，也要出台约束性措施，让金融机构有压力服务。目前我国在这两个方面虽有所探索，但还远远不够。一方面，对金融机构的"软激励"不足。市场化改革进程中的金融机构特别是商业性金融机构，逐步成长为追求利润最大化的理性经济主体，强制要求其服务农村经济却不考虑其盈利性，结果往往适得其反。近年来，国家从财政、货币、监管等方面出台了不少鼓励金融机构支农的优惠政策，但力度还不足以调动金融机构的积极性。与享受优惠政策相比，将资金投向非农领域的诱惑更大。另一方面，对金融机构的"硬约束"不强。

四是金融监管存在支农责任和风险防控的矛盾。在中央高度关注农村金融的背景下，近年来金融监管部门采取了不少措施推动金融机构支农，但严控金融风险始终是首要职责和任务目标。在农村金融市场需要支持和培育的情况下，金融监管部门监管标准没有完全体现分类分业的特点，基本仍是"一刀切"，导致支农成效难以完全显现。

五是农村产权抵押贷款难有根本突破。产权抵押是连接农村一二三产业融合发展从业主体和金融机构的重要桥梁。但目前农村产权抵押贷款从制度到操作层面都存在不少问题，短期内难有根本改观。产权抵押存在法律障碍。依据《担保法》《物权法》《农村土地承包法》和《土地管理法》，土地承包经营权、宅基地使用权等不得抵押。尽管目前不少地方已经开展了试点，《农村土地承包法》修改步伐也在加快，但金融机构开展这类业务，仍面临一定法律风险。设置抵押和资产变现难。设置抵押必须以产权明晰、权属明确、易于流动为前提。从产权角度看，目前农村土地证地不符问题普遍存在，土地承包经营权确权登记颁证工作正在推进，农村集体产权制度改革还处在起步阶段。土地流转租金多为年付，承租关系不稳定；兴建房屋、晒场等设施占用的土地多属农用地或农村集体建设用地，生产厂房无产权证、经营场地无使用证的问题也比较普遍。从流动角度看，土地经营权、农房等本身流动性就比较差，加上农村产权交易市场不健全，产权评估、登记、交易等中介服务不到位，进一步加大了流转难度。

六是农业保险制度还有缺陷。虽然近年来农业保险进展明显，但与农村一二三产业融合发展需要还有不少差距。关键在于农业保险制度存在一些缺陷。保险机构控制风险的能力有限。我国农业保险起步晚，积累的数据和经验不足，保险机构难以准确评估农业风险。同时农业大灾风险分散机制尚未完全建立，保险机构缺少分散风险的有效途径。这导致保险机构既不愿大幅提高保额，也不愿对价值较高的鲜活农产品开展保险，以免遇到大灾后赔付过高。总体上看，农业保险还处于保成本的阶段。地方财政补贴保费的能力有限。中央财政对涉及国计民生的 15 类主要品种给予 30% ~ 50% 的补贴，地方特色优势农产品主要由地方给予保费补贴。这带来两个问题。首先，主产区农民投保面积越大，地方财政负担就越重。而农业大县多是财政穷县，补贴保费力不从心，往往会限制投保面积或拖欠保费补贴。其次，对于设施农业、渔业、肉牛肉羊等特色保险品种，财政实力强的地区可自行补贴，推动产业快速发展，而财政实力弱的地区农业保险缺位、影响产业发展，拉大地区间发展差距。

七是农业经营主体自身存在不足。专业大户、家庭农场、农民合作社、涉农小微企业等农村一二三产业融合发展主体处于发展初期，规模小实力弱，经营管理、风险控制能力都比较低，这也是金融机构不愿支持的重要原因。经营管理不够规范。普遍缺乏完善的财务管理制度，信用记录不全，财务规范程度与金融机构的要求存在较大差距。有的缺乏发展长远规划，内部管理较为混乱，成员变动较大，导致金融机构难以评估和管理其信贷风险。生产经营风险比较大。农村一二三产业融合发展投入大，同时又面临农产品价格下行、自然灾害多发重发、动植物疫病、农产品质量安全等压力，风险很大。有的产业融合项目缺乏长远考虑和对市场需求的准确分析，销售渠道不畅、盈利水平不高，难以实现持续发展。

总体上看，近年来新型农村金融机构和新兴农村金融业态不断涌现，农村金融机构实力日益增强，服务能力持续提升，对农业产业化经营提供了一定支持，农村一二三产业融合发展面临较为良好的金融环境。金融机构的实践和政策的实施，已经覆盖了农村一二三产业融合发展的部分相关内容。比如，支持农业产业化、农村加工业、农村服务业、休闲农业等业态，支持家庭农场、农民合作社、产业化龙头企业等新型农业经营主体。但农村一二三产业融合发展的金融支持，是一个崭新的课题，需要专门制度设计和系统的政策安排。目前金融机构并未有完整而明确的支持农村一二三产业融合发展政策思路，现有政策也更多是对金融支持"三农"发展的安排。同时，由于现行农村金融体系发展的体制机制性缺陷以及农村金融发展相关配套制度的缺位以及农业从业主体自身对接现代金融能力的缺失，使得金融支持农村一二三产业融合发展存在一些困难和不足，这都是下一步需要加快破解的问题。对农村金融的激励机制、贷款模式、补偿制度等做出根本性变革，对农业保险的补贴政策、产品结构等做出大的调整，已经越来越显示出其必要性。促使金融机构开发适合农村一二三产业融合发展需要、符合现代农业发展特点的产品和服务，通过政策创新让金融机构能够降低风险、获得合理收益，也是需要认真思考的切入点。

第二节 农村金融组织法律制度相关研究

一、新型农村金融组织法律制度的概念

法律为人们在社会中共同生活创造了可能性，它组织了社会及其划分，保障了社会的融合与稳定。金融业是现代经济的核心部分，是经济发展的导航员，直接关系到整个社会经济的发达程度。金融法是经济法的组成部分，秉承着经济法的社会责任本位的价值目标，对金融活动进行调控，规范金融功能的发展。金融法是调整金融关系的法律规范的总称，其基本体系是由金融活动的共同属性及法律关系决定的。而新型农村金融法律制度则是由新型农村。金融组织各类金融活动的共同属性和调整其活动的法律关系决定的，是调整新型农村金融组织各种金融关系的法律规范共同组成的统一的有机体。新型农村金融法律制度属于金融法的重要组成部分，通过建立新型农村金融法律制度，规范新型农村金融运行的秩序，维护农村经济的平衡协调发展。就目前来看，我国还没有关于新型农村金融组织的专门法律、行政法规，其他法律法规对其规定也很有限，新型农村金融组织在法律、行政法规的层面基本处于缺失状态，现有的主要规定集中在国务院及金融监管部门规章和政策性文件中。同时，各种规定之间缺乏衔接协调，未能形成新型农村金融组织立法的科学体系。缺乏关于新型农村金融组织的统一规定及其各主体的针对性规定，存在立法体系不统一、立法层次过低、形式混乱等问题。应尽快加强新型农村金融组织法制建设，围绕新型农村金融各主体、市场交易、金融产品、金融监管等方面，制定具体的法律条文来落实金融法的价值目标。通过完善新型农村金融组织的法律制度框架，明确新型农村金融组织的社会责任价值目标、社会公共政策目标，明确新型农村金融各主体产权制度和治理结构，明确各金融主体的市场准入退出标准与程序的法律规范，明确金融监管的社会责任目标等。

二、村镇银行法律制度的框架

银监会颁布《村镇银行管理暂行规定》作为村镇银行法律制度框架的主要组成部分，共分八章六十三条，包括总则、机构的设立、股权设置和股东资格、公司治理、经营管理、监督检查、机构变更与终止、附则等。银监会颁布的《中国银监会农村中小金融机构行政许可事项实施办法》对村镇银行的机构设立、变更、终止，调整业务范围和增加业务种类，董事和高级管理人员任职资格等进行了规定。主要内容包括以下几点。

（一）村镇银行的法律性质

村镇银行是指经中国银行业监督管理委员会依据有关法律、法规批准，由境内外金融机构、境内非金融机构企业法人、境内自然人出资，在农村地区设立的主要为当地农民和

小微企业、农业和农村经济发展提供金融服务的银行业金融组织。村镇银行是独立的企业法人，享有由股东投资形成的全部法人财产权，依法享有民事权利，并以全部法人财产独立承担民事责任。村镇银行股东依法享有资产收益、参与重大决策和选择管理者等权利，并以其出资额或认购股份为限对村镇银行的债务承担责任。

（二）机构的设立

村镇银行的发起人或出资人应符合规定的条件，且发起人或出资人中应至少有一家银行业金融组织。在县（市）和乡（镇）设立的村镇银行，其注册资本分别不得低于300万元和100万元人民币，注册资本为实收货币资本，由发起人或出资人一次性缴足。设立村镇银行，应有符合任职资格条件的董事和高级管理人员，有具备相应专业知识和从业经验的工作人员，有必要的组织机构和管理制度，有符合要求的营业场所、安全防范措施，建立与业务经营相适应的信息科技构架。设立村镇银行包括筹建和开业两个阶段。村镇银行的筹建由银监分局或所在城市银监局受理，银监局审查并决定。银监局自收到完整申请材料或受理之日起4个月内做出批准或不批准的书面决定。村镇银行达到开业条件的，其开业申请由银监分局或所在城市银监局受理、审查并决定。村镇银行可以根据农村金融服务和业务发展需要，在县域范围内设立分支机构。设立分支机构不受拨付营运资金额度及比例的限制。

（三）股权设置和股东资格

村镇银行的股权设置按照《公司法》的有关规定执行。境内金融机构投资入股村镇银行，商业银行未并表和并表后的资本充足率均不低于8%等。境外金融机构投资入股村镇银行，应最近一年年末总资产原则上不少于10亿美元，最近2个会计年度连续盈利，银行业金融机构资本充足率应达到其注册地银行业资本充足率平均水平且不低于8%，非银行金融机构资本总额不低于加权风险资产总额的10%等。境内非金融机构企业法人投资入股村镇银行，应具有法人资格，有良好的社会声誉、诚信记录和纳税记录，入股前上一年度盈利，年终分配后，净资产达到全部资产的10%以上等。境内自然人投资入股村镇银行的，应有良好的社会声誉和诚信记录，不得以借贷资金入股，不得以他人委托资金入股。村镇银行最大股东或唯一股东必须是银行业金融机构。最大银行业金融机构股东持股比例不得低于村镇银行股本总额的20%，单个自然人股东及关联方持股比例不得超过村镇银行股本总额的10%。任何单位或个人持有村镇银行股本总额5%以上的，应当事前报经银监分局或所在城市银监局审批。发起人或出资人持有的股份自村镇银行成立之日起3年内不得转让或质押。村镇银行董事、行长和副行长持有的股份，在任职期间内不得转让或质押。

（四）公司治理和经营管理

村镇银行应根据其决策管理的复杂程度、业务规模和服务特点设置简洁、灵活的组织机构。村镇银行可只设立董事会，行使决策和监督职能；也可不设董事会，由执行董事行使董事会相关职责。不设董事会的，应由利益相关者组成的监督部门（岗位）或利益相关者派驻的专职人员行使监督检查职责。村镇银行董事会或监督管理部门（岗位）应对行长实施年度专项审计。村镇银行可设立独立董事，独立董事与村镇银行及其主要股东之间不应存在影响其独立判断的关系。村镇银行董事和高级管理人员对村镇银行负有忠实义务和勤勉义务。村镇银行董事会和经营管理层可根据需要设置不同的专业委员会，提高决策管理水平。规模较小的村镇银行，可不设专业委员会。村镇银行按照国家有关规定，可代理政策性银行、商业银行和保险公司、证券公司等金融机构的业务。有条件的村镇银行要在农村地区设置 ATM 机，并根据农户、农村经济组织的信用状况向其发行银行卡。村镇银行在缴足存款准备金后，其可用资金应全部用于当地农村经济建设。村镇银行发放贷款应首先充分满足县域内农户、农业和农村经济发展的需要。确已满足当地农村资金需求的，其富余资金可投放当地其他产业、购买涉农债券或向其他金融机构融资。村镇银行应建立适合自身业务发展的授信工作机制。村镇银行发放贷款应坚持小额、分散的原则，提高贷款覆盖面，防止贷款过度集中。村镇银行应按照国家有关规定，建立审慎、规范的资产分类制度和资本补充、约束机制。村镇银行应建立健全内部控制制度和内部审计机制，提高风险识别和防范能力。村镇银行执行国家统一的金融企业财务会计制度以及银行业监督管理机构的有关规定，建立健全财务、会计制度。村镇银行应按规定向银监分局或所在城市银监局报送会计报告、统计报表及其他资料，并对报告、资料的真实性、准确性、完整性负责。村镇银行应建立信息披露制度，及时披露年度经营情况、重大事项等信息。

（五）监督检查

村镇银行开展业务，依法接受银行业监督管理机构监督管理。银行业监督管理机构根据村镇银行业务发展和当地客户的金融服务需求，结合非现场监管及现场检查结果，依法审批村镇银行的业务范围和新增业务种类。银行业监督管理机构依据国家有关法律、行政法规，制定村镇银行的审慎经营规则，并对村镇银行风险管理、内部控制、资本充足率、资产质量、资产损失准备充足率、风险集中、关联交易等方面实施持续、动态监管。银行业监督管理机构按照《商业银行监管内部评级指引》的有关规定，制定对村镇银行的评级办法，并根据监管评级结果，实施差别监管。银行业监督管理机构应建立对村镇银行支农服务质量的考核体系和考核办法，定期对村镇银行发放支农贷款情况进行考核评价，并可将考核评价结果作为对村镇银行综合评价、行政许可以及高级管理人员履职评价的重要内容。村镇银行违反相关规定的，银行业监督管理机构有权采取风险提示、约见其董事或高级管理人员谈话、监管质询、责令停办业务等措施，督促其及时进行整改，防范风险。

《村镇银行组建审批工作指引》对村镇银行的组建审批工作提出了指导性意见，包括组建工作要点、设立要求、审核要点等。银监会《银行业金融机构董事（理事）和高级管理人员任职资格管理办法》对任职资格条件、任职资格审核审查与核准、任职资格终止、金融机构的管理责任等做出具体规定。《中国人民银行、银监会关于村镇银行、贷款公司、农村资金互助社、小额贷款公司有关政策的通知》对村镇银行的存款准备金管理、存贷款利率管理、支付清算、征信管理、风险监管等方面做了明确规定。《中国银监会关于调整村镇银行组建核准有关事项的通知》对村镇银行的核准方式、挂钩政策、发起原则等进行了规定。

三、农村资金互助社的法律制度框架

《农村资金互助社管理暂行规定》分为总则、机构设立、社员和股权管理、组织机构、经营管理、监督管理、合并分立解散和清算、附则等八章，共计六十八条。银监会颁布的《中国银监会农村中小金融机构行政许可事项实施办法》对农村资金互助社的机构设立、变更、终止，调整业务范围和增加业务种类，高级管理人员任职资格等进行了规定。主要内容包括如下几点。

（一）农村资金互助社的法律性质

农村资金互助社是指经银行业监督管理机构批准，由乡（镇）、行政村农民和农村小企业自愿入股组成，为社员提供存款、贷款、结算等业务的社区互助性银行业金融机构。农村资金互助社实行社员民主管理，以服务社员为宗旨，谋求社员共同利益。农村资金互助社是独立的企业法人，对由社员股金、积累及合法取得的其他资产所形成的法人财产，享有占有、使用、收益和处分的权利，并以上述财产对债务承担责任。

（二）机构设立

以发起方式设立且发起人不少于10人。在乡（镇）设立的，注册资本不低于30万元人民币，在行政村设立的，注册资本不低于10万元人民币，注册资本应为实缴资本。有符合任职资格的理事、经理和具备从业条件的工作人员；有符合要求的营业场所，安全防范设施和与业务有关的其他设施；有符合规定的组织机构和管理制度。设立农村资金互助社，应当经过筹建与开业两个阶段。农村资金互助社的筹建申请由银监分局受理并初步审查，银监局审查并决定；开业申请由银监分局受理、审查并决定。银监局所在城市的乡（镇）、行政村农村资金互助社的筹建、开业申请，由银监局受理、审查并决定。农村资金互助社不得设立分支机构。

（三）社员和股权管理

农民向农村资金互助社入股，其户口所在地或经常居住地（本地有固定住所且居住满3年）在入股农村资金互助社所在乡（镇）或行政村内。农村小企业向农村资金互助社入股，其注册地或主要营业场所在入股农村资金互助社所在乡（镇）或行政村内，年终分配后净资产达到全部资产的10%以上（合并会计报表口径）等。单个农民或单个农村小企业向农村资金互助社入股，其持股比例不得超过农村资金互助社股金总额的10%，超过

5%的应经银行业监督管理机构批准。农村资金互助社的社员参加社员大会，并享有表决权、选举权和被选举权，按照章程规定参加该社的民主管理，享受该社提供的各项服务，按照章程规定或者社员大会（社员代表大会）决议分享盈余及章程规定的其他权利。农村资金互助社社员参加社员大会，享有一票基本表决权；出资额较大的社员按照章程规定，可以享有附加表决权。该社的附加表决权总票数，不得超过该社社员基本表决权总票数的20%。享有附加表决权的社员及其享有的附加表决权数，应当在每次社员大会召开时告知出席会议的社员。农村资金互助社社员承担执行社员大会（社员代表大会）的决议，向该社入股，按期足额偿还贷款本息及章程规定的其他义务。农村资金互助社社员的股金和积累可以转让、继承和赠予，但理事、监事和经理持有的股金和积累在任职期限内不得转让。要求退股的，农民社员应提前3个月，农村小企业社员应提前6个月向理事会或经理提出，经批准后办理退股手续。退股社员的社员资格在完成退股手续后终止。

（四）组织机构

农村资金互助社社员大会由全体社员组成，是该社的权力机构。社员超过100人的，可以由全体社员选举产生不少于31名的社员代表组成社员代表大会，社员代表大会按照章程规定行使社员大会职权。农村资金互助社召开社员大会（社员代表大会），出席人数应当达到社员（社员代表）总数的2/3以上。社员大会（社员代表大会）选举或者做出决议，应当由该社社员（社员代表）表决权总数过半数通过；做出修改章程或者合并、分立、解散和清算的决议应当由该社社员表决权总数的2/3以上通过。章程对表决权数有较高规定的，从其规定。农村资金互助社社员大会（社员代表大会）由理事会召集，不设理事会的由经理召集，应于会议召开15日前将会议时间、地点及审议事项通知全体社员（社员代表）。农村资金互助社原则上不设理事会，设立理事会的，理事不少于3人，设理事长1人，理事长为法定代表人。理事会的职责及议事规则由章程规定。农村资金互助社设经理1名（可由理事长兼任），未设理事会的，经理为法定代表人。经理按照章程规定和社员大会（社员代表大会）的授权，负责该社的经营管理。农村资金互助社应设立由社员、捐赠人以及向其提供融资的金融机构等利益相关者组成的监事会，其成员一般不少于3人，设监事长1人。监事会按照章程规定和社员大会（社员代表大会）授权，对农村资金互助社的经营活动进行监督。

（五）经营管理

农村资金互助社以吸收社员存款、接受社会捐赠资金和向其他银行业金融机构融入资金作为资金来源。农村资金互助社接受社会捐赠资金，应由属地银行业监督管理机构对捐赠人身份和资金来源合法性进行审核；向其他银行业金融机构融入资金应符合本规定要求的审慎条件。农村资金互助社的资金应主要用于发放社员贷款，满足社员贷款需求后确有富余的可存放其他银行业金融机构，也可购买国债和金融债券。农村资金互助社发放大额贷款、购买国债或金融债券、向其他银行业金融机构融入资金，应事先征求理事会、监事会意见。农村资金互助社可以办理结算业务，并按有关规定开办各类代理业务。农村资金互助社不得向非社员吸收存款、发放贷款及办理其他金融业务，不得以该社资产为其他单位或个人提供担保。农村资金互助社应审慎经营，严格进行风险管理。农村资金互助社应按照财务会计制度规定提取呆账准备金，进行利润分配，在分配中应体现多积累和可持续的原则。农村资金互助社当年如有未分配利润（亏损）应全额计入社员积累，按照股金份额量化至每个社员。社员大会（社员代表大会）也可以聘请中介机构对本社进行审计。

（六）监督管理

银行业监督管理机构按照审慎监管要求对农村资金互助社进行持续、动态监管。银行业监督管理机构根据农村资金互助社的资本充足和资产风险状况，采取差别监管措施。农村资金互助社违反有关法律、法规，存在超业务范围经营、账外经营、设立分支机构、擅自变更法定变更事项等行为的，银行业监督管理机构应责令其改正，并按《银行业监督管理法》和《金融违法行为处罚办法》等法律法规进行处罚。

（七）合并、分立、解散和清算

农村资金互助社合并，应当自合并决议做出之日起 10 日内通知债权人。合并各方的债权、债务应当由合并后存续或者新设的机构承继。农村资金互助社分立，其财产做相应的分割，并应当自分立决议做出之日起 10 日内通知债权人。分立前的债务由分立后的机构承担连带责任，但在分立前与债权人就债务清偿达成书面协议，另有约定的除外。清算组自成立之日起接管农村资金互助社，负责处理与清算有关未了结业务，清理财产和债权、债务，分配清偿债务后的剩余财产，代表农村资金互助社参与诉讼、仲裁或者其他法律事宜。清算组负责制定包括清偿农村资金互助社员工的工资及社会保险费用，清偿所欠税款和其他各项债务，以及分配剩余财产在内的清算方案，经社员大会通过后实施。清算组成员应当忠于职守，依法履行清算义务，因故意或者重大过失给农村资金互助社社员及债权人造成损失的，应当承担赔偿责任。

《农村资金互助社组建审批工作指引》对农村资金互助社的组建审批工作提出了指导性意见，包括组建工作要点、设立要求、审核要点，并以附件形式进一步规范和明确了申报材料目录。银监会《银行业金融机构董事（理事）和高级管理人员任职资格管理办法》对任职资格条件、任职资格审核审查与核准、任职资格终止、金融机构的管理责任等做出具体规定。中国人民银行、银监会《关于村镇银行、贷款公司、农村资金互助社、小额贷款公司有关政策的通知》对农村资金互助社的存款准备金管理、存贷款利率管理、支付清算、征信管理、风险监管等方面做了明确规定。

四、贷款公司的法律制度框架

《贷款公司管理暂行规定》共分六章四十七条，包括总则、机构的设立、组织机构和经营管理、监督管理、机构的变更与终止、附则等。银监会颁布的《中国银监会农村中小金融机构行政许可事项实施办法》对贷款公司的机构设立、变更、终止，调整业务范围和增加业务种类，高级管理人员任职资格等进行了规定。基本内容包括如下几点：

（一）贷款公司的法律属性

贷款公司是经中国银行业监督管理委员会依据有关法律、法规批准，由境内商业银行或农村合作银行在农村地区设立的专门为县域农民、农业和农村经济发展提供贷款服务的非银行业金融机构。贷款公司是由境内商业银行或农村合作银行全额出资的有限责任公司。贷款公司是独立的企业法人，享有由投资形成的全部法人财产权，依法享有民事权利，并以全部法人财产独立承担民事责任。贷款公司的投资人，依法享有资产收益、重大决策和选择管理者等权利。

（二）机构的设立

设立贷款公司应有符合规定的章程，注册资本不低于 50 万元人民币，有具备任职专业知识和业务工作经验的高级管理人员，有具备相应专业知识和从业经验的工作人员，有必需的组织机构和管理制度，有科学有效的人力资源管理制度和符合条件的专业人才，具备有效的资本约束和补充机制。贷款公司的投资人为境内商业银行或农村合作银行，其资产规模不低于 50 亿元人民币，应满足主要审慎监管指标，符合监管要求及银监会规定的其他审慎性条件。设立贷款公司应当经过筹建和开业两个阶段。贷款公司的筹建申请，由银监分局或所在城市银监局受理，银监局审查并决定。贷款公司的开业申请，由银监分局或所在城市银监局受理、审查并决定。贷款公司可根据业务发展需要，在县域内设立分公司。分公司的设立需经过筹建和开业两个阶段。贷款公司分公司的筹建方案，应事先报监管办事处备案。未设监管办事处的，向银监分局或所在城市银监局备案。分公司的开业申请，由银监分局或所在城市银监局受理、审查并决定。

（三）组织机构和经营管理

贷款公司可不设立董事会、监事会，但必须建立健全经营管理机制和监督机制。投资人可委派监督人员，也可聘请外部机构履行监督职能。贷款公司的经营管理层由投资人自行决定，贷款公司章程由投资人制定和修改。贷款公司董事会负责制订经营方针和业务发展计划，未设董事会的，由经营管理层制订，并经投资人决定后组织实施。贷款公司可经营下列业务：办理各项贷款、办理票据贴现、办理资产转让、办理贷款项下的结算。贷款公司不得吸收公众存款。贷款公司的营运资金来源为实收资本、向投资人的借款及向其他金融机构融资，融资资金余额不得超过其资本净额的 50%。贷款公司发放贷款应当坚持小额、分散的原则，提高贷款覆盖面，防止贷款过度集中。贷款公司对同一借款人的贷款余额不得超过资本净额的 10%；对单一集团企业客户的授信余额不得超过资本净额的 15%。贷款公司应当加强贷款风险管理，建立科学的授权授信制度、信贷管理流程和内部控制体系，增强风险的识别和管理能力，提高贷款质量。贷款公司应按照国家有关规定，建立审慎、规范的资产分类制度和资本补充、约束机制，准确划分资产质量，充分计提呆账准备金，真实反映经营成果，确保资本充足率在任何时点不低于8%，资产损失准备充足率不低于100%。贷款公司应建立健全内部审计制度，对内部控制执行情况进行检查、评价，并对内部控制的薄弱环节进行纠正和完善，确保依法合规经营。贷款公司应当真实记录并全面反映其业务活动和财务状况，编制年度财务会计报告，并由投资人聘请具有资质的会计师事务所进行审计。审计报告须报银监分局或所在城市银监局备案。

（四）监督管理

贷款公司开展业务，依法接受银行业监督管理机构监督管理，与投资人实施并表监管。银行业监督管理机构应当依据法律、法规对贷款公司的资本充足率、不良贷款率、风险管理、内部控制、风险集中、关联交易等实施持续、动态监管。银行业监督管理机构应根据贷款公司资本充足状况和资产质量状况，适时采取适当减少检查频率、加大非现场监管和现场检查力度、适时采取责令其调整高级管理人员、停办所有业务、限期重组等监管措施；对限期内不能实现有效重组、资本充足率降至2%以下的，应责令投资人适时接管或由银行业监督管理机构予以撤销。银行业监督管理机构应当依据法律、法规对贷款公司的资本充足状况、资产质量以及内部控制的有效性进行检查、评价，督促其完善资本补充机制、贷款管理制度及内部控制，加强风险管理。银行业监督管理机构有权要求投资人加强对贷款公司的监督检查，定期对其资产质量进行审计，对其贷款授权授信制度、信贷管理流程和内部控制体系进行评估，有权根据贷款公司的运行情况要求投资人追加补充资本，确保贷款公司稳健运行。贷款公司违反本规定的，银行业监督管理机构有权采取风险提示、约见谈话、监管质询、责令停办业务等措施，督促其及时进行整改，防范资产风险。贷款公司及其工作人员在业务经营和管理过程中，有违反国家法律法规行为的，由银行业监督管理机构依照《银行业监督管理法》《商业银行法》及有关法律、行政法规实施处罚；构成犯罪的，依法追究刑事责任。贷款公司及其工作人员对银行业监督管理机构的处罚决定不服的，可依法提请行政复议或向人民法院提起行政诉讼。

《贷款公司组建审批工作指引》对贷款公司的组建审批工作提出了指导性意见，包括组建工作要点、设立要求、审核要点，并以附件形式进一步规范和明确了申报材料目录。银监会《银行业金融机构董事（理事）和高级管理人员任职资格管理办法》对任职资格条件、任职资格审核审查与核准、任职资格终止、金融机构的管理责任等做出具体规定。中国人民银行、银监会《关于村镇银行、贷款公司、农村资金互助社、小额贷款公司有关政策通知》对贷款公司的存款准备金管理、存贷款利率管理、支付清算、征信管理、风险监管等方面做了明确规定。

五、小额贷款公司的法律制度框架

中国银监会、中国人民银行颁布了《关于小额贷款公司试点的指导意见》，推动全国范围内小额贷款公司试点工作。该意见包括七个部分：小额贷款公司的性质；小额贷款公司的设立；小额贷款公司的资金来源；小额贷款公司的资金运用；小额贷款公司的监督管理；小额贷款公司的终止；其他。该指导意见虽然仅是中央部门的规范性文件，但是其内容成为各地制定小额贷款公司管理办法的根据。主要包括以下几点。

（一）　小额贷款公司的性质

小额贷款公司是由自然人、企业法人与其他社会组织投资设立，不吸收公众存款，经营小额贷款业务的有限责任公司或股份有限公司。小额贷款公司是企业法人，有独立的法人财产，享有法人财产权，以全部财产对其债务承担民事责任。

（二）　小额贷款公司的设成

小额贷款公司的组织形式为有限责任公司或股份有限公司。小额贷款公司的股东需符合法定人数规定。小额贷款公司的注册资本来源应真实合法，全部为实收货币资本，由出资人或发起人一次足额缴纳。单一自然人、企业法人、其他社会组织及其关联方持有的股份，不得超过小额贷款公司注册资本总额的10%。申请设立小额贷款公司，应向省级政府主管部门提出正式申请，经批准后，到当地工商行政管理部门申请办理注册登记手续并领取营业执照。此外，还应在五个工作日内向当地公安机关、中国银行业监督管理委员会派出机构和中国人民银行分支机构报送相关资料。小额贷款公司应有符合规定的章程和管理制度，应有必要的营业场所、组织机构、具备相应专业知识和从业经验的工作人员。出资设立小额贷款公司的自然人、企业法人和其他社会组织，拟任小额贷款公司董事、监事和高级管理人员的自然人，应无犯罪记录和不良信用记录。

（三）　小额贷款公司的资金来源

小额贷款公司的主要资金来源为股东缴纳的资本金、捐赠资金以及来自不超过两个银行业金融机构的融入资金。在法律、法规规定的范围内，小额贷款公司从银行业金融机构获得融入资金的余额，不得超过资本净额的50%。融入资金的利率、期限由小额贷款公司与相应银行业金融机构自主协商确定，利率以同期"上海银行间同业拆放利率"为基准加点确定。小额贷款公司应向注册地中国人民银行分支机构申领贷款卡。向小额贷款公司提供融资的银行业金融机构，应将融资信息及时报送所在地中国人民银行分支机构和中国银行业监督管理委员会派出机构，并应跟踪监督小额贷款公司融资的使用情况。

（四）　小额贷款公司的资金运用

小额贷款公司在坚持为农民、农业和农村经济发展服务的原则下自主选择贷款对象。小额贷款公司发放贷款，应坚持"小额、分散"的原则，鼓励小额贷款公司面向农户和微型企业提供信贷服务，着力扩大客户数量和服务覆盖面。同一借款人的贷款余额不得超过小额贷款公司资本净额的5%。在此标准内，可以参考小额贷款公司所在地经济状况和人均GDP水平，制定最高贷款额度限制。小额贷款公司按照市场化原则进行经营，贷款利率上限放开，但不得超过司法部门规定的上限，下限为人民银行公布的贷款基准利率的0.9倍，具体浮动幅度按照市场原则自主确定。

（五）小额贷款公司的监督管理

小额贷款公司应建立发起人承诺制度，公司股东应与小额贷款公司签订承诺书，承诺自觉遵守公司章程，参与管理并承担风险。小额贷款公司应按照《公司法》要求建立健全公司治理结构，明确股东、董事、监事和经理之间的权责关系，制定稳健有效的议事规则、决策程序和内审制度，提高公司治理的有效性。小额贷款公司应建立健全贷款管理制度，明确贷前调查、贷时审查和贷后检查业务流程和操作规范，切实加强贷款管理。小额贷款公司应加强内部控制，按照国家有关规定建立健全企业财务会计制度，真实记录和全面反映其业务活动和财务活动。小额贷款公司应按照有关规定，建立审慎规范的资产分类制度和拨备制度，准确进行资产分类，充分计提呆账准备金，确保资产损失准备充足率始终保持在100%以上，全面覆盖风险。小额贷款公司应建立信息披露制度，按要求向公司股东、主管部门、向其提供融资的银行业金融机构、有关捐赠机构披露经中介机构审计的财务报表和年度业务经营情况、融资情况、重大事项等信息，必要时应向社会披露。小额贷款公司应接受社会监督，不得进行任何形式的非法集资。中国人民银行对小额贷款公司的利率、资金流向进行跟踪监测，并将小额贷款公司纳入信贷征信系统。

（六）小额贷款公司的终止

小额贷款公司法人资格的终止包括解散和破产两种情况。小额贷款公司解散原因主要有：公司章程规定的解散事由出现，股东大会决议解散，因公司合并或者分立需要解散，依法被吊销营业执照、责令关闭或者被撤销，人民法院依法宣布公司解散。小额贷款公司解散，依照《公司法》进行清算和注销。小额贷款公司被依法宣告破产的，依照有关企业破产的法律实施破产清算。

根据《关于小额贷款公司试点的指导意见》的规定，凡是省级政府能够明确一个主管部门（金融办或相关机构）负责对小额贷款公司的监督管理，并愿意承担小额贷款公司风险处置责任的，方可在本省的县域范围内开展组建小额贷款公司试点。据此，各地在《关于小额贷款公司试点的指导意见》的基础上，结合本地具体情况，逐步制定了当地的小额贷款公司管理办法。从各地颁布的小额贷款公司管理办法看，多将小额贷款公司的主管部门确定为省金融办或省中小企业服务局，人民银行、银监局、工商局在各自的职责范围内对小额贷款公司进行管理。各地管理办法对小额贷款公司的最低注册资本金、股东资格、业务范围、经营区域、单户最高贷款额、关联贷款、贷款利率、高管资格、审批程序等方面进行了规定，并存在较大的差异。中国人民银行、银监会《关于村镇银行、贷款公司、农村资金互助社、小额贷款公司有关政策的通知》对小额贷款公司的存款准备金管理、存贷款利率管理、支付清算、征信管理、风险监管等方面做了明确规定。

　　银监会《小额贷款公司改制设立村镇银行暂行规定》对小额贷款公司改制设立村镇银行的准入条件、程序、监督管理等进行了相关规定。在准入条件方面，拟改制小额贷款公司须符合《关于小额贷款公司试点的指导意见》的审慎经营要求。小额贷款公司改制设立村镇银行，除满足《村镇银行管理暂行规定》外，还应有代表 2/3 以上表决权的股东同意改制，并对小额贷款公司的债权债务处置、改制工作做出决议等，已确定符合条件的银行业金融组织拟作为主发起人。在程序方面，小额贷款公司改制设立村镇银行应当成立筹建工作小组，设立村镇银行的发起人应当委托筹建工作小组为申请人。筹建小组按照银行业监督机构的要求做好改制设立的前期准备工作。银行业监督管理机构根据相关规定受理、审查并决定小额贷款公司改制设立村镇银行的筹建和开业等行政许可事项。

第十章 农村三大产业融合助力农村就业与城镇化快速发展

第一节 乡村旅游对促进农村劳动力就业的有力推动

乡村旅游业的快速发展促进了农村劳动力的多样化灵活就业，呈现出乡村旅游业就业的一些新现象和新气象。

一、我国乡村旅游业发展态势

国务院发布了《国务院关于促进旅游业改革发展的若干意见》。《意见》从五大方面提出了国务院促进旅游业改革发展二十条意见，其中第七条为"大力发展乡村旅游"，提出"加强乡村旅游精准扶贫，扎实推进乡村旅游富民工程，带动贫困地区脱贫致富"。可见乡村旅游对农村地区的重要经济带动作用。

我国乡村旅游萌芽于20世纪50年代，当时为适应外事接待的需要，在山东省石家庄村率先开展了乡村旅游接待活动。然而真正意义上的乡村旅游开始于20世纪80年代，它是在当时特殊的旅游扶贫政策指导下应运而生的。乡村旅游的发展满足了那些为躲避城市生活拥挤和喧嚣的人们回归大自然、体验乡村本真生活的愿望。

全国各地出于解决农村贫困的目的纷纷开发乡村旅游，虽然起步较晚，但发展非常迅速。我国具有历史悠久的农耕历史文化、丰富多彩的乡村民风民俗、多姿多态的农业资源，为乡村旅游的开发和发展提供了很好的旅游资源。同时，我国经济发展平稳，人们生活水平日益提高，旅游从观光时代走向休闲时代，对休闲度假旅游产品的需求日益旺盛。但是，对广大上班族而言，虽然全年的休息日总天数超过百天，但是除了春节和国庆放假较长外，劳动节、清明节、端午节等国定假日加上周末也只有3天，其余都是双休日周末，而且我国的带薪休假制度普及性也不是很高。在短暂的周末出门远行的可能性不是很大，城市附近的乡村旅游地成了人们的钟爱，人们纷纷到乡村旅游地休闲娱乐，如吃农家饭，种农家菜，喂养小动物，采摘水果蔬菜，顺带购买农家土特产品回家等。

我国国家旅游局、农业部等相关部门非常重视乡村旅游业的发展，坚持把乡村旅游发展作为满足国内需求的主要市场。在新的历史条件下，大量城市居民下乡休闲度假，推动形成巨大的乡村旅游消费市场，乡村观光景点、乡村休闲项目、乡村度假庄园、乡村旅游接待设施得到了大力发展，大量的资金向农村流动。

二、乡村旅游业发展与就业现状

乡村旅游的开发，带动了当地农村经济的发展，推动了农村劳动力的积极参与，提高了农民的收入。当地政府鼓励当地劳动力全面参与乡村旅游发展，避免了相关项目的开发商与当地村民的利益冲突，成为乡村旅游业可持续发展的重要动力之一。同时，农民从事乡村旅游相关工作，可以避免劳动力异地转移所引起的高迁移成本，也可以照看家里的老人和小孩，兼顾家里的农活，乡村旅游业就业为农村劳动力提供了又一种就业选择。乡村旅游业提供了各种就业途径和机会，农村劳动力在自家农田以外的领域临时就业、季节性就业、承包就业、家庭就业、兼职就业等现象非常普遍。

三、乡村旅游业就业特点

（一）乡村旅游业就业与农业就业

农业就业即务农，是指从事农业劳动为主要的生活来源，是现代工作方式的一种。我国农村的基本政策是实行以家庭经营为基础、统分结合的双层经营体制。事实上是家庭分散经营和集体统一服务相结合的经营体制，以家庭为单位经营农业，利润很低。农业因为其农作物的生长周期缘故，农事劳动也具有周期性和季节性。我国农村劳动力丰富，农田面积相对不足，农民面临农业就业不足的现状。因此，一般意义上农业就业具有分散性、收入低、周期性以及就业不足等特点。

乡村旅游业作为新兴的现代产业，以高效、规模和品牌为特征，乡村旅游业就业与农业就业相比，具有创业创新、收入较高等特点，但是乡村旅游业就业与农业就业关系密切，以家庭经营为单位的农家乐就业也具有分散性经营和周期性特点。乡村旅游业发展吸纳了不少农业劳动力就业，对不少农村劳动力而言，农业就业与乡村旅游业就业已起到相互补充、相互促进的效果。

（二）乡村旅游业就业与工业就业

由于资源的制约和环境保护的需要，我国的工业一般集中在城市及其周边的特定区域，对于农村劳动力而言，工业就业就意味着必须要背井离乡，由于我国国情的限制，农村向城市工业转移的劳动力普遍都不能成为城市当地的永久居民，如每年春节要返乡，年龄趋老后要返乡，城市工业经济不景气时要返乡等。但与农业就业相比，工作期间的工业就业时间相对固定，收入也相对比较稳定。因此，农村劳动力工业就业具有迁移性，短期就业时间和收入比较稳定的特点。

乡村旅游业的发展吸引了不少回乡的农村劳动力创业就业，他们把工业的标准化理念运用于乡村旅游经营发展，在接受城市理念的熏陶后，这部分劳动力往往能够成为成功的乡村旅游业就业者，相对收入较高。

（三）乡村旅游业就业与第三产业就业

第三产业是一个投资少、见效快、吸纳就业能力强的产业。第一、第二产业发展过程中，随着机械现代化普及，机器代替劳动力，但第三产业具有机器无法代替人类劳动的特性，第三产业的快速发展拓宽了就业渠道，增加了就业岗位，实现了经济增长与劳动就业的同步发展。第三产业中，个体、私营经济比重较大，中小企业众多，因此第三产业就业具有灵活性强、自由度大、适应范围广、劳动关系比较松散等特点。第三产业大量存在着在劳动条件、工资和保险福利待遇以及就业稳定性方面有别于正式职工的各类就业形式，如临时工、季节工、承包工、小时工、自主就业者等。

乡村旅游业是旅游产业的一部分，属于第三产业中的新兴产业，发展迅速但市场未成熟，中小企业和个体户占市场主体。因此，乡村旅游业就业作为第三产业就业的一部分，也具有灵活性强、劳动关系松散等特点。

（四）乡村旅游业就业特点

研究表明，我国乡村旅游业的就业特点可以表现在以下四个方面。

1. 全员参与性

乡村旅游业从最初的个体户和乡村旅游企业的零星参与，已经发展成品牌化、规模化经营。在当地政府的鼓励和推动下，乡村旅游发达地区出现了全员参与的现象，当地农业产业化发展，和乡村旅游业形成互动发展；村庄农户几乎家家都从事乡村旅游接待，服从村里或者乡村旅游协会的统一安排；家庭成员全员参与，家庭型农家乐乡村旅游一般以农家乐业主为主，家庭成员全员参与与有限参与相结合，有些家庭成员虽然不能全职从事于乡村旅游接待工作，但是在其主业之余也会全力帮助家庭旅游接待工作；当然也有极个别的农村家庭，由于劳动力所限或者家庭经济因素所限，不能从事经营活动，但是他们利用农忙之余也会到乡村接待繁忙的经营户中帮忙，赚取雇佣收入。

2. 多样化就业

乡村旅游业就业形式多样，既有全职就业，也有兼职就业；既有作为个体工商户业主参与、作为企业法人投资参与，也有受雇就业参与；既有自我雇佣、创业性质的参与，也有简单地提供劳动和服务性质的参与；既有作为长期雇佣员工，享有各项保障的就业，也有只领取日薪的临时参与；既有直接地从事服务接待的劳动参与，也有辅助性的参与方式，如从事交通运输，农副产品加工与售卖等；既有老年劳动力的劳动参与，也有假期家庭学生成员的帮忙。

3. 就业灵活性

由于一年中四季的变化，农作物周期的更替，农村景观的季节变化，游客休闲时间的假期性以及当地农村地区的特殊性等，乡村旅游的季节性明显，造成了从业人员定期不定期地出现繁忙劳作的现象。有些时候还在从事农业劳作，游客的突然到来促使其瞬间从农业劳作转换到乡村旅游接待工作；多数小型的农家乐经营户本身就处于自我雇佣的方式，统一参与当地的农保制度，并没有像城镇企业员工那样具有"五险一金"；乡村旅游业就业很大程度上依赖客源，客源的多少，客人什么时候到来等决定了从业劳动力的就业时间，使得其就业具有临时性和灵活性。

4. 收入差异性

乡村旅游就业人员因其就业方式、就业能力的差异性，就业收入的差异性也非常大，不同从业劳动者每年的就业收入从几千到几万，到几十万甚至上百万不等。当地政府制定企业带动个体、大户带动小户的鼓励政策，营造公平合理、有序和谐的经营环境和就业环境。

第二节　农村三大产业融合助力新型城镇化快速发展

一、新型城镇化概念的提出

（一）新型城镇化概述

中央城镇化工作会议中，"望得见山、看得见水、记得住乡愁"的城镇化文学性表述引起了社会各界的广泛探讨，这一诗意化的注脚说明了接地气的"新型"城镇化有了区别于以往的很大的不同——高度重视农村发展在城镇化进程中的重要作用。当前，中国掀起了一波农村规划热潮，但是人们在农村认识层面并没有获得系统性的提升，这涉及对农村这个重要本体的两层认识：第一，什么才是"好"的农村，新型城镇化背景下农村的价值体现在哪里。第二，农村发展有着怎样异于城市的社会经济逻辑，规划安排能够起怎样的作用。如果缺少一个正确的"农村规划价值观"，那么一切技术层面的改进都是徒劳的。因此，上述两层认识应该成为"十三五"规划制定农村政策的基础。

回顾近年来国家有关农村发展的政策，如果说基于"工业反哺农业，城市支持农村"的城乡统筹概念为未来站在怎样的高度看待和解决"三农"问题定下了基调，那么国家新型城镇化战略的提出，则为中国农村的具体发展走向提供了一个崭新的背景与全新的思路。本节将首先对中国农村转型的"应然"问题展开研究，通过对日韩以及拉美农村转型历程、经验教训的梳理，结合中国传统乡土文化和当前种种思潮，将农村置于一个整体的城镇化体系中来理解其价值。基于这样的价值认识，进而提出超越"线性转型"的农村复兴框架，并对中国"十三五"的农村政策提出建议。

（二）新型城镇化背景下中国农村价值的再认识

改革开放以来，中国农村在经历了农地改革与税费改革之后，现在谈论的"三农问题"已不再是传统农业社会、农村地域上的农民问题，而是传统的农业社会在现代工业和城市化社会转型当中出现的一系列新问题、新挑战。因此，如今思考当代中国农村发展转型的问题，离不开城乡关系的整体语境。城市的快速扩张在给农村发展带来了众多矛盾的同时，也引入了许多新的机遇。未来中国农村的发展道路应当基于新型城镇化背景下对于农村价值的重新审视。

从农村规划研究的角度，对于农村价值的理解存在着尺度和功能两个维度。一是需要积极地引入将农村作为一种"地域空间"的视角；二是不同层次的地域主体对于农村的功能价值也会有不同倾向的认识——从个人到全球尺度，农村价值侧重是不一样的。这两个维度互相交织，构成了新时期对农村价值三个层次的理解。

首先是农村的农业（agriculture）价值。农业是人类存在与发展的基础，农村是农业生产的基地、食物的供给之源，农村的价值首先体现在农业生产的载体上。在国家层面，粮食主权问题（food sovereignty）是当今国际学术界非常关注的话题，它从国家主权安全的角度定义了粮食自由贸易体系之下国家及其人民掌控口粮的意义。中共十八届三中全会以来，党和国家领导人多次在涉农会议上强调了维持粮食自给率的重要性。在农户层面，应当充分关注到农业庭院经济对亿万农户生计的隐性支持，农民食用自家的粮食、蔬菜、家禽，自给自足，生活富足，但其所体现的使用价值是 GDP 导向强调的市场交换价值所无法计算进去的。因此，在我国这样一个历史悠久的农业大国，无论是从国家还是农户层面，农村的价值始终不能脱离农业生产的重要性去谈论。在对粮食和耕地的安全、食品安全日益重视的今天，农村的农业价值作为首要功能，应该更加重视。

其次是农村的腹地（hinterland）价值。在给定的有限空间和资源的情况下，城市无法实现自给，因此城乡间贸易的交换和资源地占据则成为城镇化的重要特征。在广义城乡关系之中，农村的腹地价值超越了中心交换支撑的传统腹地概念，体现在经济、生态、社会三个层面。仅从农村的社会腹地价值看，作为一个幅员辽阔、人口众多的古老农业国度，农村提供了国家在快速城镇化过程中的一种战略纵深和巨大弹性。对早期华北农村的研究中，黄宗智揭示了中国农村有增长而没有发展的"内卷化"状态，隐喻了农业对我国这样一个人口大国所发挥的滞纳劳动力的重要社会作用。贺雪峰用"稳定器"与"蓄水池"形象地揭示了农村在中国现代化进程中的后方保障作用。全球金融危机后，中国众多农民工能够顺利返乡务农、城市"蚁族"在大城市中纵向社会流动受阻转而服务故乡的案例都表明，中国具备世界上很多微小经济体在抵御社会风险上所不具有的巨大优势——通过城乡间空间上的横向地理流动，有效地维护了社会政治的稳定。

第三是农村的家园（homeland）价值。在新型城镇化背景下，农村在此意义上超越了经济、生态等功能实用主义的理解，而具备了极其重要的人文价值。中国农村作为一种存在、延续数千年的人居环境形态，具备了深厚的文明。区别于以美国为代表的新大陆国家视农村为原生的、亟待开垦干预的空间，农村是我们的祖先耕作劳动、繁衍生息的地域，以此附带了集体的记忆。"三千年读史，不外功名利禄；九万里悟道，终归诗酒田园"，无论是在我国的台湾、香港地区还是大陆，从许多人退休后热衷于农事种植、体验农村生活的热情可见一斑——农村田园成为华人社会自然人文生活中的普遍背景与心灵归宿。社会快速变迁，从一个根植于土地的乡土社会快速切换到无根的、快速变化的城市社会，人们始终存在着一种夹杂在现代与传统之间的"焦虑感",患上了"乡愁"之病。在传统文化的影响之下,中国人往往会将原本针对逝去时光和家园的"怀旧"投射到农村的语境中,一个繁荣复兴的、可以寄托文明归属和历史定位的农村因而也就具备了重要的人文意义。

(三) 实现超越"线性转型"的"农村复兴"

纵观欧美等发达国家的农村发展与转型历程,遵循着从"生产主义"到"后生产主义"再到"多功能农村"的基本演化路径。农村的发展从强调以粮食生产为主到对消费导向的重视,再到当代对于农村价值的多元认识,经历了一个不断反思与回潮的过程。近代社会以来,中国为了实现"国富民强"而有着强大的工业化情结,农村始终处在一个不断追赶城市的发展意识形态之下,强调以一个单向的城镇化、工业化视角来看待农村发展问题,并依此来寻找农村现代化的路径。在此基础上,中国农村发展所形成的从传统到现代的转型范式必然是一个线性追赶的过程,农村在国家现代化的过程中被定义为"落后者"。过分追求城乡之间发展目标、路径的同样化,必然忽视了对农村本身特质、价值的探讨,从而出现了诸多农村异化发展的现象。

在新型城镇化背景下,通过对农村价值的重新认识,人们对中国本土语境下的城乡关系认识更进一层,城乡之间要素禀赋存在着差异,其各自价值彰显的渠道也各有不同,不能简单地通过经济增加值一把尺子去衡量。在当代中国社会,在全球化、信息化、生态化等助力之下,农村发展完全可以避免因循工业化轨迹的追赶发展模式,而走出一条超越线性转型的"农村复兴"之路。"复兴"强调的是在现代语境下重塑农村耐人寻味、不可或缺的文化传统与独特价值,而不是沦为城市的简单附庸。"农村复兴"蕴含了一个否定之否定的辩证取向——强调的是一个传统农村在新型城镇化背景下发展路径的螺旋式回归、螺旋式上升;强调的是在生态文明的指导下,对农耕文明、工业文明的扬弃。在这一概念框架下,农村的发展并不是要追求类同于城市的经济规模总量,而是要在城乡要素自由配置、市场充分共享的情况下,发挥其有别于城市的农业、腹地、家园价值。城乡"各美其美",差异化发展,达到共同繁荣的状态。

(四) 对"十三五"农村复兴政策的主要建议

"十三五"期间,中国的社会经济发展将面临新常态,经济发展难返过去的高增长区间,却给经济结构再平衡、增长动力实现转变等多方面带来了难得的战略机遇期,城乡关系的调整是其中的重要方面。新时期的中国农村价值已经超越了简单的经济功能,具备重大而广泛的社会意义。在内生增长、消费服务业为主的经济拉动下,农村迎来了重要的发展机遇。随着未来中国城镇化红利的不断释放,农村不仅不应成为被动的受损者,相反应当成为重要而主动的受益者。区别于旧式的农村工业化、城镇化道路,"十三五"新型城镇化背景下的农村发展应当彰显其自身的独特价值,努力实现非线性转型和全面复兴,因此要求配套的农村政策设计应以更加规范的空间管制手段、更加灵活的市场资源配置、更加多元的农村治理体系,来推动农村的"活化"与复兴。

首先，要确立空间规划在农村建设中的引领作用。在发达国家，即使是在农村土地私有制的国家中，土地所有者也不能像其他财产所有者一样拥有财产的"全部使用权"，其使用权中的开发建筑权往往被分离出去变为了公权力（典型的如英国、美国），即政府规制着农村土地的开发权。这是由土地作为一种不动产，其使用中带有强烈的外部效应所导致的。中共十八届三中全会对农村经营性用地问题规定，符合规划和用途管制是其流转的重要前提，对于在农村中的耕地、基本农田上从事的建设行为，尤其是涉及保障国家粮食安全的根本性红线问题，更是需要规划去管控。总之，无论中国农村土地制度如何进一步改革，"农地发展权"归公的概念必须明确确立起来，并且长期坚持下去。因此，作为实现公众利益诉求的空间规划，在农村建设中不仅不应该无为，反而应当更加规范严格，从而促进土地开发的公平公正使用，这也是规划作为公共政策的内在要求。当然，农村规划体系需要符合农民生活农业生产的特点，在技术层面区别于城市规划，这需要规划界的不懈探索。

第二，要尽快全面设计促进城乡要素自由流通的机制。国际上所有实现城乡一体发展的成功案例都表明，让恰当的资本、热衷于农村生活的人群、现代化的治理方式进入农村，让农村共享城镇化的红利，是当代语境下实现农村复兴的必由之路。调研中笔者经常发现，中国长期以来"由乡到城"的单向流动制度设计，使得如今很多具备农村情结的市民有着"出得来，回不去"的哀叹，许多愿意到农村进行投资发展的资本受到了种种限制，无法想象光靠那些留守的老人、妇女、儿童就可以实现中国广大的农村复兴。因此，如何在制度层面积极合理地引导来自城市的农村建设动力、人群和资本，规制损害村民利益的那些套利行为，应当是国家在"十三五"期间非常迫切的一项工作。当前国家对农用地使用政策所确立的"所有权+承包权+经营权"三权分立的体系，是打通城乡要素流通的一个良好开端。基于土地经营权的获取，外来资本可以引入先进的农业管理经验技术，发展农业适度规模经营。有条件的地区甚至可以面向城市居民反包，发展兴趣农业，提高农业的附加值，有效提高全民的农地保护、生态保护意识。

要强化对农民先赋性财产权利的保护。以土地承包经营权、集体经济组织成员权利、宅基地用益物权、住房财产权等为代表的农民财产权利束，是农民身份先赋的一种经济权益，也是中国农民重要的、根本性的社会保障形式，在快速城镇化过程中对之应予以充分的尊重和保护。传统城镇化模式中农村土地的增值主要体现在城区和城郊地区，只是少部分农民利用城乡土地二元制度、城市公共投入价值外溢而攫取"不当得利"；绝大部分进城移居农民，他们位于农村腹地的家乡土地并不能增值，这本身就是一种巨大的不公平。在新型城镇化下土地因集聚而产生的巨大财富增值，应当回馈给真正的城镇化主体——那些进城择业的农村人口（亦即实现了"农民工市民化"的人群）。近年来以重庆地票制度为代表的各地实践，通过市场化的方式实现了农地价值支付转移，让土地变成农民实现城镇化的最重要资本，虽然其中还有一些问题需要改进，但是总体方向是正确的。"十三五"期间，国家要在总结前段时期各地成功经验的基础上进行相应的制度创新、顶层设计，开展类似于改革开放初期"家庭承包责任制"那样的二次农地制度改革，从而再次释放农村土地的巨大红利，一体统筹地解决新型城镇化中的城乡联动、社会公平问题。

第四，要构建一二三产业相融的大农业体系。产业是保持农村地区活力的重要前提，农业是农村产业体系中最基础、最核心的竞争力。农业的特性决定了农村地区的产业应当紧紧围绕提高农民的收入来做文章，而不是与城市经济去简单攀比生产增加值。农村地区可以根据自身的资源禀赋，定位设计符合自身条件、彰显自身特色优势的产业，让村民有事可做、有钱可赚、有利可图，从而集聚人气，不断改善农村的经济结构、社会结构。在现代社会中，在市场经济、信息化等的大力推动下，引入现代的管理体系，健全专业化社会化服务体系，大力发展农产品电子商务等现代流通业态，农业就可以与许多农产品加工的第二产业相结合，就可以与农产品销售、电商物流、生态旅游、个性消费等三产相结合。如此，在农村成链条、成体系的农户的家庭经营＋"工业"式标准服务＋个性化三产服务的新产业体系，真正实现一二三产业在农村地域的有机融合，从而彻底改变传统农业低效、低收益的局面，形成"接二连三"的新型农村产业大格局，实现富裕农村的目标。

第五，要注重农村特色文化的传承与塑造。如果说产业是为农村复兴"塑形"，那么，农村文化则是为农村复兴"塑魂"，是农村永葆其独特魅力、彰显其独特价值的核心所在。在当前中国快速城镇化的浪潮中，乡土的景观环境与地域文化都面临着前所未有的冲击。相比理论与方法成熟、具有长期实践基础的城市规划，农村规划对人们而言还是一个相对陌生的领域，各方面的储备、准备都不足。应当尽快开展对农村地区特色资源的普查（而不是仅仅局限于政府批准的那些数量有限的历史文化名村），积极恢复其功能形态，结合当今时代背景与功能需求来活化其文化内涵。应当最大程度地挖掘和传承丰富多彩的地域文化，将其有机渗透到现代生产与生活之中。一些传统的技艺手工、民风民俗、特色建筑可以适当地与农村产业、农村旅游相结合，展示出来，使用起来，让更多的人了解并参与到乡土文化的弘扬之中。

二、新型城镇化与农村产业的发展

农业是我国主要的经济产业之一，农村人口占我国人口比重的一半以上，发展农村产业，进行产业结构调整，是进一步发展农业经济，提高农村居民收入的主要途径，也是城镇化建设的主要目标，值得深入思考。

（一）新型城镇化对农村产业发展的影响

新型城镇化是衡量我国某一地区农村经济社会发展程度的指标之一。新型城镇化意味着在保持农村社会生产、生活特色的基础上，不断发展农村经济，提高农村人民生活水平，缩小农村与城市的收入差距，实现全面发展农村的社会建设目标。

新型城镇化在我国起步较晚，发展缓慢，有些地区由于经验不足，仅单纯依靠贷款发展农村原有的产业结构，没有认识到地区的特色优势与发展模式，严重阻碍了新型城镇化建设的进行。

农村经济虽然是以农业发展为主要动力，但是在知识经济、经济全球化和网络金融的影响下，农村应朝新型城镇化方向发展，就必须使自身的经济结构顺应城镇化的要求，即在城市经济发展的趋势下，调整产业结构，这是新型城镇化背景下的农村产业发展的必然趋势。

（二）农村产业结构调整的方向

1. 农业产业科技化

农村产业是农村经济发展的主要动力，也是目前我国农村居民收入的主要来源。农业产业包括传统的粮食和经济作物的种植，也包括畜牧业和其他农副产品的养殖。各地区由于自然条件不同，农业产业的类型也不一致。但是，纵观我国农村的农业产业发展，不难发现，农业产业科技化程度仍比较低。例如，中国东北大多数种植玉米的农户，还在采用最传统的人工种植方法。秋收时，仍需要大量人力劳动完成收地的工作。南方农业科技化比较明显，但在处理一些种植技术问题方面，农民的技术水平仍旧很低。因此，加速农业产业的科技化发展，是调整产业结构的主要方向。

2. 土地利用可持续化

农村产业发展的特殊条件是土地。农村占有的土地资源最为丰富，而产业结构的调整重点也应该从土地使用方面入手。传统农业对土地利用的频率高，但是经济产出较小，一方面受农业经济本身的限制，另一方面受土地利用形式的限制。从环保的角度看，应使农村土地能够可持续利用，保证农村基本产业的良好有序发展；从产业结构多样化的角度看，应使农村土地可持续利用，即在原有的产业结构基础上，开发具有附加值的产业，使休耕期的土地仍旧有经济产出。

3. 产业发展网络化

在互联网社会中，经济的发展受到网络传播的影响，而农村产业在新型城镇化的背景下，也有必要借鉴网络经济发展的一些经验，促进农村产业发展的网络化。

网络化发展一方面要求农民介入互联网经济，使农村产业经营搭上经济发展的高速列车；另一方面要求农村产业发展不受地域和环境限制，用互联网思维去寻找产业结构改革的可能性，将农村与周围城镇联系起来，将农村产业结构与城市产业发展联系起来，这是农村产业结构调整的又一重要方向。

（三）农村产业结构调整的途径

1. 加强农业科技应用

加强农业科技应用是提高农业产业产出率，调整产业结构的首要途径。科技的应用必然要求资金的支持，如果依靠农民个体推广农业科技是不切实际的。因此，以科技应用为基础，调整产业结构，各级政府应在其中扮演重要的角色。

第一，基层政府应加大资金、技术、人才的投入力度和政策执行力度，特别是加大科技在农业生产中的推广力度。提高科学技术下乡的密度和质量，积极培养有知识、有文化、有素质的新型农民，使这些农民成为新兴科技应用的带头人，使农业科技通过农民之间的交流得到推广。

第二，基层政府应根据各地自身实际情况，制定相应的农业机械补贴政策，鼓励社会资本生产农业机械，促进农业机械的普及。

2. 创新耕地使用形式

耕地是农村经济的基础，也是农村产业结构调整的基础。创新耕地使用的形式，不仅能够使耕地得到保护和可持续利用，还能够为农村产业发展开辟新的途径。基层政府及持有耕地的农民应与当地企业或者第三产业加强合作，在耕地休耕期间，开展农耕技术展览、农家乐体验活动等，利用耕地的独特属性，开发文化及休闲娱乐活动，这样既能够保护耕地，又能够创新耕地的使用方式，从而促进农业产业结构的多样化发展。

3. 城市与农村联动发展

农村经济并不是孤立发展的，它是依据区域优势，随着城镇化进程发展而来的。所以，农村产业结构的调整必须与县域经济发展结合起来，使之与其周围的小城镇形成一个相互合作的整体，充分发挥个体在整体中的带动作用。同时，加快发展乡镇企业，发挥比较优势，鼓励发展第三产业，促使农村劳动力就地转移，实现就地式城镇化。另外，农村企业及农村产业应利用互联网优势，开展网络营销，扩大农产品市场，按需进行农副产品生产，从市场供应入手，逐步调整产业规模和结构。

三、新型城镇化与农业现代化的协调发展

推进新型城镇化和农业现代化是我国现阶段努力实现的两大战略目标。新型城镇化与农业现代化存在互动关系，二者相互影响、相互促进。新型城镇化是农业现代化的必由之路，农业现代化是新型城镇化的重要基础和条件，新型城镇化和农业现代化互动协调发展是实现城乡一体化和国家全面现代化的保证。

（一）我国城镇化与农业现代化的互动关系

1. 快速城镇化加快农业现代化进程

一方面，城镇化进程加快带动了农业生产条件与农村基础设施的改善。改革开放以来，我国城镇化加快推进，促使城镇交通、电力、通讯、自来水等基础设施向农村延伸，逐渐形成城乡连接的基础设施网络，城镇先进技术、管理模式、教育资源、文化产品等向广大农村辐射，不断改善农村的生产和生活环境，农业信息化、规模化、社会化和市场化等水平随之提高。另一方面，城镇化进程加快也带动了农产品消费需求和农业技术创新，促进农村剩余劳动力转移以及农村文化教育与社会保障事业发展，提高农民素质和收入水平，为农业和农村现代化建设创造条件。随着农村城镇化和城乡一体化进程加快，不但有

利于推进农民非农化和市民化进程，而且有利于开展土地规模化及农业机械化、科技化、企业化经营，这对提高农业生产率和农民收入以及实现农业和农村现代化，都有重要的促进作用。

2. 农业现代化推进城镇化加速发展

农业现代化进程不仅为城镇发展提供土地、劳动等生产要素，而且促进城镇交通、住房、基础设施建设和科教文卫事业发展，农民收入增加可以刺激农民消费，从而为城镇相关产业发展创造市场条件，随着农民购买力及其消费结构和层次的不断提高，为城镇工业、房地产业、服务业等发展提供了越来越广阔的市场支持，城镇经济得以持续发展。同时，随着我国农业现代化的推进，除了一部分农村剩余劳动力进城以外，众多的乡镇企业也吸纳大批农村劳动力非农就业。农村工业的集群化发展推动农村社区发展和小城镇成长，一些地区的农业产业化经营还带动农产品生产基地、龙头企业、特色产业和专业市场等发展，进而推动了农村城镇化发展。

（二）新型城镇化与农业现代化协调发展面临的困境

1. 土地城镇化快于人口城镇化，城镇化和农业现代化不协调

我国存在明显的"土地城镇化"快于"人口城镇化"现象。这就导致城镇建设偏重于追求数量、规模和速度，城市空间规模不断扩大，房价快速攀升，造成城镇"空心化"，甚至出现一些入住率极低的所谓"空城"。城镇化和农业现代化不协调问题突出。由于我国长期存在城乡二元体制，城镇化和农业现代化脱节、发展不协调问题突出。特别是城乡二元管理制度是造成我国城镇化和农业现代化偏离的制度性障碍，城乡分割的二元经济结构严重制约农村人口向城镇转移，进城农民工不能享受与城镇居民在就业、购房、子女教育和社会保障等方面同等待遇，这部分人没有真正成为市民，难以在城镇长期稳定生活和工作。

2. 快速城镇化造成耕地不断减少，城镇化和农业现代化缺乏持续性

快速城镇化造成耕地不断减少。特别是我国长期以来推行粗放式城镇化发展模式，在工业化、城镇化都进入中期阶段以后耕地减少明显加速，不尽快改变粗放的城镇化发展模式难以扭转城镇化对耕地的过分依赖。

城镇化带来生态环境问题严重。随着我国城镇人口及能源消耗的增多，环境污染日趋严重，资源环境压力越来越大。传统城镇化主要依靠行政手段推动，土地和资金等投入较大，粗放式城镇化加剧农业生态环境恶化问题，我国农业生产正承受来自城镇工业"三废"和城市生活污水垃圾等多种污染的压力。近年来，农业环境污染事故中大气污染占比40%左右，农业水污染也日益严重，约有50%左右的地表水不符合灌溉水质标准。由于城镇人口不断增加、城镇居民消费不断升级，城镇生态系统也逐渐超出负荷，城镇经济面临不可持续性问题。

3. 政府主导的城镇化模式弊端凸显，土地收益分配和资源配置不合理

长期以来，我国城镇化主要由政府主导，以各级政府行政推动为主，市场发挥作用十分有限。这种城镇化模式的主要特征是政府通过制定和贯彻一系列相关法规和政策，进行城镇建设和城市扩张，通常行政权力决定资源在城乡之间的配置，造成城镇化和农业现代化脱节，农业基础设施薄弱，城乡居民收入差距扩大，农民进城以后没有成为真正的市民。同时，农业发展也没有很好地满足城镇化带来的市场需求，农业产业链不长，农产品精深加工业薄弱，都市农业、观光旅游农业、休闲农业等现代农业的发展水平和层次较低。

另外，由政府主导的城镇化模式，还导致大量资金、土地、技术、高素质劳动力等要素资源加速从农村流向城市，从农业流向非农产业，特别是农村优秀人力资源流失严重，而进行农业生产经营活动的主要是文化技能和素质相对较低的劳动力，甚至是一些留守老人、妇女、儿童，农业劳动力流失与农业现代化对大量高素质新型农村劳动力的需求存在矛盾。

4. 城乡二元经济结构阻碍城乡一体化

从新中国成立到改革开放前，我国经济发展的政策导向是"以农补工"和尽快实现工业化。为了扶持城市工业发展，一方面利用多种政策手段促进农业和农村资源要素不断流向城镇工业，另一方面又以城乡二元户籍制度等严格限制农村人口流入城市，农村富余劳动力大量被束缚在有限的土地上，城乡分割的二元体制不断强化，导致我国二元经济结构特征越来越突出。改革开放后，虽然农村富余劳动力逐渐向城镇转移，为农民增收创造有利条件，但没有从根本上改变农业、农村发展滞后的局面，城乡发展差距进一步拉大，没有解决好城乡二元结构带来的深层次矛盾。由于我国逐渐形成的向城市倾斜的财政投入体制仍然没有打破，城乡之间在公共资源配置方面极不合理，城乡之间生产要素自由流动的制约因素较多。城镇化与农业剩余劳动力转移脱节，农民工在城镇落户定居困难多、成本高，进城务工人员长期奔波于城乡之间，这不仅造成劳动力资源严重浪费，也不利于城乡一体化和农业现代化发展。

（三）协调新型城镇化与农业现代化发展的对策建议

1. 提高城镇发展质量和容纳能力，实施新型"人口城镇化"战略

做好城镇发展科学规划，增强城镇带动能力。国际经验表明，快速城镇化会使经济和人口向城镇集聚，我国应尽快提高各类城镇建设与管理水平，增强城镇接纳能力和产业竞争力，充分发挥城镇的规模效应和集聚效应，尤其是加快发展城镇第三产业，提高城镇对人口的吸收容纳能力，为农村剩余劳动力顺利转移提供产业支撑。在城镇规划方面，当前除了加强大城市和中心城市建设以及发挥其对农村的集聚、带动和辐射功能外，应重点规划建设一批人口在 20 万以下的小城市和城镇，通过提高城镇化水平增强对产业和生产要素的集聚能力。

促进城镇与农村形成互动互补的新格局。我国中小城市及城镇数量众多，分布广泛，与农业和农村经济紧密关联，承担沟通农村与城市的桥梁和纽带功能。其农产品加工业和各类服务业相对发达，面对城乡市场潜力巨大，吸纳农村富余劳动力能力较强，今后这些城镇应不断完善基础设施，逐步实现城镇规模和功能升级，调整产业布局，优化投融资、居住、就业和生活环境，加强文化、教育、医疗卫生事业建设，进一步强化城镇对周边农村的辐射能力，加强各城市之间的联系与联合，促进一些城市群、城市带和城市网等迅速崛起，增强其集聚力、吸引力和容纳力，同时加强城乡之间的联系、分工合作与优势互补，推动城镇化和农业现代化协调发展。

树立新的"人口城镇化"发展理念。地方在推进城镇化进程中必须注重城镇发展质量和综合效益的提升，严格控制城镇占地规模，做到城镇发展与农村人口向城镇迁移同步进行，变传统的"土地城镇化"模式为新型的"人口城镇化"模式。城镇建设发展要遵循经济规律、城市演进规律，充分考虑资源、环境和人口的承载能力，注意城镇建设中的自然条件、资源基础、地理区位、生态环境状况和不同发展阶段等方面的差异，大力发展城镇循环经济，提高城镇工业化、信息化和现代化水平，走集约式和内涵型可持续发展的城镇化道路，充分发挥城镇对区域经济和农业现代化的带动作用。

2. 合理规划配置农村土地资源，走城镇化与农业现代化可持续发展之路

在推进新型城镇化过程中，要进一步深化土地产权制度改革，明晰农村产权关系，确定和颁发集体土地与宅基地使用权、农村房屋所有权、土地承包经营权等证书。在将土地产权明晰界定给农户的前提下，促进土地资源的优化配置及在城乡之间的流动。土地流动既要尊重市场规律又要依法依规进行，实行农村集体土地与城镇国有土地同权和同价原则，通过建立统一、竞争有序的城乡一体化土地市场，有效缓解城镇建设用地资源瓶颈问题。同时，正确处理市场和政府的关系，充分发挥供求、价格和竞争等市场机制在土地资源配置中的决定性作用，逐步形成以市场为导向的土地利用机制；完善耕地保护制度，加强政府部门对城镇建设用地的监管，严格审批流程，防止盲目扩张和乱占耕地；对经营性用地主要依靠市场调节价格，并参照市场价格补偿国家征用的公益性用地，防止土地征用过程中补偿不公现象，以实现保护农民利益和增加农业现代化所需资金的目的。

城镇化对农业生态环境的影响不容忽视，特别是对农业的土壤、水资源、大气环境以及生物多样性存在许多负面影响。因此，政府部门应采取积极措施，有效控制城镇化进程中对农业生态环境的破坏，加大对农业生态环境的资金和技术支持力度，促进城镇和农业的可持续发展。改善农业水资源环境，调整城市工业布局，降低城镇工业及居民生活对水资源的消耗与污染程度。同时，做好城镇及工业优化布局，加强对重污染企业的监管，推行排污许可制度，加大对污染的处罚力度，提高城乡污水处理能力，实现污水资源化和循环利用。

3. 采取由市场主导的城镇化模式，实现城乡之间互动协调发展

积极探索与农业现代化相适应的由市场主导的新型城镇化模式。随着我国市场经济体制不断完善和市场机制作用的加强，农村城镇化路径势必要求由政府主导向市场主导转变，主要通过市场有效配置资源和促进要素在城乡之间合理流动，促进农村剩余劳动力顺利向城镇转移，形成城镇化与农业现代化之间的互动协调发展格局。

实现由政府主导的传统城镇化模式向由市场主导的新型城镇化模式转变，就要以市场为纽带打破城乡分割局面和重塑新型城乡关系，逐渐形成城乡互动发展条件、优势互补和互相促进的局面，从而实现城乡互相渗透、互相融合、互为资源、互为市场、互相服务和共同发展以及城乡共享日益发达的物质与精神文明成果。推行新型城镇化战略要尊重市场规律，尊重农民的自由迁徙、居住、择业、交易权和产权，保证城乡生产要素自由流动，政府只在城镇规划、引导、监管、公共服务等方面发挥宏观调控作用，将城镇建设、产业发展等交给市场。

4. 全面系统推进城乡管理体制改革，转变二元经济结构和促进城乡一体化

深化我国户籍管理、就业、教育、金融、医疗、社会保障等制度改革。国务院发布《关于进一步推进户籍制度改革的意见》，指出为适应推进新型城镇化需要，统一城乡户口登记制度，取消农业户口与非农业户口性质区分，全面实施居住证制度，落实放宽户口迁移政策，有序推进农业转移人口市民化。从实践看，目前我国部分地区已经取消农业户口与非农业户口的划分，为城乡劳动力合理流动创造了条件，其他地区也应抓住机遇，尽快让中央的户籍改革政策落到实处。地方政府也要及时做好配套改革和出台具体措施，消除对进城务工人员的歧视和不合理的限制条件，促进农民工市民化。同时，针对目前农村优秀人才流失问题，既要吸引有志于农业的企业家和城市技术人才到农村投资农业项目，又要对农村留守劳动力加强文化教育和农业技术培训，为农业现代化提供人力资本支持。

完善多元化的农村投入体系，实现城乡协调发展和良性互动。不断提高对农业和农产品的补贴水平，积极实施工业反哺农业和城市支持农村的战略，不断增加中央和地方对农村基础设施建设的投入，扩大公共财政对农村的覆盖范围，逐步形成促进农业和农村发展的财政和投融资体制，引导土地、劳动力、资本等各种要素在城乡之间合理流动，提高资源配置效率。另外，逐步建立健全促进城乡经济社会发展一体化的投入、产业和就业制度，形成城乡统一的公共服务制度，不断缩小城乡差距，实现城乡协调发展。

第十一章 "互联网＋农业"

第一节 "互联网＋农业"全景

农业同其他行业一样，从农业企业的信息化开始，经历着农业的企业互联网化，一些有资源、有实力的企业已经开始尝试农业产业的互联网化布局，未来的农业也必将走向"互联网＋智慧"的新时代。

一、互联网＋农业企业

农业是看上去简单却蕴藏着巨大商机的大产业，根据国家统计局和联想控股的数据显示，中国每年农产业及食品总规模为9.3万亿元，农资总市场为2.2万亿元，其中数据显示2019年中国社会消费品零售总额为411649万亿元，农业产业链占据将近一半的份额。但与此同时农业所面临的挑战也非常多，信息沟通的瓶颈、组织能力的低水平、产业链上下游分散等问题比比皆是，并且农业的规模化和标准化程度也比较低，整个上下游供需之间的信息存在着相当程度的不对称。另外，物流水平落后、金融资源不充分、品牌意识相对薄弱、食品安全风险等问题都是农业行业急需解决的挑战。

二、互联网＋农业产业

中国农业产业的互联网化应该说仍处于刚刚起步和初步探索阶段，更多的是在企业层面进行卖货、聚粉、建平台方向上的布局。覆盖农业产业链上下游，在农产品流通、农业互联网金融、农产品生产加工方面尚未出现颠覆式的创新商业模式。即便是目前参与者众多的农产品流通，也仅停留在农产品流通的2.0、3.0模式下，尚未真正借助互联网实现全部农产品从生产企业/农户直接到零售终端或直接到达消费者手里的模式，但相信随着农产品监管政策、溯源体系、仓储物流体系等一系列制约因素的健全和完善，"互联网＋"农业产业的大潮将很快到来，现阶段相信已经有众多企业在酝酿和筹划相应业务。

三、互联网＋智慧

随着互联网技术的不断发展，出现了"大数据"这个词，大数据指的是需要新处理模式才能具有更强的决策力、洞察发现力和流程优化能力的海量、高增长率和多样化的信息资产，在各行各业寻求与互联网结合的大势下，智慧农业、农业大数据也应运而生。

众多从事农业的人对大数据一词津津乐道的同时，有多少人懂它们对农业的真正意义？中国农业网专家庄定云认为，"互联网＋"和大数据本身只是一种工具，没有特殊意义，只有准确作用在实用经济上才能显现出价值；"互联网＋"也是一种思维，意味着开放、共享的胸怀和创新、和平共赢的精神。在农业领域中，互联网与大数据的应用可以节约农产品资源、增加农产品流通率、促进农业生产力发展，有利于实现农业可持续发展。那中国的"互联网＋农业"时代，农业的哪些方面可以与大数据应用相结合，打造智慧农业，进而引领中国农业互联网化的发展呢？

（一）种业市场大数据应用

在种业市场，对购买方来说，他们面临的最大问题是买到假种子、坏种子，蒙受经济损失。对销售方来说，最大的问题是研发能力弱，新技术、好品种少，没有竞争优势。结合这样的种业现状，我们可以看到两大投资热点：一是避免种子质量风险的大数据应用；二是有助于新技术、好品种交流的大数据应用。

1. 大数据应用一：避免种子质量风险的大数据应用

假种子、坏种子很常见，但是种子市场庞大，监管有难度。有大数据应用可以有效减少种子问题风险，弥补种业市场监管难的问题。

避免种子质量风险的大数据应用在国内就有案例。第一个案例是涉及面比较广的"全国种子可追溯试点查询平台"。该平台拥有品种名称、包装式样、审定编号、适宜区域、企业资质等多种信息。一方面，农民可以通过计算机和智能手机输入相关产品追溯代码，辨别种子真伪；另一方面，种子商能收集农民对所购种子的反馈及评价，更合理地制订制种计划、调整育种方向、维护知识产权。第二个案例是中国农业网正在开发的云种APP，该数据库对种子的发芽率、田间表现等都有详细记录，开发它的目的之一就在于让种子种植者可以有效避免种子质量风险，买到更优质的种子。

2. 大数据应用二：有助于新技术、好品种交流的大数据应用

有助于新技术、好品种交流的大数据应用"研发能力是种企的核心竞争力。"大数据应用可以快速帮助实现种企对于新品种、好品种的开发、研究和交流，增强种企核心竞争力，各大种企必定推崇这样的数据库应用。

国家种业科技成果产权交易平台就是一个新技术、好品种的交流平台。通过该平台不仅能知道种企所需要的品种和技术，而且也有科研机构提供的科研成果，这个平台的目的是最大化发现品种和技术的价值，不仅让种企拥有更多新技术和好品种，也让育种专家拓宽自己的研究方向。

（二）种植过程大数据应用

城镇化不断推进，我国农业人口日渐减少，人力成本增加，传统种植模式不适于农业可持续发展，这对农作物种植提出了新要求，在减少人力成本的基础上，提高农作物种植效率，适应新农业发展的需要。作用于高效率、低风险种植的大数据应用成为种植领域的

投资热点。

1. 大数据应用一：大数据智能控制，实现高效种植

从土壤分析到作物种植，从水分分布、天气监测到施肥撒药等数据的智能控制，智能化农业可以有效节约人工成本，提高种植效率。

北京"农场云"智能系统通过数据进行智能化管理。该系统通过参数传感器实时监测大棚内的空气温度、湿度及土壤干燥度等并设置预警信号，把作物生长、温湿度、病虫害等视频及图片信息实时上传到农场云系统。"农场云"还专门分析了每种蔬菜每个月的市场需求量和合作社的排产供给量，以及两者相差的缺口量，这些数据通过"农场云"系统变成了合作社排产计划的缺口分析统计图，有了这个分析图，合作社的供给就有计划了，积压蔬菜的问题明显减少。针对病虫害问题，有一个专门的APP，当哪个棚里的作物有了病虫害，或者到了成熟期，农户都可以在APP上拍照并注明，生产部门在电脑或手机上打开农场云看到后能及时做出判断和处理。

2. 大数据应用二：天气数据预见农作物损失

厄尔尼诺影响下极端天气常见，对农作物影响巨大，如果能对整个天气数据进行整合处理，预见天气数据对农作物的损失程度，对农民来说，既可以提前做好预防工作，也可以做好保险工作，把损失程度降到最低。

The Climate Corporation 是一家意外天气保险公司，他们每天从 250 万个采集点获取天气数据，并结合大量的天气模拟、海量的植物根部构造和土质分析等信息对意外天气风险做出风险综合判断，以向农民提供农作物保险。

在中国，虽然一直在加强对农业保险的政策补贴力度，但是如果有数据库应用能像上述案例一样实现对农民面临的风险进行综合判断，这对农民的参保更有参考意义，这也能帮助农民防御极端天气灾害。

(三) 农产品市场大数据应用

1. 大数据应用一：对接生产和市场信息，缓解供求矛盾

近年来农产品滞销情况频现，农民卖不出，市民买不起，主要是生产和市场信息不对称导致农产品资源分布不平衡。利用生产数据和市场数据的整合，让生产信息和市场信息有效对接，平衡各地农产品供求数量，成为解决资源分布不平衡的关键。对接生产和市场信息，缓解供求矛盾的数据库成为投资热点。

将各地农产品滞销情况和各地农产品市场需求情况转化为可以利用的数据库，对滞销地区、滞销产品、滞销数量以及各地对农产品的需求量等进行准确记录，并且利用这个数据库，点对点分销，既可以及时解决滞销问题，又可以实现市场资源平衡。

2. 大数据应用二：保证农产品品质的可追溯系统

农产品市场竞争激烈，不良商家动歪心思，农产品质量无法保证。"可溯查"农产品追溯系统旨在以信息化数据追溯来改善人们的食品安全隐患，通过农场到餐桌的数据采集

与收集，为人们在生鲜与蔬菜的消费过程中提供标准化的选择依据。可追溯系统有利于增加农产品附加值，增强农产品竞争力。实现最准确、最值得信任的农产品可追溯系统也成为农业投资热点。

3. 大数据应用三：大数据管理控制生鲜损耗，向损耗要利润

生鲜市场越来越火，损耗大成为生鲜市场发展的瓶颈。将生鲜损耗控制在最低，也成为生鲜企业盈利的关键。这样的背景下，大数据控制农产品损耗成为农业投资热点。

整个大农业生产围绕农民、土地、农资、农产品交易等都会产生大量的数据，可以产生土地流转数据库、土壤数据库、农资交易数据库、病虫害数据库、农产品交易数据库等，除大数据外，农业行业的物联网、云计算技术也将发挥同等重要的作用，如何更全面地将农业互联网化、智慧化，需要在不断的发展中去发现和探索。

第二节 "互联网+农业"产业链

伴随着土地经营进一步规模化，家庭农场、专业合作社等新型经营主体的崛起，从国内外农业发展趋势来看，互联网与农业已开始加速融合，以提高种植效率和产品品质，并实现农产品优质优价销售。可以判定，互联网正潜移默化地改造着中国农业产业链，农业互联网的时代已然到来。

到底互联网对中国农业将会产生怎样的影响和改变，首先我们来看看当前农业的产业链，从产业链入手，来探寻产业链各环节中目前的"互联网+"现状。

一、互联网+农资农机

我国农资行业流通环节繁多、交易成本较高，很大程度上制约着农业产业的整体效益。而农资电商可有效压缩中间环节成本，消除假冒伪劣生存空间，解决农资行业当前矛盾。农资行业进入电子商务领域至少比其他行业晚了10年，正是"互联网+"领域中大有开发价值的"蓝海"。

二、互联网+农业生产

作为农业产业链上的关键环节，农业生产承载着产业链上下游的农资、农产品流通两大领域的发展，在互联网快速改变各行各业的今天，农业的生产环节同样没有被遗忘，与互联网结合下的农业生产更具活力和效率，GPS、遥感、物联网、溯源体系等一系列的互联网技术已经开始应用于农业生产环节。

三、互联网+农产品流通

我国农产品流通电商亟待解决的主要有四大问题：物流配送问题、标准化问题、品牌问题以及信任问题。

（一）物流配送问题

据统计，中国果蔬、肉类、水产品流通腐损率分别达到30%、12%、15%，而发达国家的果蔬流通损耗率则控制在5%以下。在我国，蔬菜流通成本占总成本的比重达54%，果蔬在流通环节的成本是世界平均水平的2~3倍，仅果蔬一类我国每年损失就达到1000亿元以上。

另一方面，高昂的物流成本让农产品电商相比较传统的超市分销模式变得缺少竞争力。

（二）标准化问题

据不完全统计，顺丰优选、易果、正大天地、本来生活、天天果园等生鲜电商平台，进口食品品类都超过了40%。这和我国农产品的非标准化息息相关。

初步分析，农产品标准化可分为三个方面：

1. 品质标准化

向原产地靠近，考虑相关的认证配套，考虑作业流程标准化，用综合的方式及数据指标来固化产品质量。

2. 工艺标准化

比如把鱼剁碎了卖还是切片卖，肥瘦搭配要适宜。

3. 规格标准化

比如重量有300 g和500 g或1000 g之分，外包装有简易装或礼品盒之分，这些需要根据市场定位做调整。

但从中国农产品行业现状来看，市场上缺少农产品标准，短期之内上述问题仍然难以被解决。

（三）品牌问题

我国农产品品种多，产量高，不同地域特色催生了一大批特色农产品。比如神农架野生板栗、东北大米、山西小米、西湖龙井等等，但纵观这些农业品牌，只有地域品牌，无企业品牌，而且存在以次充好、品牌混乱、质量参差不齐的情况，这样很难形成规模效应和经济效应，更难以形成标准化产品。而国外农产品不同，同样是香蕉、菠萝，就产生了全球知名的"都乐"（Dole）品牌，相比之下，中国地域品牌如"东北大米""海南香蕉"等在品牌传递的价值方面就显得非常乏力。

（四）信任问题

农产品很难解决信任问题。任何一个"三标一品"（绿色、有机、无公害、地域品牌）产品，都有无数店在销售，但消费者很难鉴别哪个是真的，哪个是高品质的，市场上也缺乏有效的认证手段。滥竽充数、以次充好的产品很多，电商企业在采购时也面临同样的问题。

我国农产品电商起步较晚，整体还处于市场的探索期，一方面欧美成熟的农产品体系值得我们深入学习与借鉴，充分与互联网结合，另一方面也应在发展过程中注意以下问题：

1. 农产品电商发展前景广阔，但应谨防泡沫

我国农产品电商规模飞速扩张的同时，应当谨防出现农产品电商泡沫。近年来，农产品电商市场的竞争者越来越多，同质化明显，未来可能面临泡沫风险。因此，我国应当谨防农产品电商市场风险和泡沫，农产品电商企业应当明确供应链的综合一体化发展以及技术的投资是获得市场竞争优势的源泉。

2. 农产品电商企业专业化经营是可参考的发展方向

针对我国农产品电商企业同质化经营的问题以及电商泡沫风险上升的现状。美国农产品电商发展过程中呈现出的专业化经营为我国农产品电商的发展提供了很好的借鉴。由于农产品种类繁多，储存、运输条件各不相同，所需要的电子信息技术也有所不同，因此随着竞争的加剧，大而全的电商企业将会选择将有限的资金集中投入到某一个或某几个行业中，实现产业链的优化和竞争优势的培育，最终将形成像美国农产品电商市场的行业格局，即电商企业的专业化经营，以及单个农产品行业中电商企业集中度的提高。

3. 发展多样化农产品电子商务交易模式

随着基础设施建设的逐步完善，电商企业技术水平的逐渐提升，我国初步具备了多领域发展农产品电子商务交易的基础。一是可将农产品电子商务与农产品期货合约相结合，推动我国农产品期货市场的发展。二是可设置农产品国际贸易平台，提供信息、交易谈判、支付、物流等服务，减少农产品国际贸易中的谈判成本、信息搜寻成本和支付成本，提高农产品贸易效率。三是注重农产品零售业对电子商务交易的应用，建立起区域内或跨区域的农产品零售网络商店，提高农产品零售业电商交易规模。

4. 推动农业电子商务的整体协调发展

对比美、英两国可以看到其信息化及电子商务贯穿于整个农业，不仅包含营销、流通等农产品电商环节，还包括上游的供应方农场采购和日常管理。通过全面配套的农业电子商务体系来保障下游营销及流通端的农产品电子商务健康有序发展。其次，农场化的集团运作组织方式有利于发达国家农产品电子商务的发展，减少了农产品电商供应链的管理难度，降低了供应链成本。第三，健全完善的冷链物流体系、高效的管理模式带来的低损耗率促进了农产品电商的快速发展。

第三节 "互联网＋农业"创新模式

一、互联网＋休闲农业

目前，我国的游客，尤其是来自城市的广大游客，已不满足于传统的观光旅游，个性

化、人性化、亲情化的休闲、体验和度假活动渐成新宠。农村地区集聚了我国约70%的旅游资源，农村有着优美的田园风光、恬淡的生活环境，是延展旅游业、发展休闲产业的主要地区。

二、互联网＋淘宝村

随着互联网的飞速发展，在整个农业产业链条均在尝试互联网化的同时，不断有新兴的商业模式或新型的商业群体涌现，淘宝村便是基于旧农村基础，通过与互联网的紧密结合衍生出的新型农村业态。

淘宝村是阿里巴巴集团农村战略的重要组成部分。阿里农村战略已经形成"双核＋N"的架构，"双核"指的是农村淘宝和淘宝村，"N"则指的是阿里平台上多元化的涉农业务，如特色中国、淘宝农业、淘宝大学、淘宝农资、满天星、产业带等。阿里希望通过贯彻执行农村战略，实现"服务农民，创新农业，让农村变美好"的目标。

随着电子商务蓬勃发展，淘宝村的经济社会价值日益显著，孵化出大批草根创业者，创造规模化就业机会，部分网商增加收入，摆脱贫困。

三、互联网＋农村金融

近年来互联网金融出现"井喷式"发展并引发社会各界广泛关注，引用百度百科对于互联网金融一词的解释："互联网金融（ITFIN）是指以依托于支付、云计算、社交网络以及搜索引擎、APP等互联网工具，实现资金融通、支付和信息中介等业务的一种新兴金融。互联网金融不是互联网和金融业的简单结合，而是在实现安全、移动等网络技术水平上，被用户熟悉接受后（尤其是对电子商务的接受），自然而然为适应新的需求而产生的新模式及新业务。是传统金融行业与互联网精神相结合的新兴领域"。互联网金融的出现在一定程度上解决了多年来传统银行始终没有解决的中小微企业融资难的问题，但同时也对传统金融形成较大冲击。

回到农业行业，对本书中所提到的"互联网＋农村金融"需要做两点解释：

第一，农村金融不是指扶贫金融、慈善金融。不可能要求金融机构不顾自身的盈利一味地扶持农村金融。扶贫金融和慈善金融可以作为农村金融的有益补充，但绝不是农村金融的全部。

第二，农村金融也不完全是农业金融，而是涵盖了农村、农业和农民的"三农金融"，相较传统金融，互联网＋农村金融更加强调生态系统的概念，能更好地将农村、农业和农民作为一个整体提供服务，从而更充分地发挥出金融服务的大协同作用，促进农村新经济实现跨越式发展。农业电子商务的浪潮已经形成，客观上要求与之相匹配的金融服务，这就如同工业革命进军的号角鼓舞了传统金融的高歌猛进一样，农业新经济也呼唤着可以引领新时代的金融弄潮儿！

传统金融在过去一个世纪中发展出了令人眼花缭乱的理论体系和创新产品，然而，从本质上看，金融的核心功能无非资源配置、支付清算、风险控制和财富管理、成本核算几大类，下面将基于上述几个维度对传统农村金融与互联网农村金融进行对比，探寻互联网农村金融较传统农村金融的优势所在。

（一）资源配置维度

无论是传统的农业生产还是如今的农业互联网经济，获取资源的主要渠道都是信贷。然而，传统金融在保证农村大企业信贷供给的同时，对小微企业和普通农户的供给明显不足。作为农村金融服务核心部分，对农村住户贷款业务面临三个方面的现实挑战：一是农村住户储蓄转化为对农村信贷的比例不高；二是农村住户信贷中转化为固定资产投资的比例不高；三是农村住户贷款与农村住户偿还能力的匹配度不高。这三个"不高"集中反映了传统金融在农村资源配置方面的能力不足。

贷款与偿还能力的匹配度不高会直接导致违约风险上升。从实际情况看，目前农村信贷的贷前管理主要强调抵押和担保，也就是强调农户的还款意愿。强调还款意愿是信贷中一项重要技术，然而，仅强调还款意愿而忽视还款能力，也很难保证农户按期还款。一旦短期借款远远超过农户的短期收入，就会造成违约的发生，在实践中即使存在合格的抵押品，金融机构的处置难度也很大。由于一旦坏账发生就会带来较大的损失，金融机构借贷的意愿很难提高。

而互联网金融在农村资源配置方面则要优于传统金融。首先，互联网金融基本不会产生传统金融"抽水机"的负面作用。相反，由于农村地区的项目能够提供更高的回报率，互联网金融会吸引来城市的资金，转而投资在农村地区，从而创造出比城市、大企业高得多的边际投资回报率。需要指出的是，虽然利率较高，但是由于期限和金额相对灵活，放款速度快，互联网金融发放的信贷资金实际成本未必很高。其次，从匹配的准确性角度看，互联网金融掌握海量的高频交易数据，可以更好地确定放贷的客户群体，通过线上监控资金流向，做好贷中、贷后管理，在很大程度上克服了农村金融中资金流向不明、贷后管理不力的问题。

（二）支付清算维度

我国农村地区长期以来存在着现金支付的传统，现金支付比例长期居高不下。从支付本身的角度看，现金支付的成本很高。从国际经验上看，现金支付比例高的地方，经济的正规化程度就低，经济中灰色区域就大，偷逃税的现象就多。更进一步说，现金支付比例越高，网络经济、信息经济的发展就会滞后，会影响农村地区的产业升级和城镇化进程。我国农村地区现金支付比例高首先是长期以来形成的传统，其次是传统金融没有发展出适合农村支付的"非现金化"模式。邮政储蓄的按址汇款、农行的惠农卡以及各商业银行都在努力推进的无卡交易改善了农村的支付环境，也降低了现金使用的比例。但是，这些"创新"还是要基于网点的建立和电子机具的布设，没能很好地适应农村地区对现代化支付手段的需求，也就无法切实解决农村的支付问题。

"互联网＋金融"在支付方面已经做出了巨大突破。在互联网金融中，支付以移动支付和第三方支付为基础，很大程度上活跃在银行主导的传统支付清算体系之外，并且显著降低了交易成本。在互联网金融中，支付还与金融产品挂钩，带来丰富的商业模式，这种支付＋金融产品＋商业模式的组合，与中国广大农村正在兴起的电商新经济高度契合，将缔造出巨大的"蓝海"市场。

（三）风险控制维度

"三农"领域风险集中且频发。人类的科技发展至今没能改变农业、农村"看天吃饭"的问题。旱涝灾害、疫病风险以及市场流通过程中的运输问题都会导致农民的巨大损失。传统金融采用农业保险＋期货的方式对冲此类风险。互联网金融"以小为美"的特征在这方面将大有作为，新的大数据方式将非结构数据纳入模型后，将为有效处理小样本数据、完善风险识别和管理提供新的可能。

（四）财富管理维度

传统金融经过多年努力，在农村地区建立起了"广覆盖"的服务网络，但是这种广覆盖不仅成本高，而且"水平低"，其"综合金融"覆盖也基本不包括理财服务。对传统金融机构而言，理财业务门槛高，流程复杂，占用人力资本较多，在农村地区的推广有限，互联网金融已经做出了很好的尝试。类似"余额宝"的创新产品开创了简单、便捷、小额、零散和几乎无门槛的全新理财模式。

（五）成本核算维度

一般可以将成本分为人员成本和非人员成本。对于传统金融机构而言，非人员成本主要指金融机构网点的租金、装修、维护费用，电子机具的购置、维护费用，现金的押解费用等；人员成本主要指人员的薪金、培训费用等。从下列数据可以看出成本是造成农村金融困局的主要原因之一。如：一家6～7人的小型租用网点，一年的总成本超过150万元。相比之下，互联网金融在农村可以不设网点，没有现金往来，完全通过网络完成相关的工作。即使需要一些业务人员在农村值守并进行业务拓展，其服务半径会比固定的银行网点人员的服务半径大得多，从而单位成本更低。另外，互联网金融通过云计算的方式极大地降低了科技设备的投入和运维成本，将为中小金融机构开展农村金融业务提供有效支撑。

互联网金融本身是新生事物，在农村发展的时间相对更短，但由于互联网金融与农村场景天然的偶合性，目前在我国已经出现了若干种"互联网＋农村金融"模式，并可主要分为传统金融机构"触网"、信息撮合平台、P2P借贷平台、农产品和农场众筹平台以及正在探索中的互联网保险等五种主要形式。

1. 传统金融机构"触网"

农村金融改革以来，传统金融机构做了很多有益的尝试。农行的助农取款服务就是一种接近"O2O"的业务模式。通过与农村小卖部、村委会合作，利用固定电话线和相对简易的机具布设，农户就可以进行小额取现。

2. 信息撮合平台

信息撮合平台是利用网络技术将资金供给方和需求方的相关信息集中到同一个平台上，帮助双方达成信贷协议的一种方式，是一种比较初级的互联网金融业务模式。

3. P2P借贷平台

相对于简单的信息共享平台，P2P平台要复杂得多，资金需求方会在网站上详细展示资金需求额、用途、期限以及信用情况等资料，资金提供方则根据个人风险偏好和借款人的信用情况进行选择。借款利率由市场供需情况决定。

4. 农产品和农场众筹

众筹是一种互联网属性很高的融资模式，充分体现了互联网自由、崇尚创新的精神，早期主要服务于文化、科技、创意以及公益等领域。简单来看，众筹类似一个网上的预订系统，项目发起人可以在平台上预售产品和创意，产品获得了足够的"订单"，项目才能成立，发起者还需要根据支持的意见不断改进项目。众筹更加注重互动体验，同时回报方式也更灵活，"投资收益"不局限于金钱，而可能是项目的成果。就农业方面而言，可能是结出的苹果、樱桃甚至挤出的牛奶，也可能是受邀前往"自己"的农场采摘。如果项目失败，则先期募集的资金要全部退还投资者。

5. 农村互联网保险

目前来看，农业保险和农产品期货发展迅速但作用不大，究其原因主要有两方面：一方面是中国的农业保险产品对中央财政补贴具有依赖性，商业化运作匮乏；另一方面是小农经济长期存在，大农场、标准化农产品少，在大工业基础上发展起来的传统金融在对接零散农业需求时显得力不从心。实事求是地说，真正对接农村的互联网保险还在探索中。

第十二章 实现"互联网+农业"之途径

20世纪90年代以来,电子商务作为一种新兴的营销手段,给工业产品销售提供了一个前所未有的飞跃平台,农产品电子商务也应运而生。党的十八大报告提出"坚持把国家基础设施建设和社会发展重点放在农村,深入推进新农村建设和扶贫开发,全面改善农村生产生活条件,着力促进农民增收,保持农民收入持续较快增长"。农产品电子商务是特殊的手段和平台,将农业生产者与消费者两者有机地结合起来,让生产能销售、购买能安心,两端都能满足。通过营造一个生态链,利用互联网的互联高效,实现了双方的共赢。但不是人人都适合创办电子商务,创办农产品电子商务需要做好发展规划与充足的准备,选择合适的项目与经营方法以防止风险的产生。

第一节 农产品电子商务创办策划

一、撰写农产品电子商务创办商业计划书

商业计划书(Business Plan)是一份全方位描述企业发展的文件,是企业经营者素质的体现,是企业拥有良好融资能力、实现持续发展的重要条件之一。一份高品质且内容丰富的商业计划书将会使投资者更快、更好地了解投资项目,将会使投资者对项目有信心、有热情,能够吸引投资者、特别是风险投资家参与项目,最终达到为项目募集资金的作用。

(一)商业计划书编制要点

1. **辨认和明确主意和目标**

明确并能阐述清楚创业项目以及发展目标,伟大的企业都是一步一步脚踏实地走出来的。

2. **团队比任何主意和计划更重要**

团队的重要性显而易见,这也是获得投资融资的关键,创业需要做好的前三件事儿是:人、人、还是人!

3. **大思考**

大处着眼、小处着手,这是创业者必须遵循的路线,仰望星空的同时也要脚踏实地。

4. 注重已经十分明确的市场、分市场和市场间隙

专注你所在的创业领域，争取成为细分市场的领头羊。

5. 了解商业模式

清楚地知道所选的商业模式，没有人会关心没有商业价值的项目，实际的赚钱能力将比财务预估重要得多。

（二）商业计划书的主要编制

一个好的商业计划书是获得贷款和投资的关键。如何吸引投资者、特别是风险投资家参与创业者的投资项目，这时一份高品质且内容丰富的商业计划书，将会使投资者更快、更好地了解投资项目，将会使投资者对项目有信心、有热情，动员促成投资者参与该项目，最终达到为项目筹集资金的目的。商业计划书是争取风险投资的敲门砖。投资者每天会接收到很多商业计划书，商业计划书的质量和专业性就成为企业需求投资的关键点。企业家在争取获得风险投资之初，首先该将商业计划书的制作列为头等大事。商业计划书的主要编制要求如下：

1. 内容真实

商业计划书涉及的内容以及反映情况的数据必须绝对真实可靠，不允许有任何偏差及失误。其中所运用的资料、数据，都要经过反复核实，以确保内容的真实性。

2. 预测准确

商业计划书是投资决策前的活动，具有预测性及前瞻性。它是在事件没有发生之前的研究，也是对事务未来发展的情况、可能遇到的问题和结果的估计。因此必须进行深入的调查研究、充分的占有资料，运用切合实际的预测方法，科学地预测未来前景。

3. 论证严密

论证性是商业计划书的一个显著特点。要使其有论证性，必须做到运用系统的分析方法，围绕影响项目的各种因素进行全面、系统的分析，包括宏观分析和微观分析两方面。

二、商业计划书的基本架构

编写商业计划书的直接目的是寻找战略合作伙伴或风险投资资金，其篇幅既不能过于繁琐，也不能过于简单。一般来说，项目规模越庞大，商业计划书的篇幅也就越长；如果企业的业务单一，则可简洁一些。一份好的商业计划书的特点是关注产品、敢于竞争、充分市场调研，有力的资料说明、表明行动的方针，展示优秀的团队、良好的财务预算、出色的计划概要等几点。一份商业计划书的基本架构（包括但不限于以下内容）如下。

（一）计划概要

摘要是整个商业计划书的"凤头"，是对整个计划书最高度的概括。从某种程度上说，投资者是否中意你的项目，主要取决于摘要部分。可以说没有好的摘要，就没有投资。

（二）项目介绍

主要介绍项目的基本情况、企业主要设施和设备、生产工艺的基本情况、生产力和生产率的基本情况，以及质量控制、库存管理、售后服务、研究和发展等内容。

（三）市场分析

主要介绍产品或服务的市场情况，包括目标市场基本情况、未来市场的发展趋势、市场规模、目标客户的购买力等。

（四）行业分析

主要介绍企业所归属的产业领域的基本情况，以及企业在整个产业或行业中的地位。和同类型企业进行对比分析，做 SWOT 分析，表现企业的核心竞争优势。

（五）市场营销

主要介绍企业的发展目标、发展策略、发展计划、实施步骤、整体营销战略的制定以及风险因素的分析等。

（六）管理团队

主要介绍管理理念、管理结构、管理方式、主要管理人员的基本情况、顾问队伍等的基本情况、员工安排、薪金标准。

（七）财务分析

主要对未来 5 年做营业收入和成本估算，计算制作销售估算表、成本估算表、损益表、现金流量表、计算盈亏平衡点、投资回收期、投资回报率等。

（八）资金需求

主要介绍申请资金的数额、申请的方式，详细使用规划。

（九）资金的退出

主要告诉投资者如何收回投资，什么时间收回投资，大约有多少回报率等情况。

（十）风险分析

主要介绍本项目将来会遇到的各种风险，以及应对这些风险的具体措施。

（十一）结论

对整个商业计划的结论性概括。

（十二）附件

附件是对主体部分的补充。由于篇幅的限制，有些内容不宜在主体部分过多描述，把那些言犹未尽的内容，或需要提供参考资料的内容，放在附录部分，供投资者阅读时参考。

第二节 农产品电子商务创办步骤与方法

"21世纪要么电子商务，要么无商可务"。农村信息服务相对滞后，经常产销脱节，电商则真正实现了信息流通，让买卖无缝对接。农民朋友们强烈渴望扩展销售渠道，使农产品电子商务成了大势所趋。当前，农民销售农产品主要通过自产自销，或者厂家、中间商来收购，基本上处于被动状态。如何化被动为主动，农产品"触电"则实现了生产者与消费者对接，减少了中间环节，使农民在农产品价格形成中拥有更多话语权。不仅如此，农产品"触电"还使农民的角色和社会身份有了变化，这也直接促成了农民返乡创业和就近就业。具体创办的步骤与方法如下。

一、学习网络基础知识，掌握最基本的方法、思路和形式

可以向身边熟人请教一些互联网的基础应用知识，也可利用一些书籍或者网上视频教程来学习。

二、找准思路和方向

卖东西、做服务、做特色、做开发、做商人等疑问需要去定格。找准方向，整理大纲，就开始着手去操作。比如要去卖东西，那么去卖什么？怎么去卖？这些都要去考察、去分析、去定格。寻找合适的农产品信息网站和农产品电子商务网站平台，这类网站分两种：一是B2B，比如阿里巴巴和专门做农产品的发发28农产品信息网；二是B2C/C2C，比如淘宝。第一种倾向于信息平台，适合做批发。第二种倾向于在线交易，适合做零售。对于农村地区的人来说做第一种（B2B交易）显然更好，只需将自己手机号码和QQ/微信联系方式挂上去就行。

三、方法和平台

要到哪里去卖？选在合适的农产品信息平台发布自己需要出售的农产品，将其在互联网上展示出来，申请IP地址及域名、配齐相应的硬件设备、确定提供的服务种类、建立网站的架构设计、信息的采集整理和站点的定位、制作主页、发布主页。现在电商也慢慢成熟起来，方法和平台也比较多，大家都知道的就是淘宝，因为它占据了先机，还是客流最大的地方，最主要的是免费。

四、做好准备

一是做好产品的照片、性能、材料、参数表、型号、用途、包装、使用说明等的准备，要做得精、做得细，这些可以说明自己的公司实力和加工生产能力。二是做推广宣传和优化。首先让客户知道你、找到你，如何找到你，就要做推广宣传和优化。当然做好这

些的同时，也得借助网络去寻求客户。客户找你、你找客户，两样结合。三是做好物流、售后服务。这个很好解决，找固定的物流和快递公司，长期合作，省时、省力、省钱。质量是生命、价格是根本、服务是保障，现在的消费者很注重服务，售后服务一定要做好。

五、创建品牌

农产品电商的迅猛增长，可能会使一些农民或农产品生产经营者误以为只要有电脑或者智能手机，学会操作，就可以销售农产品赚钱了。从我国不同农产品的电子商务发展业绩来看，不是所有农产品都适宜通过网上或者电子交易。比较而言，一些耐储存的农产品，如黑木耳、核桃，特别是全国知名的优势特色农产品，如新疆的大枣、内蒙古的奶酪、宁夏的枸杞，通过网上或者电子交易实现远距离跨省销售，显示出强大的活力。值得一提的是，有品牌的农产品通过电商交易可能会获得成功。对于农产品生产经营者来说，发展农产品电商等交易业务能否成功，关键在于是否具有或者形成品牌效应。

第三节　创办农产品电子商务对农民的要求

农产品电子商务网站的建设和维护、信息采集和发布、市场行情分析和反馈，都需要专门的人才。作为"互联网＋农业"这场变革的主体，农民受知识水平的限制，能否"＋"入互联网、如何"＋"入互联网，是互联网与农业能否真正实现深度融合的关键。

培养掌握现代农业知识、商务知识和网络技术的现代农民，是农产品电子商务得以推广的前提。首先要逐步提高农民的科学文化素质和农业技术水平，对农民进行信息技术和电子商务培训。其次，加强农产品电子商务人才培养，提高农村信息人员素质。具体来说，农民经营电子商务应具备以下几种能力。

一、良好的自我学习能力

所谓学习能力，通俗地讲就是指获取知识、增长才干的本事。创办电子商务需要学习多方面的知识，与传统商务活动不同，电子商务活动要求必须具有较高素质的新型职业农民，掌握经营电子商务的必备技术知识和网络营销策略。经营者得有自我学习意识，切实做到想学、真学、能学。还要掌握学习方法，切实做到会学、学好。要克服"工作忙没时间学"的思想观念，重视知识的更新，树立终身学习的意识，自觉地增长知识，又要不断更新知识，创新学习，不断自我反省。

二、经营管理能力

经营管理能力是农产品电商经营者成功的保障，是解决电商生存问题的第一要素。面对激烈的市场竞争，善于经营强化管理、以管理促进经营，才能把电子商务做大、做强。经营管理能力的提高是农产品经营者投资赢得利润的关键，一个好的项目让一个缺乏经营管理能力的人去做，亏损的概率必定很大。要成为一个合格的经营者，不仅要有资金，还要懂技术，同时还要具备与众不同的经营思路。

从理论上讲，电商与农产品的结合并不复杂，目前似乎也没有什么东西不能在网上卖，一旦前景很好，就趋之若鹜，然而真正做起来也并不容易，激情满怀进入的多，顺顺当当走下去的少。初入农产品电商行业者，常见问题大体有 3 种：

第一种常见情况是想得简单了，觉得找一两个人，拉个网线，开个网店，找点产品，就可以了，其实不然，完整的电商系统比较复杂，网上卖只是冰山一角，不仅有网页设计、产品美工、营销策划、推广运营等前端的东西，更有卖的东西由谁生产、准备卖的东西放在哪里、谁来包装运送、客户投诉怎么办等一系列问题。根据调查，绝大部分农民网店并没有到"钻"级，大部分在 1、2、3 星级，有 20.94% 的农民网商反映提高销售量困难，20% 的人认为缺少开店知识，另有 13.92% 反映不会设计网店，11.7% 反映组织货源难。当前最常见的情况就是开店很快就好了，然后开起来却一脸茫然，怎么经营不会了。所以，要做农产品电商，必须得学习一点电商相关的专业知识，接受一些专业培训。

第二种常见情况是卖不出东西。店开了很久，可能就几单生意，甚至长时间零交易，大失所望。这其实也很正常，网上开店的企业有 1200 万家，淘宝网店有 1100 万个，一款产品搜索一下就有几十到上百页，共几千款，如果没有好的营销照样卖不出去。实体店要打广告，网店要导流量，其实一个道理，核心是要有人光顾，不管是人进店也好，还是网上点击页面，都得费功夫。网店导流一个客户的成本已经在 150 元左右，所以，必须要想办法降低营销成本。实体店打广告可以动用报纸、广播、电视、网络等，网站同样需要动用以上手段，全渠道营销，见缝插针，利用好各种低成本的载体，尤其是微博、微信、QQ。

第三种常见情况是运营成本下不来，卖得不多，花销不少，有营业额却占用巨大精力，盈利无几，甚至亏损，像鸡肋一样。这种情况大体有几种原因，第一种是确实技能不足，运营效率太低；第二种是花了太多的钱来导流量、做推广，理论上挣的钱全部交给平台了；第三种是产品设计不好，同质恶性竞争，赔本赚吆喝。对于技能不足，要坚信人才的成本是绝对不能省的，下力气提高运营水平。对于营销费用太高，要想办法用些节省费用的载体，像新媒体就是有效渠道，微博营销、微信营销的成功案例相当多。更重要的是要综合看网售，不光是卖东西，更是与顾客的互动过程，多用点心思留住老客户，比一味导流量拉新客户可能更靠谱。最根本的还是产品问题，如果产品质量不好，市场定位错误，那花再多的精力可能也是徒劳。

从事农产品电商，不同层次路径亦应有所不同。实力小应该借船出海，先上大的电商平台，如淘宝、天猫、京东；实力中等应该把鸡蛋放在多个篮子里，开展全网营销；实力强还可以自建平台，做产业链，成为小而美的垂直电商，但要一步一步来。

总之，电商前景光明，但门道也很深，做农产品电商就要认识电商、用好电商，从而取得理想的效果。

三、专业技术与创新能力

技术是农业生产的基础，经营电子商务不仅要自己懂生产技术，善于创新，推出特色的产品和服务，而且还要具备相当的计算机技术与网络营销知识。先进的技术是产品质量的保障，产品质量的优劣已不仅仅是传统意义上的物美价廉、经久耐用，还要求产品具有较高的科技含量，紧跟市场需求，开发出能满足不同消费者群体的产品。如传统粮食生产主要是满足人的需要即口粮，但随生活水平的提高，人们饮食需求结构发生了显著变化，禽蛋奶肉类在人们的日常生活中占据相当一部分，动物对粮食的需求远远超过人类，而且随着工业的快速发展，石油资源的加速耗竭，从植物提炼石油成为重要的渠道之一。为此，作为电商经营者，必须能根据市场需求状况的变化选择合适的农业技术，能生产出技术含量不同的有针对性的农产品，对于农产品电商未来的发展意义重大。

创新是知识经济的主旋律，是企业化解风险和取得竞争优势的有效途径，创新能力对农产品电子商务的可持续经营至关重要，唯有不断创新，在市场竞争中做到人无我有、人有我优、人优我周、人周我廉、人廉我转，才能占据优势，获得主动性。要有创新思维、无思维定式、不墨守成规、能根据客观情况的变化及时调整经营策略，创出新路子。搞农业最怕的是盲目跟风，一哄而起。只有通过独特创意开发出"人无我有"的特色农业，经营才能增收增效。

四、沟通协调能力

沟通协调能力是经营者必备的能力。在实际工作中，与多方面的人打交道常常会遇到一些难题，要解决这些矛盾和问题，就必须进行沟通协调。创办农产品电子商务面临诸多难题，对于农民经营者来说要求很高，他需要与政府、普通农户、银行、农业企业等多方面的人员打交道，争取利益与资源，所以经营者必须要有良好的沟通协调能力，沟通不好就无法达成目标。如经营者须与众多普通农户打交道，争取他们让出土地，与每一位农户签订租地契约，这不是一件容易事，处于各自利益的角度达成协议往往很困难，需要经营者具有良好的沟通能力；经营者还须争取政府的政策扶持、银行的贷款支持、农业企业的销售支持以及亲朋好友的感情与物质支持等。

一个成功的经营者必须巧妙地协调好内外部关系，有效地排除人为的干扰因素。

第四节　涉农电子商务创业机会选择

财政部、商务部公布了电子商务进农村综合示范工作的 200 个示范县名单，中央财政计划安排 20 亿专项资金进行对口扶持，发展农村电子商务。重点全力扶持中西部地区，特别是革命老区的农村电子商务发展，资金的使用重点向建设县、乡、村三级物流配送体系倾斜。在新公布的 200 个示范县中，中西部县区占 82.5%，贫困县占比超过 43.5%，包括赣南、黔东、陇南、陕北等革命老区，每一个试点县将拨款 1000 万元扶持。可见，在国家的大力支持下，涉农电子商务必将成为一个新的创业领域，且具备视觉、味觉、健康生活为一体的农特产品一定会成为电商的新创业点。具体来说涉农电子商务创业有以下几个商机可供选择。

一、农村电商、农村代购创业

电商平台渠道下沉成为主流趋势，京东、阿里等电商平台开始大力进入县域、农村电商领域。中国一线城市的互联网网购人群达 4.5 亿左右，县域及农村电商市场超过 9 亿人口。随着农村互联网的快速发展，农村电商呈现井喷式发展，农村电商创业迎来重要的商机。

农村人群有如下特征：农村用户处于分散居住的现状；农村互联网购物还处于萌芽状态；农民口袋逐步富裕，对品牌商品的需求逐步提高，但缺乏购物途径。这个时候发展农村电商、农村代购，是一个不错的商机，可以参考以下创业模式：

(一) 借平台创业模式

如阿里淘宝村、京东代购模式。这需要向平台电商申请，同时具有一定的门槛。阿里推出村淘宝计划，将推进千县万村，计划 3 ~ 5 年内投资 100 亿元，覆盖县域及农村人口 9.5 亿（占全国 70%）。京东目前招募和签约数万乡村推广员，县级服务中心超过 100 家，计划开设 500 家县级服务中心。据了解，京东对县级服务中心的全国布局从 2015 年初开始，目前百家县级服务中心和万名乡村推广员的第一阶段目标已达成。

(二) 自主创业模式

集中本地用户的需求，集中向各大平台下订单代购模式，这种模式可以带动更多的农村互联网新锐人群创业。这种创业机会可行性大，创业风险较低，不需要有库存风险，需要在部分具有互联网基础的农村试点，运营者需要具备一定的电商运营经验，关键是要解决与农村用户之间的信任问题，价格、产品品质、便捷的服务是关键。

二、县域农村电商物流创业

县域经济电商物流创业是当前非常好的商机，全国的快递网络都能够到达县级城市，但要从县级覆盖到村级的物流，这是当前所有快递的一大软肋，不仅仅是普通快递包裹，还包括大家电等品类的物流需求。京东、阿里、菜鸟等各大电商平台为了布局农村电商，都在通过各种模式推动县到村级的物流网络建设。

阿里的农村物流战略中明确要在 3 ~ 5 年内建立 1000 个县级运营中心和 10 万个村级服务站，覆盖全国 1/3 县及 1/6 农村。顺丰开始布局全国农村网络，涉及乡镇达 1.3 万个，占全国约 40% 的乡镇。其做法是顺丰鼓励员工回乡创业，把顺丰的服务网点下沉，内部创业直营模式建立乡村站点，把快递送到乡下同时推动"城乡购"，将土特产通过微店卖出。

可创办县级快递服务站，承接三通一达、顺丰、宅急送等快递企业的县级网点合作，在县到村的配送方面，如果包裹量集中，可以采用小货车配送，或者借助社会化模式整合资源，完全可以采取 Uber、滴滴打车的众包模式。

这种创业机会可行性大、创业风险低，但主要需要搞定各个快递企业在各地域的网点布局，同时对于电商快递包裹流量是否稳定进行风险评估，然后就是对自己的社会化运力资源的整合和调度。从商业模式上看，如果打通了县到村级的物流，对于"农产品进城 + 工业品下乡"都有价值。

三、农村刷墙创业

刷墙的商业价值在于抓住了农村互联网的人口。百度、京东、阿里、当当等电商企业都纷纷下乡去刷墙，紧盯农村市场。在运营方式上可招募网络村官进行线下推进，雇佣农民，整合农村的小卖部等经营者，对乡村用户进行分析。把与农民打交道的语言刷在墙上，吸引农民的注意力并参与其中，上游则对接各大想进入农村市场的电商品牌、互联网品牌、家电、快递企业等。

农村刷墙是典型的农村广告导流人口。就像城市里在电梯中做广告一样，农村的路口也是广告的重要阵地，而且位置成本与劳动力成本低。但面临的挑战是如何获得上游的广告投放客户，特别是抓住品牌进入农村的客户；如何组织社会化的资源去刷墙；结合农民的语言，需要有一定创意的设计。

四、农产品直供电商创业（F2B 和 F2C）

农产品直供模式（Farm to Business，简写为 F2B）当前主要聚焦在城市本地化，消灭中间的渠道直接将产地与城市酒店、食堂、学校、机关等机构对接，这样的模式已经在全国各地出现，而且有的已获大额风险投资。这里要说的不是要去搭建这个平台，作为上游的平台，一定是多农业基地对接的，建议做农产品产地（基地端）的创业者，去帮助农民规划指导种植，然后对接上游平台，因为农民不懂电商，也不懂集中采购、订单农业，这需要新时代的新农人以创业的形式去组织、对接。线上多渠道模式（Farm to Customer，简写为 F2C），对于多品牌农业基地的产品，可以借用淘宝等平台推动 F2C 模式，直接从农场对接家庭，而且可以采取预售和订购模式，或者称为代养、代种植模式。

这个创业机会值得大家探索，传统农场主根本不懂互联网，也不懂品牌，没有商业化思维，如果在这个领域去整合挖掘，帮助农民推动以上两种经营模式，具有重要的实践价值和商业价值。

五、农特微商创业

2015 年农特微商全面爆发，如果所在地具有地标性的特产，具有农特微商的基础，那完全可以参与农特微商创业。目前，国家高度重视"互联网＋农业"的新商业模式，农特微商以全新的商业模式带动行业发展，推动产业流通变革，以新型 C2B 的扁平化供应链发展订单农业。适合农特微商创业的对象如下：

（一）基地

要有地标性农特产，具有独特价值的农特单品。产能稳定、品质可控，适合于当前的物流配送。大型基地最好走品牌化策略，中型基地和单品走众包的品牌思路，小型单品干脆就是娱乐的心态运营。

（二）渠道

只要你会使用微信、QQ 等社群工具即可。农业是一个大行业，每一个人 1/3 的工资都是用来吃，所以农特微商在社交电商时代具有重大的创业价值：1 万人创业都不够，可能要带动百万、千万人的创业。

六、农资集中采购平台、农机融资租赁创业

农村集中采购平台按理说是供销社的事，但中国的供销社至今还没有玩转互联网的先例。所以发展"互联网＋农业"的今天，应该尝试变革。结合农村对农资、种子、农业机械的需求，完全可以搭建一个农资的集中采购平台。如果涉及重大的农业机械设备，还可以和金融机构推动融资租赁模式，获得更大的商业空间。

这个领域具有商机，但是需要多维度的资源支持，各地供销社可能还会设有门槛，尚未完全社会化，建议进入领域创业的要选择相对发达的地方，如互联网影响程度比较高的农村。同时最好在资本的驱动下与县级和市级的相关部门对接，然后协同借力推动，这个领域的商机是绝对有的。

七、农村电商培训创业

商务部和财政部新政中，中央用大量资金扶持农村电商发展，有一个重要方向就是用于支持农村电子商务培训。整个新农业的发展培训是一个重大的市场，需要有互联网新思维的人走下去，走到县域和地方进行交流培训。

这个商机既迎合政策的需求，又以培训带动创业、创业带动就业。如果你会玩淘宝、会玩微商，尝试推动地方农村电商创业培训会有很大的价值。

八、农村旅游平台创业

农业互联网化带动的不仅是商品买卖和服务，乡村产业旅游业也具有巨大的商业价值。

如果在有全国地标性特产的地方搭建农村旅游体验的大平台，以"吃货体验＋乡村游＋订单农业＋互联网营销"为一体，这个商业模式不需要太多的商业化推进，只要整合全国具有特殊性的农业基地、农特基地，然后搭建吃货旅行粉丝为群体，可以生出很多的商业模式。

第五节　创办农产品电子商务的相关政策支持

电子商务的发展需要政府和企业的积极参与和推动。在发达国家，发展电子商务主要依靠私营企业的参与和投资，但政府仍然积极引导。在发展中国家则更需要政府的直接参与和帮助。与发达国家相比，发展中国家企业规模小、信息技术落后、债务偿还能力低，政府的参与有助于引进技术、扩大企业规模和提高企业偿还债务的能力。另外，许多发展中国家的信息产业都处于政府垄断经营或政府高度管制之下，没有政府的积极参与和帮助，电子商务很难在这些国家快速发展。

目前，我国商务部、农业部、科技部等政府部门正在成为农产品电子商务的主要推力。至少在农业信息化发展的起步阶段，从某种意义上说主渠道还是要靠各级政府的政策倾斜以及财政资金扶持。商务部出台了《关于加快流通领域电子商务发展的意见》，并指出："加快发展面向消费者的专业网络购物企业。培育一批知名度高、实力强、运作规范的专业网络购物企业，建设交易商品丰富、服务内容多样的新型商业网站。"该《意见》写道：提高社会公众对电子商务的认知度和参与度，开拓适宜网上交易的居民消费领域，培育和扩大网上消费群体。

商务部把农产品电子商务发展作为重点工程，鼓励传统农产品流通企业创新转型，发展线上线下结合的鲜活农产品网上批发和网上零售，推动形成以农批对接为主体、农超对接为方向、直销直供为补充、网上交易为探索的多种产销衔接流通格局。同时为解决因信息不对称造成的农产品"卖难"问题，商务部开通了新农村商网，会同中组部党员教育中心，在全国27个省的203个县组织开展了农村商务信息服务试点。通过发布信息、提供咨询和对接服务，累计促成农副产品销售2200多万吨、交易额达810多亿元。商务部还建成并开通了"农产品产销自动对接平台"，建立"卖难"应急机制。为规范和支持农产品电子商务的发展，商务部从战略高度进行了统筹规划。

而在农业部方面，同样力度渐强。农业部在"一站通"和"网上展厅"的基础上，进一步整合资源，在中国农业信息网上建设了"中国农产品促销平台"，帮助农民增产增收。区域性大宗农产品交易平台也在发挥作用，山东寿光开通的中国蔬菜市场网利用信息化手段，为蔬菜生产、加工、储运、出口提供蔬菜中远期交易、网上采购与拍卖、在线交流与洽谈等电子商务服务。在政府主渠道投资的推动下我国农业电子商务建设发展的速度明显加快。在其政策激励下，近年来全国出现了一批有特色的农产品电子商务交易平台，提高了流通效率、扩大了中间需求、带动了最终需求，一些活力十足的农产品电子商务网站背后都有着明显的政府背景。

第六节　农产品移动电商与营销

一、移动互联网带来的商机

工业和信息化部发布的《通信业经济运行情况报告》显示，我国移动互联网用户突破9亿，移动电话用户规模近13亿，4G用户总数达到2.25亿，占移动电话用户的比重达17.4%。移动互联网的用户人群巨大，必然带来巨大的商业价值，而且目前关于移动互联网带来的商业价值还在不断地完善。

（一）移动互联网的商业模式类型

目前移动互联网有APP增值、行业定制、电商、广告和个性化定制5种主要商业模式，随着移动互联网产业链的逐步完善，新的商业模式会被不断创造出来。

1. APP增值模式

APP是应用软件，目前手机的应用软件大致分为个人用户应用和企业级应用。个人用户应用是面向个人消费者的，企业级应用是面向企业用户开发的。当互联网进入移动互联网时代，个人用户应用和企业级应用已经成为人们的一种需求，这对移动互联网创业型公司来说是一个很好的机遇。目前APP增值服务有两种类型：其一是直接付费的APP软件，如手机游戏、手机阅读这种类型的APP软件，有相当一部分是付费APP，通过用户付费成为会员的方式使APP增值；其二是"基础免费+增值服务"，就是客户在下载或使用APP软件的时候是免费的，但如果想获得更多的优势，就必须付费。这种模式对移动互联网创业型公司非常重要。

2. 行业定制模式

行业定制模式是企业针对自己的需求，授权操作系统、企业级应用、本地版手机导航、移动办公应用等的B2B商业的交易模式。这种模式门槛比较高，着眼于产业链的上游需求，以B2B的项目合同制授权厂商按照数量或者开放功能等对被授权方收取费用，提供前置化的产品和服务。

3. 电商模式

对于企业来说，移动电子商务模式是最被看重的商机模式。移动电商的最大优势就是实现了消费者随时随地按需求定制服务、利用碎片化时间，通过智能终端便捷查找、选择、比价并最终购买商品和服务。这种模式也是目前手机增值模式中应用最广的一种模式，从移动电商零售、手机团购到手机生活类服务等移动B2C交易，都属于移动电商模式。

4. 广告模式

广告模式是移动互联网变现的另一个主要方向。尽管目前移动应用广告还未成熟，但已有很多自媒体平台通过广告实现了移动互联网的增值服务。目前移动广告的变现主要包括按流量、按点击率、按交易等来进行付费。但随着移动互联网的不断成熟，在未来，付费的内置搜索结果、付费的信息服务清单、对特定人群的第三方付费等模式也将是移动广告未来的发展热点。

5. 个性化模式

个性化需求已经成为当代人的一种追求。而随着移动互联网的发展，在将来会有更多的应用模式围绕用户的个性化需求而构建，将会出现一系列以服务生态为基础、用户个性化需求为核心、内容服务为告慰的新型商业模式。

(二) 移动互联网商业产业链

移动应用市场产业链目前包括移动终端厂商、操作系统提供商、电信运营商、平台提供商、应用开发商、内容提供商、广告主/广告代理商、支付提供商、用户等。

移动终端厂商便捷的移动硬件接入设备是移动互联网的基础平台，以智能手机为手表的终端更是用户接入移动互联网的重要工具和入口。

操作系统提供商是智能手机的核心，是连接的硬件、承载应用的关键平台。目前，Google，苹果和微软是全球操作系统的三大主阵容，电信运营商是指提供网络服务的供应商，如苹果、三星等这些通信设备的生产厂家叫生产商，而中国联通、中国电信、中国移动这些公司叫运营商，他们分别建立了自己的移动业务基地，也有各自的移动应用商店，同时也与各终端厂家合作推出了各自的定制机，但曾经高度集权的电信运营商的经营模式正在弱化。

平台提供商居于产业链的最核心位置，成为连接产业上下游的中间环节，是移动应用产业链的驱动力量。平台提供商主要为用户提供产品和服务，为广告主提供相应的营销推广服务，并成为各环节产品的呈现平台。

应用开发商主要为平台运营商提供应用的供应企业或个人。随着开发平台的不断发展，越来越多的开发者加入开放平台的产业链，使得开放平台的应用内容更加丰富化。

内容提供商向互联网或移动互联网提供大量、丰富又实用的信息服务，包括搜索引擎、虚拟社区、电子邮件、新闻娱乐等。其中服务提供商（Service Provider，SP），是移动互联网服务内容、应用服务的直接提供者，常指电信增值业务提供商，负责根据用户的要求开发和提供适合手机用户使用的服务。利用短信、彩信、WAP 等方式，通过电讯网络运营商提供的增值接口，向用户提供信息服务，然后由运营商在用户的手机费和宽带费中扣除相关服务费，最后运营商和 SP 再按照比例分成。

广告主/广告代理商习惯上被称为"广告公司"，即《中华人民共和国广告法》中所称的广告经营者，一般设有许多职能和业务部门。它是由一些创作人员和经营管理人员所组成的，能够为广告客户制定广告计划、商业宣传、制作广告和提供其他促销工具的一个独立性机构。

支付提供商是移动电商模式的核心，它是独立于银行和电信运营商的第三方经济实体，同时也是连接电信运营商、银行和国家的桥梁和纽带。通过交易平台运营商，用户可以实现跨银行的移动支付服务。

用户广义上是指使用者，即使用产品或服务的一方。用户数量的大小是衡量开放平台价值的重要指标之一。用户基数决定了用户能够为平台带来的潜在价值，同时也决定了品牌对广告主的吸引力。

（三）移动互联网常见的收费模式

移动互联网目前的变现形式主要有以下几种：

1. 前向收费

互联网的一种商业模式，即面向信息使用者或浏览者收费。包括用户包月费、点播费等。这种方式有游戏类、视频类等重要内容资源性网站。这类网站具有极强的吸引力，且相对封闭，不可替代，只有具备以上特点才有可能促使前向客户去支付费用。代表厂商如EA、暴雪、盛大等。

2. 后向收费

主要对企业单位或信息提供者收取费用，包括广告发布费、竞价排名费、冠名赞助费、会员费等费用。是互联网网站采用最多的盈利方式之一。

3. 前向＋后向混合型收费

主要分为两种模式，一种是提供互联网平台，实现纯粹的前向、后向同时收费；另一种是相对多元化的网站，既有面向前端客户收费的模式，也有面向后端客户的收费模式。比如腾讯，既有前向收费，如付费表情软件，也有后向收费模式，如广告等。

二、全面认识微信

（一）微信的概念及发展

微信（WeChat）是腾讯公司于2011年1月21日推出的一个为智能终端提供即时通讯服务的免费应用程序，微信支持跨通信运营商、跨操作系统平台，通过网络快速发送免费（需消耗少量网络流量）语音短信、视频、图片和文字，同时也可以使用通过共享流媒体内容的资料和基于位置的社交插件"摇一摇""漂流瓶""朋友圈""公众平台""语音记事本"等服务插件。

（二）微信功能介绍

1. 基本功能

（1）聊天

支持发送语音短信、视频、图片（包括表情）和文字，是一种聊天软件，支持多人群聊（最高40人，100人和200人的群聊正在内测）。

（2）添加好友

微信支持查找微信号（具体步骤：点击微信界面下方的朋友们—添加朋友—搜号码，然后输入想搜索的微信号码，点击查找即可）、查看 QQ 好友添加好友、查看手机通讯录和分享微信号添加好友、摇一摇添加好友、二维码查找添加好友和漂流瓶接受好友等 7 种方式。

（3）实时对讲机功能

用户可以通过语音聊天室和一群人语音对讲，但与在群里发语音不同的是，这个聊天室的消息几乎是实时的，并且不会留下任何记录，在手机屏幕关闭的情况下也仍可进行实时聊天。

2. 微信支付

（1）微信支付介绍

微信支付是集成在微信客户端的支付功能，用户可以通过手机完成快速的支付流程。微信支付向用户提供安全、快捷、高效的支付服务，以绑定银行卡的快捷支付为基础。

支持微信公众平台支付、APP（第三方应用商城）支付、二维码扫描支付、刷卡支付、用户展示条码、商户扫描后，完成支付。用户只需在微信中关联一张银行卡，并完成身份认证，即可将装有微信 APP 的智能手机变成一个全能钱包，之后即可购买合作商户的商品及服务，用户在支付时只需在自己的智能手机上输入密码，无需任何刷卡步骤即可完成支付，整个过程简便流畅。

微信支付支持以下银行发卡的贷记卡，深圳发展银行、宁波银行。此外，微信支付还支持以下银行的借记卡及信用卡，招商银行、建设银行、光大银行、中信银行、农业银行、广发银行、平安银行、兴业银行、民生银行。

（2）微信支付规则

①绑定银行卡时，需要验证持卡人本人的实名信息，即姓名、身份证号；②一个微信号只能绑定一个实名信息，绑定后实名信息不能更改，解卡不删除实名绑定关系；③同一身份证件号码只能注册最多 10 个（包含 10 个）微信支付；④一张银行卡（含信用卡）最多可绑定 3 个微信号；⑤一个微信号最多可绑定 10 张银行卡（含信用卡）；⑥一个微信账号中的支付密码只能设置一个；⑦银行卡无需开通网银（中国银行、工商银行除外），只要在银行中有预留手机号码，即可绑定微信支付。

应注意：一旦绑定成功，该微信号无法绑定其他姓名的银行卡/信用卡，请谨慎操作。

为了给更多的用户提供微信支付电商平台，微信服务号申请微信支付功能将不再收取 2 万元保证金，开店门槛将降低。保证金的取消无疑是对微信支付门槛的大大降低。未来一段时间内或将有大批商户开始申请接入微信支付，每天新增 1.5 万用户，据业内人士分析，这一数据年底有望突破 1000 万，将超过淘宝 800 万的卖家数目。微信降低支付门槛，更多的淘宝卖家和新型创业者将会大量涌向微信公众平台，势必会迎来更多的企业用户注册。

从 2015 年 10 月 17 日起，微信支付开始逐步恢复测试转账新规。每人每月转账＋面对面收款可享受 2 万免手续费额度，超出部分按照 0.1% 的标准收取支付的银行手续费。为优化服务资源配置，微信会更倾向于将资源倾斜给更广泛的小额转账及红包用户。小额转账及红包依旧免收手续费，不受影响。

3. 微信提现

2016 年 2 月 15 日，腾讯客服发布公告称，自 3 月 1 日起，微信支付对转账功能停止收取手续费。同日起，对提现功能开始收取手续费。微信方面向新浪科技表示，对提现交易收费并不是微信支付追求营收之举，而是用于支付银行手续费。

具体收费方案为，每位用户（以身份证维度）终身享受 1000 元免费提现额度，超出部分按银行费率收取手续费，目前费率均为 0.1%，每笔最少收 0.1 元。微信红包、面对面收付款、AA 收款等功能不受影响，免收手续费。

4. 其他功能

（1）朋友圈

用户可以通过朋友圈发表文字和图片，同时可通过其他软件将文章或音乐分享到朋友圈。用户可以对好友新发的照片进行"评论"或"赞"，用户只能看相同好友的评论或赞。

（2）语音提醒

用户可以通过语音告诉 Ta 提醒打电话或是查看邮件。

（3）通讯录安全助手

开启后可上传手机通讯录至服务器，也可将之前上传的通讯录下载至手机。

（4）QQ 邮箱提醒

开启后可接收来自 QQ 邮箱的邮件，收到邮件后可直接回复或转发。

（5）私信助手

开启后可接收来自 QQ 微博的私信，收到私信后可直接回复。

（6）漂流瓶

通过扔瓶子和捞瓶子来匿名交友。

（7）查看附近的人

微信将会根据您的地理位置找到在用户附近同样开启本功能的人。

（8）语音记事本

可以进行语音速记，还支持视频、图片、文字记事。

（9）微信摇一摇

是微信推出的一个随机交友应用，通过摇手机或点击按钮模拟摇一摇，可以匹配到同一时段触发该功能的微信用户，从而增加用户间的互动和微信黏度。

（10）群发助手

通过群发助手把消息发给多个人。

（12）微博阅读

可以通过微信来浏览腾讯微博内容。

（13）流量查询

微信自身带有流量统计功能，可以在设置里随时查看微信的流量动态。

（14）游戏中心

可以进入微信玩游戏（还可以和好友比分），例如"飞机大战"。

（15）微信公众平台

通过这一平台，个人和企业都可以打造一个微信公众号，可以群发文字、图片、语音3个类别的内容。目前有 200 万公众账号。

微信在 iPhone、Android、Windows Phone、Symbian，Black‒Berry 等手机平台上都可以使用，并提供多种语言界面。

5. 账号保护

微信与手机号进行绑定需要 4 步：首先在"我"的栏目里进入"个人信息"，点击"我的账号"；然后在"手机号"一栏输入手机号码；接着系统自动发送 6 位验证码到手机，成功输入 6 位验证码后即可完成绑定；当"账号保护"一栏显示"已启用"时，即表示微信已启动了全新的账号保护机制。

（三）微信公众平台

1. 微信公众平台介绍

微信公众平台是腾讯公司在微信的基础上新增的功能模块，主要有实时交流、消息发送和素材管理。用户可以对公众账户的粉丝分组管理、实时交流，同时也可以使用高级功能——编辑模式和开发模式对用户信息进行自动回复。当微信公众平台关注数超过 500 时就可以去申请认证的公众账号。用户可以通过查找公众平台账户或扫一扫二维码关注公共平台。

微信发布了新版公众平台，新平台支持服务号进行新的微信认证。

此外，微信还开放了部分高级接口和开放者问答系统。此次微信开放的高级接口权限包括语音识别、客服接口、oAuth2.0 网页授权、生成带参数二维码、获取用户地理位置、获取用户基本信息、获取关注者列表、用户分组接口等 8 项。

微信还发布了货币型基金理财产品——理财通，被称为微信版"余额宝"。

微信网页版指通过手机微信（4.2 版本以上）的二维码识别功能在网页上登录微信，微信网页版能实现和好友聊天、传输文件等功能，但不支持查看附近的人以及摇一摇等功能。

QQ 浏览器微信版的登录方式保留了网页版微信通过二维码登录，但是微信界面将不再占用单独的浏览器标签页，而是变成左侧的边栏。这样方便用户在浏览网页的同时使用微信。

2. 微信公众平台类型

微信公众平台升级，将微信公众平台分成订阅号和服务号两种类型。

（1）服务号的功能

公众平台服务号，是公众平台的一种账号类型，旨在为用户提供服务。如招商银行、中国南方航空。

①1 个月（30 天）内仅可以发送 1 条群发消息；②发给订阅用户（粉丝）的消息，会显示在对方的聊天列表中；③在发送消息给用户时，用户将收到即时的消息提醒；④服务号会在订阅用户（粉丝）的通讯录中；⑤可申请自定义菜单。

（2）订阅号的功能

公众平台订阅号，是公众平台的一种账号类型，为用户提供信息和资讯。如骑行西藏、央视新闻。

①每天（24 小时内）可以发送 1 条群发消息；②发给订阅用户（粉丝）的消息将会显示在对方的订阅号文件夹中；③在发送消息给订阅用户（粉丝）时，订阅用户不会收到即时消息提醒；④在订阅用户（粉丝）的通讯录中，订阅号将被放入订阅号文件夹中；⑤订阅号不支持申请自定义菜单。

3. 订阅号、服务号设置方法

进入公众平台—设置—账号信息—类型—升为服务号/订阅号—选择确定即可。

需要注意的是，公众号只有 1 次机会可以选择成为服务号/订阅号，类型选择之后不可修改，请慎重选择；选择"服务号"时，若您之前公众号选择的是"个人类型"，需要您选择企业、媒体、政府、其他组织类型重新登记相关信息。

（四）微信营销

1. 微信营销的优势

微信营销是一个新型的互联网营销方式，发展前景非常值得期待。毫无疑问，微信已经成了当下最火热的互联网聊天工具，而且根据腾讯 QQ 的发展轨迹看，微信的发展空间仍然很广阔。

微信使得信息交流的互动性更加突出，无论你在哪里，只要带着手机就能够很轻松地同未来的客户进行很好的互动。

通过微信，能够获取更加真实的客户群，微信的用户是真实的、私密的、有价值的，也难怪有的媒体会这样比喻："微信 1 万个听众相当于微博的 100 万粉丝"，虽然有夸张成分，但却有一定的依据性。

因此微信营销经过预热和不断熟练，凭借其自身优势，已经成为企业营销的一大利器。

2. 确定微信营销的目的

微信作为一种移动媒体，在进行微信营销之前，首先要明确微信营销的目的是什么？

（1）作为媒体存在

微信是一种很好的移动自媒体，通过微信营销，首先要确定目标人群，确保人群属性的精准性。如他们是喜欢美食还是喜欢旅游，是哪个地区的用户，在微信营销时，应尽可能做到精细化。

（2）作为电商存在

微信以一种往电商方向发展的形式存在，这也是绝大多数企业进行微信营销的关键。企业利用微信营销，必须做到销售和售后服务两部分。首先尽可能将所售商品的相关知识、促销知识推荐给身边的好友，其次作为电商客服工具，及时解答用户在购买产品、使用产品或服务过程中遇到的各种问题及相关事项。

（3）作为品牌形象存在

对于企业来说，微信平台还具有树立品牌形象的作用，很多企业的微信平台作为企业的官方平台存在，它的形象就代表着企业或产品品牌的形象。

3. 微信平台吸引粉丝的技巧

（1）吸引粉丝的常用技巧

①利用个人微信号为微信公众号宣传。运营微信公众号不是叫用户直接微信搜索某某关注，大家也不要忽略了个人微信号的作用。比如，个人微信有附近的人、摇一摇，尽可能多添加手机 QQ 好友、添加手机联系人、朋友圈等功能。一定要结合起来使用，把用户吸引到公众号上；②利用亲人，朋友关系帮助宣传公众号。通过亲人、朋友间的关系来帮助公众号加粉。比如，叫朋友帮忙转载公众号里的内容到他的朋友圈，加大微信营销宣传；③利用手机陌陌、微视、微博、来往、QQ、论坛、分类信息网等留言发贴宣传。先在各种其他社交软件对微信营销的产品加以宣传，可以利用这些平台来宣传微信公众号；④利用公众号二维码来增加粉丝。微信公众号一般都会叫用户直接微信搜索名称。其实，微信公众号的二维码是非常不错的。大家可以把平台的头像换成二维码图片，在宣传的时候也要带上二维码。总之，能放二维码图片的地方都要放上，让用户关注；⑤寻找合适的营销手段宣传公众号。如利用免费送东西、微信发红包模式、趣味测试游戏等多种手段宣传公众号；⑥利用软文推广宣传微信公众号。在微信营销宣传中多写与农产品相关的文章，最好图文并茂。大家可以写一些经验、知识、技巧类的文章吸引用户观看。对于农产品，营养类的食品大家都比较感兴趣，然后就可以在文章中引导用户关注公众号的信息。写好文章后发布在各大和自己行业相关的网站、论坛，也可以到一些平台去投稿；⑦利用媒体宣传微信公众号。媒体平台有很多，像一些报纸、新闻平台、广播平台等，大家可以花钱叫他们帮忙推广。这些平台一般都是很有实力的，投放一次效果应该很不错，只要策划做好了就行。但费用也较高，一般人承受略有困难；⑧模仿别人的运营方法来加粉。运

营微信公众号，为什么别人的粉丝那么多，自己的号粉丝却那么少呢，原因当然是有的，不管是什么，一定要学习、研究。多关注一些成功的公众号，看他们是如何运营的。小到内容，细到引导，都要用心研究。

（2）做好内容营销

在微信运营过程中，要让更多的客户喜欢你的平台，本质上还要将营销内容做好，把好的内容传递给客户；①要寻找特定目标人群。了解微信内容的目标群体有哪些，把他们所关注的因素搞清楚，挖掘出有重点价值的客户群；②使用专业的编辑人员。专业的编辑人员应具备一流的编辑和写作能力，社会化媒体参与能力和数据分析能力；③寻找群体效应的媒体，媒介要权威，尽量寻找行业的核心人物或意见领袖，提升营销效果；④体现品牌精神，拉近与客户的距离；⑤转化入口要顺利流畅。如一键加好友、微信扫一扫、直接购买按钮、收藏转发按钮等，这些入口的存在非常重要；⑥多渠道播放营销内容，主要是第三方媒介，充分发挥第三方媒介的作用；⑦培养内容营销习惯。做好内容营销并不是一件简单的事，必须能够坚持才能起到效果；⑧找到最适合自己的制作方法。实践出真知，只要认真努力去做，一定能够找到最适合自己的方法，那么这种方法就是对的；⑨追踪衡量内容效果。以上8条最终的结果就是为了实现和衡量营销内容效果如何，因此这是最为重要的一条。

（3）发布内容

1）发布时间

早上7：00～8：30，很多人都在上班前或上班途中，可以利用这个"碎片"时间发朋友圈，但这个时候最好不要发广告，以心情、笑话、励志、天气或有营养价值的内容为主。

中午12：30～13：00，忙碌了一上午，中午饭后，大家习惯性地打开朋友圈，看看大家的新动态，可以选择性地发一条产品信息。

下午17：30～18：00，下班路上，可以发"在打包物品"或发完货的心情等信息。

晚上20：00～22：00，发与产品相关的知识信息、顾客用过的反馈及自己的生活照等。好好利用这段产品宣传的最佳时间。

2）每天发布信息条数

结合上述发布时间，一般来说，每天发布信息5～6条为最佳，最多不应超过10条，否则可能会适得其反。

3）发布的内容

发布营销内容进行产品推广时，不宜做得繁杂，要先推主打产品，再逐步推进其他产品。同时要在不同的季节推出不同的产品，同时考虑性别的不同需要，另外主打产品要与自己的销售目标保持一致。

三、移动电商

互联网的出现改变了人们生活、工作的传统模式，打破了时间、地域的限制，给予人们更多的信息。但随着互联网与无线通信技术的发展，人们已不满足在固定地点与互联网的连接，而是希望随时随地获取和处理需要的信息。无线互联的出现，实现了人们"随时随地与任何人通信"的愿望。越来越多的人相信，移动电子商务的时代就要来临，而且在未来的移动电子商务领域存在着巨大的潜在市场。

（一）移动电商的相关概念

互联网、移动通信技术和其他技术的完美结合创造了移动电子商务，移动电子商务以其灵活、简单、方便等特点开始受到消费者的欢迎。通过移动电子商务，用户可随时随地获取所需的服务、应用、信息和娱乐。

1. 移动电商的概念

移动电子商务（M-Commerce）活动是电子商务的扩展与延伸。简单来说，移动电子商务和电脑上的电子商务过程差不多，只不过将其移到了手机等移动终端屏幕上。通过手机、掌上电脑、笔记本电脑等移动通信设备与无线上网技术结合作为主干通信技术的电子商务体系。

移动电子商务不仅能提供互联网上的直接购物，还是一种全新的销售与促销渠道。它全面支持移动互联网业务，可实现电信、信息、媒体和娱乐服务的电子支付。不仅如此，移动电子商务不同于目前的销售方式，它能完全根据消费者的个性化需求和喜好定制，用户随时随地都可使用这些服务。设备的选择以及提供服务与信息的方式完全由用户自己控制。互联网与移动技术的结合为服务提供商创造了新机会，使之能够根据客户的位置和个性提供服务，从而建立和加强其与客户的关系。

2. 移动电商的特点

（1）安全性

鉴于移动通信的本质，安全性对于移动电子商务是非常重要的。任何人通过无线网络传送信息，理论上其他人都可以截获资料。虽然移动通信运营商已经对信息加密，但是移动电子商务和银行系统需要更高级的安全保障。例如，运营商必须提供端至端信息传送的加密，这些是移动网络运营商在其现有的数字移动系统中无法提供的。

（2）冗余度

移动电子商务和银行系统有很高的冗余度，能够应付数百万个用户和成千上万笔交易同时进行。

（3）服务推出的及时性

商家迫切需要移动电子商务系统可以在较短的时间内投入使用，开发周期一般为60～120天。

（4）灵活性

移动电子商务系统需要有很高的兼容性和开放性，因为消费者时常寻求新的服务和应用。此外，移动电子商务系统应该迅速且易于满足这些需求，用户应当能够自由地使用各种各样的移动设备。

（5）公认标准

由于银行业、商业和通信业已经有了自身公认的业务标准，因此移动电子商务系统应当符合这些标准以节省成本和执行时间。

（6）处理特殊事件的能力

移动电子商务要求有处理特殊事件的能力。与固定网络比较，由于 GSM 网络在跨服务区传输信号时存在硬切换，经常在处理事务时出现掉线，或者在交易进行时移动终端关闭，移动电子商务系统应该能可靠地处理这样的情况。

（二）微店的运营

微店网是全球第一个云销售电子商务平台，是计算机云技术和传统电子商务相结合的变革性创新模式，颠覆了传统网商既要找货源又要顾推广的做法，把企业主从繁琐的网络推广中解放出来、个人网民也省去了找货源之苦，是继阿里巴巴、淘宝之后最先进的电子商务模式。已经有 400 万注册用户开了微店，而且正在以每天新增 60000 家微店的速度飞速发展。

微店无成本（开微店无需资金投入，无需押金，无需装修店铺）；零库存（开微店不需要自己找货源和囤积货源）；无需处理物流（消费者在你的微店购买了产品，由厂家统一代发，无需你处理物流）；无需客服（售后服务由原厂直接负责，微店主只需做好推广）。

微店店主盈利主要来自两部分：一是推广商品，赚取佣金：花 5 秒钟注册了微店，就拥有了一座全场都是正品的网上商城，里面的商品全部由厂家和批发商供货。你只需要把自己微店的网址通过 QQ、博客、论坛、邮件等方式发布出去，让更多的访客进入您的微店购买他们所需的商品，你就获得了推广佣金；二是介绍分销商，获得奖励：介绍别人来开微店，成为你的分销商，消费者在你分销商的微店产生了购买，你可以获得推广佣金的30%。分销越多，你得到的奖励越多。

微店的优势源于它是移动+社交，毋庸置疑的是移动端将是未来的发展趋势，用户移动端的第一大诉求又是社交，移动的便利性可以让人们在一天的碎片时间中也能在网上下单购买，还有就是微信因为粉丝人数的限制所以营销最重要的是维护一批忠实的粉丝。

微店是建立在微信或微博等移动平台上的网站，同时又属于电子商务范畴，因此根据微店的运营特点分为客户开发模式和微店电商运营模式。

1. 客户开发模式

微店是建立在微信及微博这些社交平台上的电子商务店铺，而这些平台最大的特点就是"粉丝经济",谁有的粉丝越多,谁在运营过程中的效果越好,所以微店运营要想获得成功,就必须在客户开发模式上下功夫。

（1）客户探索

所有的活动都是以目标市场及目标客户为核心的。因此必须首先锁定目标客户,明确目标客户群是怎样的以及他们在哪里,把所有的营销策略聚集到最理想的客户群体中,甚至有我们的推销。其次要了解目标人群的核心需求是什么,如客户的梦想是什么,现实与梦想之间的营销道路就会相对通畅许多;客户的近期目标是什么;客户最大的困惑和障碍是什么;客户在使用你的产品之前,可能使用了别的产品,别的产品是什么,它的问题在哪里。最后要了解目标市场的购买能力,只有有支付能力的客户才能真正实现有效的营销。客户的消费观念、消费预算情况都显得尤为重要。

（2）抓潜

抓潜字面上理解就是抓住潜在客户。抓潜需要吸引更多的消费者上网。大部分消费者上网的原因分别是学习、娱乐和交友。通过微信或微博平台为他们提供便利,为他们答疑解惑,引导他们达到更高的追求。因此,首先要通过平台不断地提供有教育意义的、能产生帮助的或者能够得到消费者欣赏与认可的内容,也就是我们经常所说的"有价值的内容"。

如何撰写让客户觉得有价值的内容非常重要。对于担心写作能力较弱,或者要把营销重点放在内容上感觉有些力不从心的人群,建议从以下方面入手:首先了解你的读者,这样会更容易沟通。其次要选择正确的主题,主题的选择可以从产品、行业、客户以及竞争对手进行考虑。比如给健康送鲜电商做内容营销时,根据产品、客户、竞争对手等特点,确定内容主题为养生食谱、家常食谱、包含常识、生活小贴士、臻品推荐及会员优惠等。在撰写过程中,要确定正确的词汇,用少量文字说出更多内容,认真编辑就可以了。

最后把有价值的内容发布出去最重要的是要通过目标客户或支持者的力量传播出去。

（3）成功

通过"抓潜"吸引更多的客户来关注平台后可能有相当大的一部分群体处于观望状态。需要我们进一步去巩固。首先,用独特卖点吸引潜在客户。要做到产品、服务、内容的独特性,使得客户难以抗拒。其次,让品牌与平台战略同步,无论哪一种微店形式,我们在乎的并不是每天吸引了多少新客户、增加了多少新客户,更多的是留住了多少目标客户。因此,作为商家,首先要做的就是将平台战略与品牌结合起来,确认自己的营销领域。

（4）追销

这是属于后端营销的一部分,目的是如何让新客户成为老客户进而成为忠实顾客。首先要使非活跃用户变成活跃用户。除了现有客户之外,还有一部分非常重要的非活跃用户。这些用户一直在关注着平台,但暂时没有互动,更没有购买产品和服务。这些客户也没有明确表示接受或放弃你的营销产品。如何将非活跃用户进行激活?一是通过一些互动平台，提供大家感兴趣的话题进行互动和交流，或者设置微电商，让他们直接成为你的客户。二是通过现有忠实老客户的引导与推荐，也就是所说的"微引流"。这就要做到保证产品、服务和内容的质量，同时提供一些奖励给这些"超级用户"，对这些主动愿意成为你"业务员"的客户，要像对待真正的业务员一样，源源不断地提供给他们一些奖励，以刺激他们不断努力地去推荐你的平台。

2. 微店电商运营模式

上述的客户拓展开发是基础，电商运营模式才能真正实现微店的商业价值。微店电商运营模式分以下 5 个步骤。

（1）搭建微店平台

在搭建微店平台时，首先要能够清楚地向目标消费者全面地展示微店的相关情况，如提供什么产品或服务，何种品牌，产品或服务的具体特点是什么，以什么样的方式进行销售等。同时提供一系列信任的方式方法；其次，在设计平台的时候要遵循一个原则：良好的用户体验。对移动电商进行视觉设计、方案撰写和前端代码编写等，提高移动电商平台的交互性。对移动电商进行测试，测试过程中的问题进行设计修改。

（2）微店运营模式的重要因素

一是产品和品牌，这是营销的根本所在。二是消费人群。总的来说，目标人群越年轻、越时尚，进行微店运营越正确。三是通过内容引流、价值引流、广告传播等方式进行微引流，让目标客户能快捷方便地找到你的微店平台。

（3）成交

尽管消费者购买产品的过程只有短短的几分钟甚至几秒钟，但这一购买举动却包含了很多内容。消费者购买产品的流程一般分为 6 个阶段：产生需求、初选、评估、购买、购买后体验、购后行为。

（4）激活

研究客户的消费行为，激活客户重新购买。

（5）铁杆粉丝部落

经过上面一系列的工作之后，你的粉丝开始慢慢变成你的铁杆粉丝、你的忠实客户。那么如何去维护铁杆粉丝呢，最核心的就是影响力。通过了解目标人群，以最便捷的速度找到他们所需要的产品或服务。建立权威信息平台对于企业来说也起着非常重要的作用。最后，提升铁杆粉丝对平台的喜好。给铁杆粉丝一个喜欢你的理由，多和粉丝互动沟通，另外，要想建立信任，就要说到做到，承诺与行为一致。

四、O2O 营销

（一）O2O 电子商务模式概念、特点及功能

O2O 线上线下电子商务模式（Online to Offline），又称离线商务模式，是指线上营销、

线上购买带动线下经营和线下消费。O2O 通过打折、提供信息、服务预订等方式，把线下商店的消息推送给互联网用户，从而将他们转换为自己的线下客户，这就特别适合必须到店消费的商品和服务，比如餐饮、健身、看电影和演出、美容美发等。国内经典网络公司：如 58 同城、拉手团购等都是 O2O 模式的先驱。

O2O 模式对用户而言能使其获取更丰富、全面的商家及其服务的内容信息；更加便捷地获得哪个商家在线并进行预售的信息；能获得相比线下直接消费较为便宜的价格。

对商家而言能够获得更多的宣传、展示机会，吸引更多新客户到店消费；推广效果可查、每笔交易可跟踪；掌握用户数据，大大提升对老客户的维护与营销效果；通过用户的沟通、释疑，更好地了解用户心理；通过在线有效预订等方式，合理安排经营，节约成本；对拉动新品、新店的消费更加快捷；降低线下实体对黄金地段旺铺的依赖，大大减少租金支出。

对 O2O 平台本身而言与用户日常生活息息相关，并能给用户带来便捷、优惠、消费保障等，能吸引大量高黏性用户；对商家有强大的推广作用及其可衡量的推广效果，可吸引大量线下生活服务商家加入；数倍于 C2C、B2C 的现金流；巨大的广告收入空间及形成规模后更多的盈利模式。

从表面上看，O2O 的关键似乎是网络上的信息发布，因为只有互联网才能把商家信息传播得更快、更远、更广，可以瞬间聚集强大的消费能力。但实际上，O2O 的核心在于在线支付，一旦没有在线支付功能，O2O 中的 online 不过是替他人做嫁衣罢了。就以团购而言，如果没有能力提供在线支付，仅凭网购后的自家统计结果去和商家要钱，结果双方无法就实际购买的人数达成精确的统一而陷入纠纷。在线支付不仅是支付本身的完成、是某次消费得以最终形成的唯一标志，更是消费数据唯一可靠的考核标准。尤其是对提供 online 服务的互联网专业公司，只有用户在线上完成支付，自身才可能从中获得效益，从而把准确的消费需求信息传递给 off-line 的商业伙伴。无论 B2C，还是 C2C，均是在实现消费者能够在线支付后，才形成了完整的商业形态。而在以提供服务性消费为主，且不以广告收入为盈利模式的 O2O 中，在线支付更是举足轻重。

创新工场 CEO 李开复在提及 O2O 模式时指出，"你如果不知道 O2O，至少知道团购，但团购只是冰山一角，只是第一步。"眼下仍旧风靡的团购，便是让消费者在线支付购买线上的商品和服务，再到线下去享受服务。然而，团购其实只是 O2O 模式中的初级商业方法，二者区别在于，O2O 是网上商城，而团购是低折扣的临时性促销，对于商家来说，团购这种营销方法没有可持续性，很难变成长期的经营方法。不过，也正是团购的如火如荼，才拉开了 O2O 商业模式的序幕。

（二）农产品电子商务 O2O

不少涉农电商仍然抱着传统的 B2C、C2C 思维，认为通过导流量，客户就会到线上购物了。但农业电商的客户购买的不仅是产品，更是健康生活。因此，农产品电商需要向消费者从商品背后的故事、种植基地、采摘体验、物流体验、可追溯、供应链可视化等维度全程展现。在这个基础上，传统的 B2C、C2C 思维是"致命伤"。虽然 O2O 模式与 B2C、C2C 一样，均是在线支付，但不同的是，通过 B2C、C2C 购买的商品是被装箱快递至消费者手中，而 O2O 则是消费者在线上购买商品与服务后，需去线下享受服务。这是支付模式和为店主创造客流量的一种结合，对消费者来说，也是一种新的"发现"机制。

大众化农产品的流通要解决 3 个问题：首先是"起始 1 公里"问题，在此过程中会出现多级批发和物流等环节，要考虑怎么绕过这些环节；其次是"最后 1 公里"问题，这就需要有涵盖上游和下游的农业企业，这个企业已经拥有稳定的上游供货，并且建好了下游消费渠道，同时还要拥有自己的配送能力，尤其是冷链物流能力。最后，考虑加入电商的合作形态，在线上实现同一地区更大的辐射，在线下进行配送，更好地解决"最后 1 公里"问题。

实现线上虚拟经济与线下实体经济的融合具有广阔的市场空间。O2O 的核心是将线上线下深度结合，利用互联网庞大的信息量优势拓展线下业务。中团网副总裁刘新成曾表示："门店实体店不会消失，网络不可能取代实体店"。无论时代如何变化，实体店的形式不断改变，从最开始的普通小摊、门店、旗舰店到现在的体验店，模式在不断变更，消费者享受的服务越来越丰富，但实体店始终是作为消费者购物的最重要终端。而 O2O 就是将网上丰富的信息带入线下的方式。O2O 模式的战略构思是将一部分大众化农产品的配送业务切割出去，与本地农业企业实现"最后 1 公里"合作，电商只负责招揽客户，划分配送区域，而备货和配送都由合作企业实现。

(三) 如何开展 O2O

1. 搭建平台

无论电子商务还是实体销售，平台搭建是运营的第一步，而对于 O2O 运营来说，既然它是线上线下的融合，那么 O2O 的平台也应分为线上平台和线下平台两部分。如线上平台，包括淘宝/天猫、微店商城、论坛线下实体渠道等，线下平台包括了农场、农家乐等。

2. 全面推广

根据上面设计的渠道平台，将目标客户群体引流到我们的平台上来，然后进行激活。"推广引流"的问题本质上是平台推广的问题，通过对目标群体调研，进行线上网站推广和线下媒体推广、线下活动推广。

第十三章 注重生态公平，建设美丽乡村

人与自然是生命共同体，人类必须尊重自然、顺应自然、保护自然。人类只有遵循自然规律才能有效防止在开发利用自然上走弯路，人类对大自然的伤害最终会伤及人类自身，这是无法抗拒的规律。党的十九大强调，要加快生态文明体制改革，建设美丽中国。坚持节约优先、保护优先、自然恢复为主的方针，形成节约资源和保护环境的空间格局、产业结构、生产方式、生活方式，还自然以宁静、和谐、美丽。加强农村生态文明建设是建设美丽中国战略的重要组成部分，是推进城乡融合发展战略的实际步骤，也是推动农村经济社会发展以及农村全面建成小康社会的必然要求。

第一节 生态文明与生态公平

一、生态文明的内涵

生态文明是指人类遵循人、自然、社会和谐发展这一客观规律而取得的物质与精神成果的总和，是指人与自然、人与人、人与社会和谐共生、良性循环、全面发展、持续繁荣为基本宗旨的文化伦理形态。生态文明强调人的自觉与自律，强调人与自然环境的相互依存、相互促进、共处共融，既追求人与生态的和谐，也追求人与人的和谐，而且人与人的和谐是人与自然和谐的前提。可以说，生态文明是人类对传统文明形态特别是工业文明进行深刻反思的成果，是人类文明形态和文明发展理念、道路和模式的重大进步。综合目前学界的观点，主要包含以下四个方面：

（一）生态文明是人类的一个发展阶段

人类至今已经历了原始文明、农业文明、工业文明三个阶段，在对自身发展与自然关系深刻反思的基础上，人类即将迈入生态文明阶段。第一，在文化价值上，树立符合自然规律的价值需求、规范和目标，使生态意识、生态道德、生态文化成为具有广泛基础的文化意识。第二，在生活方式上，以满足自身需要又不损害他人需求为目标，践行可持续消费。第三，在社会结构上，生态化渗入到社会组织和社会结构的各个方面，追求人与自然的良性循环。

（二）生态文明是社会文明的一个方面

生态文明是继物质文明、精神文明、政治文明之后的第四种文明。物质文明、精神文

明、政治文明与生态文明这"四个文明"一起，共同支撑和谐社会建设。其中，物质文明为和谐社会奠定雄厚的物质保障，政治文明为和谐社会提供良好的社会环境，精神文明为和谐社会提供智力支持，生态文明是现代社会文明体系的基础。生态文明要求改善人与自然关系，用文明和理智的态度对待自然，反对粗放利用资源，建设和保护生态环境。

（三）生态文明是一种发展理念

生态文明与"野蛮"相对，指的是在工业文明已经取得成果的基础上，用更文明的态度对待自然，拒绝对大自然进行野蛮与粗暴的掠夺，积极建设和认真保护良好的生态环境，改善与优化人与自然的关系，从而实现经济社会可持续发展的长远目标。

（四）生态文明是社会主义的本质属性

生态问题的实质是社会公平问题，受环境灾害影响的群体是更大的社会问题。资本主义的本质使它不可能停止剥削而实现公平，只有社会主义才能真正解决社会公平问题，从而在根本上解决环境公平问题。因此，生态文明只能是社会主义的，生态文明是社会主义文明体系的基础，是社会主义基本原则的体现，只有社会主义才会自觉承担起改善与保护全球生态环境的责任。

二、生态公平

生态公平是生态文明的重要理论支点和实现方式。生态公平涉及人与自然和人与社会关系的协调解决。习近平同志指出："保护生态环境就是保护生产力，改善生态环境就是发展生产力。良好生态环境是最公平的公共产品，是最普惠的民生福祉。"这一科学论断深刻揭示了生态与民生的关系，既阐明了生态环境的公共产品属性及其在改善民生中的重要地位，又对整体提升民生福祉有着根本性意义。

（一）生态公平是构建生态文明的重要理论前提

社会公平和正义是社会主义的本质属性，环境公平作为社会公平的一个重要组成部分，理应成为构建生态文明的制度伦理基础。生态文明的核心是如何协调人与自然的关系。人的社会属性和社会关系影响着人与自然的关系，人的实践是在一定的社会制度伦理中形成的。社会关系的公平性问题影响人与自然的关系。环境公平讲的是人在面对自然时如何协调自身的行为，如何比较和评定不同主体应对自然的责任所在，这种比较评价系统涉及人的价值的对立和平衡。将环境公平纳入生态文明的系统中，这就深化了人们对人与自然关系的认识，深化了人们对生态文明的制度伦理的认识，进而深化了人们面对自然如何约束自我利益冲动的认识。

（二）生态公平是构建生态文明的主要任务

1. 构建文明的生活方式

生态文明是当代人进步的生活方式的重要体现，生活方式体现着人对生活的态度，生活方式是由一定的价值观所决定的。在现实生活中，人们常常不加节制地掘取稀缺性资源，以满足自己的感官需求；随意地破坏自然环境，不尊重自然，将自然当作用之不竭的生活仓库。要真正解决这些不良的生活方式问题，就需要构建一个以生态公平为基础的新生态价值观，并将这种价值观渗透到人们的生活方式中。

2. 解决污染问题

解决污染问题的关键是分清不同的主体在与自然打交道过程中损益度的界定。只有建立环境公平的制约机制，才能够有效遏制生态污染的蔓延。

3. 促进人与自然的可持续发展

生态文明的构建不是要无端地压制人的需求，也不是要求回到原初的天人合一状态，而是要在均衡人与自然的能量交换中，促进人与自然的可持续发展。这就需要构建生态公平机制，在这种公平的机制和框架中，进一步激发人们认识自然的积极性和创造性，激发人们爱护保护自然的积极性和创造性，增强人们面对自然的责任意识和自律意识。

(三) 生态公平是构建生态文明的重要目标

马克思主义认为，人的全面自由发展，是人类社会发展的终极目标。

社会公平作为人的本质要求，构成了人的全面发展的重要内容。人是社会关系的总和，在社会交往中，人付出与获得能否成正比，人是否能在社会利益的冲突中获得满足，这都取决于社会公平正义的实现。社会公平已经构成了人的本质诉求，维护人的独立尊严，使每一个人在这个社会上得到公平的对待，这是一个文明社会的基本标志，也是现代人内在的文化心理需求，更是个人追求独立尊严的重要体现。从历史上来看，人们将公平正义作为社会的理想境界，不惜献出生命，大同世界一直是中国人的理想社会的表达，在现实社会中，公平概念表现在多方面的内容。人们要追求经济公平，以激发劳动创造的动力；人们要追求政治公平，以体现现代人民主参与监督的政治权益；人们要追求文化公平，以证明个体存在发展的尊严；人们要追求生态公平，以促进人与自然的可持续发展。也就是说，只有将生态公平与经济、政治、文化公平一起纳入人的全面发展的系统中，才能真正奠定人对公平全面诉求的基础，才能真正赋予公平与时俱进的新内容。

第二节　我国生态文明建设

一、生态文明建设在我国的发展历程

生态文明建设就是面对资源约束趋紧、环境污染严重、生态系统退化的严峻形势，树立尊重自然、顺应自然、保护自然的生态文明理念，走可持续发展道路。其实质就是把可持续发展提升到绿色发展高度，为后人"乘凉"而"种树"，不给后人留下遗憾而是留下更多的生态资产。

20世纪90年代始，中国的生态环境问题愈来愈凸显出来，中国政府也已意识到环境问题的重要性。在联合国环境与发展大会召开之前，1992年3月，国务院发布《国家中长期科学技术发展纲领》，多次提到环境污染、生态保护等词语，指出"生态学的研究着重于系统的协同进化、退化生态系统的机理和优化人工系统的组建等，为改善环境、促进社会发展做贡献"。1994年中国政府率先制定出台了《中国21世纪议程》，坚持走可持续发展之路。1998年，国家环境保护局正式升格为国家环境保护总局，由副部级上升为正部级，成为国务院的直属单位。2005年年底，国务院发布《国家中长期科技发展规划纲要》，其中的每一个重点领域及其优先主题都融入了"生态保护"理念。2007年，"建设生态文明"被写进了党的十七大报告当中。2008年，成立了中华人民共和国环境保护部，成为国务院的组成部门，进一步加强对生态环境的保护和治理。

二、近年来我国生态文明取得的成效

生态文明建设是中国特色社会主义事业的重要内容，关系人民福祉，关乎民族未来，事关"两个一百年"奋斗目标和中华民族伟大复兴中国梦的实现。近年来，党中央、国务院高度重视生态文明建设，先后出台了一系列重大决策部署，推动生态文明建设取得了重大进展和积极成效。党的十八大提出，要坚持节约资源和保护环境的基本国策，坚持节约优先、保护优先、自然恢复为主的方针，着力推进绿色发展、循环发展、低碳发展，形成节约资源和保护环境的空间格局、产业结构、生产方式及生活方式，从源头上扭转生态环境恶化趋势，为人民创造良好的生产生活环境，为全球生态安全做出贡献。

大力推进生态文明建设，全党全国贯彻绿色发展理念的自觉性和主动性显著增强，忽视生态环境保护的状况明显改变。生态文明制度体系加快形成，主体功能区制度逐步健全，国家公园体制试点积极推进。全面节约资源有效推进，能源资源消耗强度大幅下降。重大生态保护和修复工程进展顺利，森林覆盖率持续提高。生态环境治理明显加强，环境状况得到改善。引导应对气候变化国际合作，成为全球生态文明建设的重要参与者、贡献者、引领者。尤其是党和国家提出并实施国家创新驱动发展战略，强调科技创新的核心地位和重要作用，为建设美丽中国制定了一系列新举措，取得了诸多重要成就，推动了生态文明社会的全面建设。

（一）加快污染型企业技术改造

进一步加大对污染型企业的技术改造，提高对资源的利用效率，减少污染物的排放。环保部会同国家质检总局发布了《水泥工业大气污染物排放标准》等三项标准，旨在加快水泥行业的技术改造，大幅降低水泥生产对环境的负面影响。工信部和环保部联合印发了《水污染防治重点行业清洁生产技术推行方案》。该方案主要推进造纸、印染等11个重点行业加快技术改造，推动央企实施清洁生产技术改造和升级，降低工业生产对水资源的依赖程度，严格控制并削减水污染物排放总量。

（二）加强环境污染治理力度

在加强环境污染治理方面成绩显著。国务院颁布和实施《大气污染防治行动计划》，形成有效的大气污染防治新机制，通过科技创新服务于大气污染治理，取得了显著成效。

（三）发展高新科技，打造生态产业

积极推动高新技术企业的发展，打造了一批生态产业，既推动了经济发展，又减少了资源的消耗和污染物的排放，有效协调了经济发展与生态环境之间的矛盾。为了降低经济发展对资源的消耗，也为了减少行业发展对生态环境的负面影响，很多地方加快低碳科技创新和高新科技项目引进，推动了电子信息产业、高技术服务业、新能源开发利用等行业的发展。有些地方选择具有示范效应的低碳科技创新项目与传统产业相结合，发展生态农业、生态旅游产业等，既发展了地方经济，又修复了生态环境。有的地方将技术创新与文化产业相结合，加强低碳核心技术、关键技术和共性技术的创新与推广，推动了低碳技术在文化领域的转化应用，如采用低碳印刷、传媒影视、网络动漫等领域的低碳技术装备，提升文化产业的低碳科技发展水平。

（四）加快和完善生态文明制度建设

保护生态环境必须依靠制度。政府把资源消耗、环境损害、生态效益纳入经济社会发展评价体系，建立体现生态文明要求的目标体系、考核办法、奖惩机制。《中共中央关于全面深化改革若干重大问题的决定》提出，建设生态文明，必须用制度保护生态环境，探索编制自然资源资产负债表，对领导干部实行自然资源资产离任审计。此外，还将建立生态环境损害责任终身追究制。中共中央、国务院印发《关于加快推进生态文明建设的意见》，提出"要充分认识加快推进生态文明建设的极端重要性和紧迫性，切实增强责任感和使命感，牢固树立尊重自然、顺应自然、保护自然的理念，坚持绿水青山就是金山银山，动员全党、全社会积极行动、深入持久地推进生态文明建设，加快形成人与自然和谐发展的现代化建设新格局，开创社会主义生态文明新时代"，中共中央、国务院印发《生态文明体制改革总体方案》，提出要"为加快建立系统完整的生态文明制度体系，加快推进生态文明建设，增强生态文明体制改革的系统性、整体性、协同性"。中共中央办公厅、国务院办公厅印发了《关于全面推行河长制的意见》，提出"坚持节水优先、空间均衡、系统治理、两手发力，以保护水资源、防治水污染、改善水环境、修复水生态为主要任务，在全国江河湖泊全面推行河长制，构建责任明确、协调有序、监管严格、保护有力的河湖管理保护机制，为维护河湖健康生命、实现河湖功能永续利用提供制度保障"。要求中国境内的每个区域的河湖都有各级党政主要负责人专门负责，承担相应区域水资源的保护和管理责任。中共中央办公厅、国务院办公厅印发《生态文明建设目标评价考核办法》，提出"生态文明建设目标评价考核实行党政同责，地方党委和政府领导成员生态文明建设一岗双责，按照客观公正、科学规范、突出重点、注重实效、奖惩并举的原则进行""生态文明建设目标评价考核在资源环境生态领域有关专项考核的基础上综合开展，采取评价

和考核相结合的方式，实行年度评价、五年考核"。这一系列制度措施的出台与实施，充分表明党和政府正加快推进和完善系统完整的生态文明制度体系的构建。

三、我国生态文明建设未来的主要任务

党的十九大进一步提出，建设生态文明是中华民族永续发展的千年大计。必须树立和践行绿水青山就是金山银山的理念，坚持节约资源和保护环境的基本国策，像对待生命一样对待生态环境，统筹山水林田湖草系统治理，实行最严格的生态环境保护制度，形成绿色发展方式和生活方式，坚定走生产发展、生活富裕、生态良好的文明发展道路，建设美丽中国，为人民创造良好的生产生活环境，为全球生态安全做出贡献。强调我们要建设的现代化是人与自然和谐共生的现代化，既要创造更多物质财富和精神财富以满足人民日益增长的美好生活需要，也要提供更多优质生态产品以满足人民日益增长的优美生态环境需要。必须坚持节约优先、保护优先、自然恢复为主的方针，形成节约资源和保护环境的空间格局、产业结构、生产方式、生活方式，还自然以宁静、和谐、美丽。

（一）推进绿色发展

加快建立绿色生产和消费的法律制度和政策导向，建立健全绿色低碳循环发展的经济体系。构建市场导向的绿色技术创新体系，发展绿色金融，壮大节能环保产业、清洁生产产业、清洁能源产业。推进能源生产和消费革命，构建清洁低碳、安全高效的能源体系。推进资源全面节约和循环利用，实施国家节水行动，降低能耗、物耗，实现生产系统和生活系统循环链接。倡导简约适度、绿色低碳的生活方式，反对奢侈浪费和不合理消费，开展创建节约型机关、绿色家庭、绿色学校、绿色社区和绿色出行等行动。

（二）着力解决突出环境问题

坚持全民共治、源头防治，持续实施大气污染防治行动，打赢蓝天保卫战。加快水污染防治，实施流域环境和近岸海域综合治理。强化土壤污染管控和修复，加强农业面源污染防治，开展农村人居环境整治行动。加强固体废弃物和垃圾处置。提高污染排放标准，强化排污者责任，健全环保信用评价、信息强制性披露、严惩重罚等制度。构建政府为主导、企业为主体、社会组织和公众共同参与的环境治理体系。积极参与全球环境治理，落实减排承诺。

（三）加大生态系统保护力度

实施重要生态系统保护和修复重大工程，优化生态安全屏障体系，构建生态廊道和生物多样性保护网络，提升生态系统质量和稳定性。完成生态保护红线、永久基本农田、城镇开发边界三条控制线划定工作。开展国土绿化行动，推进荒漠化、石漠化、水土流失综合治理，强化湿地保护和恢复，加强地质灾害防治。完善天然林保护制度，扩大退耕还林还草。严格保护耕地，扩大轮作休耕试点，健全耕地草原森林河流湖泊休养生息制度，建立市场化、多元化生态补偿机制。

（四）改革生态环境监管体制

加强对生态文明建设的总体设计和组织领导，设立国有自然资源资产管理和自然生态监管机构，完善生态环境管理制度，统一行使全民所有自然资源资产所有者职责，统一行使所有国土空间用途管制和生态保护修复职责，统一行使监管城乡各类污染排放和行政执法职责。构建国土空间开发保护制度，完善主体功能区配套政策，建立以国家公园为主体的自然保护地体系。坚决制止和惩处破坏生态环境行为。

第三节　农村生态文明建设

生态文明意味着人类在处理人与自然、个人与社会的关系方面达到了一个更高的文明程度。党的十九大提出坚持农业农村优先发展，按照"产业兴旺、生态宜居、乡风文明、治理有效、生活富裕"的总要求实施乡村振兴战略，对农村生态文明建设赋予新的要求。

一、农村生态文明概述

（一）农村生态文明

2005 年 10 月 11 日，党的十六届五中全会通过《中共中央关于制定国民经济和社会发展第十一个五年规划的建议》，提出要按照"生产发展、生活宽裕、乡风文明、村容整洁、管理民主"的要求，扎实稳步推进新农村建设。2007 年 10 月，党的十七大报告提出要深入落实科学发展观，"必须坚持全面协调可持续发展。要按照中国特色社会主义事业总体布局，全面推进经济建设、政治建设、文化建设、社会建设，促进现代化建设各个环节、各个方面相协调，促进生产关系与生产力、上层建筑与经济基础相协调。坚持生产发展、生活富裕、生态良好的文明发展道路，建设资源节约型、环境友好型社会，实现速度和结构质量效益相统一、经济发展与人口资源环境相协调，使人民在良好生态环境中生产生活，实现经济社会永续发展"。2012 年 11 月，党的十八大提出，"全面落实经济建设、政治建设、文化建设、社会建设、生态文明建设五位一体总体布局，促进现代化建设各方面相协调，促进生产关系与生产力、上层建筑与经济基础相协调，不断开拓生产发展、生活富裕、生态良好的文明发展道路"。2017 年 10 月，党的十九大强调，"必须树立和践行绿水青山就是金山银山的理念，坚持节约资源和保护环境的基本国策，像对待生命一样对待生态环境，统筹山水林田湖草系统治理，实行最严格的生态环境保护制度，形成绿色发展方式和生活方式，坚定走生产发展、生活富裕、生态良好的文明发展道路"，必须始终把解决好"三农"问题作为全党工作重中之重，"坚持农业农村优先发展，按照产业兴旺、生态宜居、乡风文明、治理有效、生活富裕的总要求，建立健全城乡融合发展体制机制和政策体系，加快推进农业农村现代化"，彰显了农村发展对生态文明建设举足轻重的作用。

我国是一个农业大国，农村生态文明建设进程关系到整个国家生态文明建设的进程。

因此，建设生态文明的首要任务就是要加强农村生态文明建设。生态文明包含丰富深刻的内容，它至少包括科学的生态发展意识、健康有序的生态运行机制、和谐的生态发展环境，全面、协调、可持续发展的态势，经济、社会、生态的良性循环发展，以及由此保障的人和社会的全面发展。农村生态文明主要是指自然生态环境与农村的关系，良性的生态环境促进农村的发展，在农村农业生产中要着力形成和谐、良性、可持续的发展势头。

（二）农村生态文明建设的内容

按照生态文明的应有题义，农村生态文明建设必须实现社会生产方式、生活方式特别是人的思维观念的生态化转变，创造经济社会与资源、环境相协调的可持续发展模式，建设经济活动与生态环境有机共生、人与自然和谐相融的文明农村。具体应包括以下几个方面：

第一，加强农民组织建设，促进小农户之间的联合，以扩大生产经营规模、提高风险承担能力；通过引导、培训等方式加强组织的自身能力建设，提高其市场竞争力；加大对生态农业的扶持力度。例如，对从事生态农业种植、加工的经营者给予财政贴息、资金补贴等措施，对通过认证的生态食品基地退还认证费用等；加大生态食品的宣传力度，让生态食品能够得到消费者的认可，提高经济效益。

第二，以广泛调查与基层实践（如试点建设、生态农业试验等）为基础，摸索在经济、技术上可行且符合农村实际情况与农民需求的生态文明建设模式。要避免"用政府的思维办农民的事"以及"用城市的思维办农村的事"，如政府未广泛征求农民意见，或是直接沿用城市的环境治理技术解决农村环境问题等。

第三，逐步建立农村生态环境保护财政支出不断增长的长效机制。加大对农村地区生态环境保护、基础设施建设、技术支撑体系、生态补偿、宣传教育等方面的投入；转变以往的补贴方式。政府应将财政支持的重点，从用于治理污染改变为支持使用农家肥、低排放的有机小农，支持循环农业，以恢复农业有机生产的外部激励机制，发挥传统有机小农的成本优势和生态优势。

第四，以填补立法空白为突破口，建立健全农村环境保护监管体制。在此基础上明确各部门权责，促进部门间形成合力以推进环保工作。同时，把农村环境保护和综合整治情况作为领导干部政绩考核的重要内容和干部提拔任用的重要依据，充分发挥其对政绩考核、干部任用的杠杆和导向作用，推动各级干部自觉重视并抓好农村环保工作，以此促进地方领导政绩观、发展观的转变。

（三）实施乡村振兴战略背景农村生态文明建设的主要内容

党的十九大提出，农业农村农民问题是关系国计民生的根本性问题，必须始终把解决好"三农"问题作为全党工作重中之重，"必须树立和践行绿水青山就是金山银山的理念，坚持节约资源和保护环境的基本国策，像对待生命一样对待生态环境，统筹山水林田湖草系统治理，实行最严格的生态环境保护制度，形成绿色发展方式和生活方式，坚定走生产发展、生活富裕、生态良好的文明发展道路，建设美丽中国，为人民创造良好生产生活环境，为全球生态安全作出贡献"。尤其是提出实施乡村振兴战略，"要坚持农业农村优先发展，按照产业兴旺、生态宜居、乡风文明、治理有效、生活富裕的总要求，建立健全城乡融合发展体制机制和政策体系，加快推进农业农村现代化"。党在新的历史阶段提出的新的发展理论确立了农村建设的新目标，表明全面建设社会主义新农村不仅要发展物质文明、精神文明和政治文明，而且要建设农村生态文明。

因此，在实施乡村振兴的战略背景下，加强农村生态文明建设，首先要考虑在生态文明理念下加强农村建设，把人与自然的关系纳入经济社会发展目标中来统一考虑，将资源的接续能力和生态环境的容量作为经济建设的重要依据，推动农村经济社会发展与资源节约环境友好相互推动、相互协调。其次要建立"资源节约型、环境友好型"的现代农业生产方式、生活方式和消费方式，让生态文明的观念落实到农村的企业、家庭和个人。最后要建设良好的农村人口居住生态环境，提升农村和农业的可持续发展能力，转变农业发展方式、优化农业结构，实现农业的优质高产和生态安全的总体目标，走出一条中国特色的农业现代化道路和城乡经济社会融合发展道路。

二、加强农村生态文明建设的意义

当前，我国经济已由高速增长阶段转向高质量发展阶段，正处在转变发展方式、优化经济结构、转换增长动力的攻关期，必须在继续推动发展的基础上，着力解决好发展不平衡不充分问题，大力提升发展质量和效益，更好满足人民在经济、政治、文化、社会、生态等方面日益增长的需要，更好推动人的全面发展、社会全面进步。加强农村生态文明建设，对于建设美丽中国，为人民创造良好生产生活环境，决胜全面建成小康社会，夺取新时代中国特色社会主义伟大胜利具有重大现实意义和深远历史意义。

（一）为改善和保障民生、维护农民环境权益提供了实现途径

我国是一个农业大国，近年来由于工业化、城镇化的高速发展，城市和工业的污染向农村转移，城乡二元体制使有限的环保资源主要被配置在城市、工业，形成环境保护和治理上的城乡二元结构，全国 4 万多个乡镇绝大多数没有环境保护的基础设施，60 多万个行政村绝大多数没有条件治理环境污染，加之农业发展方式依然粗放，耕地大量减少，人口资源环境约束增强，气候变化影响加剧，自然灾害频发，致使我国广大农村生活污染、水源污染、水土流失、土地沙化、生态功能退化等环境恶化。全国尚有 2.5 亿农村居民喝不上干净的水，农村因为环境污染和生态破坏引发的投诉和群体性事件呈上升趋势。广大农民的环境权益受到侵害，严重有悖于"以人为本"和"城乡居民基本公共服务均等化"的要求。加强农村生态文明建设，为维护农民的环境权益，用统筹城乡的思路和办法来改变农村包括环境治理和保护在内的社会事业发展滞后状况，统筹土地利用和城乡规划，合理安排农田保护、村落分布、生态涵养等空间布局，实现城乡经济社会融合发展提供实现

途径。

（二）为破解凸显的食品安全问题找到了出路

国以民为本，民以食为天。农村生态文明建设不仅关系到农村的发展，也直接关系到城市和全社会的发展。不保护好农村生态环境，最终受伤害的不仅是农民，更是全社会所有成员。在我国广大农村，使每年产生的90多亿吨污水任意排放，2.8亿吨生活垃圾随便倾倒。日益凸显的食品安全问题要得到根本的解决，必须要从源头抓起。加强农村生态文明建设，就是要转变传统农业生产方式，建设"资源节约型、环境友好型"现代农业生产体系，以农村生态环境保护为核心，以节地、节水、节肥、节能等提高资源利用效率为重点，通过建设农村"清洁田园、清洁家园、清洁水源"，保证城乡居民的"菜篮子""米袋子"和"水缸子"安全，保证城乡居民拥有干净的水、清新的空气和健康的食品。

（三）为实现农业可持续发展创造了条件

加快推进农业农村现代化，必须大力发展节约型农业、循环农业、生态农业，加强农村生态环境保护；必须延长天然林保护工程实施期限，巩固退耕还林成果，推进退牧还草，开展植树造林，恢复草原生态植被，提高森林覆盖率；必须强化水资源保护推动重点流域和区域水土流失综合防治，加快沙漠化治理，加强自然保护区建设，多渠道筹集森林、草原、水土保护等农村生态效益补偿资金；必须推进农林副产品和废弃物能源化、资源化利用，推广农业节能减排技术，加强农村工业、生活污染和农村水源污染防治。因此，加强农村生态文明建设，坚持"经济生态化、生态经济化"的发展方针，才能实现我国农业的可持续发展和人与自然的和谐发展。

（四）全面建成小康社会的重要途径

当前，农村已然是我们全面建成小康社会进程中的短板，只有加快推进农村生态文明建设，引导农民树立正确的生态观，和谐发展、可持续发展的科学理念，摒弃非环保、不科学的生产生活方式，才能使农村土地资源、水资源、生物资源等得到基本的保护，才能为农村发展留下充足空间。随着经济社会的发展，人们已深刻认识到，生态环境与生产力的发展密切相关，保护和改善生态环境就是发展生产力。与先污染后治理、先破坏后保护的传统思路相比，生态文明建设为人们开辟出一条绿色发展新路，有利于实现"人—自然资源环境—农业"的良性互动。实现全面建成小康社会，必须切实保护生态环境，促进人与自然和谐发展，进而推动农村经济社会发展以及农村全面建成小康社会的实现。

三、农村生态文明建设存在的主要问题

（一）对农村生态发展问题的总体战略性定位缺失

中华人民共和国成立以后，大规模开展工业化建设，农村为城市和工业发展提供了大量原料，而社会管理的城乡二元化结构也逐步形成。改革开放以来，农村经济社会整体得

到快速发展，但在工业化和市场化的刺激下，"资源过度开发、过量使用农药化肥"，乡镇企业无规则排污和城市污染向农村的转移等导致了农村生态环境的急剧恶化。这种"以牺牲结构和资源为代价换取发展"的模式导致农村"发展不足与保护不够"的尴尬境遇。这不仅反映了工业化时代背景下农村生产生活方式的社会转型困境，也反映了国家对农村生态发展问题的总体战略性定位缺失。

农村有不同于城市的生态系统和功能定位。农业的自然属性和农村的散居式生产方式不利于采用城市的管理手段，盲目地模仿工业化发展模式，激进地推动城市化建设，使农村在摧毁已有生产生活方式的同时，新的生产生活方式还没有形成，反而导致农村的不稳定性因素扩散。而城乡一体化建设中市场和公共服务体系的滞后，更加剧了城乡之间同物不同价、同事不同办的差异。蔓延式的小城镇建设，由于违背市场经济规律、以行政命令操作，致使耕地大量被吞噬，垃圾污染快速向农村转移，相应的环境基础设施和队伍保障缺失，无论是城镇还是农村，环境都迅速恶化。因此，不切实际的一体化和单纯的集聚化不能从根本上解决农村生态问题。究其原因，一方面是长期以来已经形成的经济、社会结构性问题、资源禀赋问题的全面爆发；另一方面也反映了在国家总体发展规划和制度设计上，城市和农村、工业和农业、市民与村民之间利益分配的失衡，使农村资源开发利用、环境保护和社会建设都处于弱势地位。

（二）农业生产模式制约与基础设施建设及科技支撑投入不足

首先，超小农生产模式是中国农业污染的一个重要原因。目前，广大农村地区以数量庞大、高度分散、生产规模细小为特征的超小农生产模式，不但对生态环境产生负面影响，而且制约着生态农业的发展。作为农业生产主体，小农户在三十年来的市场化进程中，其经济活动的自主性增强。但作为农业污染主体，由于缺乏技术指导、法律规范等原因，其行为受到的约束性减弱。这是造成中国农业污染问题的原因之一。为实现有限资源下的成本最小和产出最大，小农户们普遍采取大量使用化肥、农药而不是有机化肥、生物防治等方法来提高单位面积产量和抵御病虫害。同时，由于技术服务体系不完善、法治不健全等因素，造成化肥施用不科学、利用率低，农药使用剂量大、毒性高等问题。此外，随着不可降解塑料农膜的大范围使用，农村土壤结构的破坏也愈发严重。这些都使农产品质量下降、土地肥力降低、农业水源污染问题突出。

其次，农村基础设施建设投入严重不足导致农村环境污染问题突出。长期以来，城镇地区的交通、能源、供水、排污、教育、医疗卫生等基础设施建设以及生态环境保护等方面的投入基本由国家财政支付，但是对于地广人多的农村地区，投入却十分有限。而且，有限的资金又分散于多个部门，再加上地方政府配套能力不足，使资金更显匮乏且使用效率低下。目前，很多城市的生活垃圾处理系统、生活污水排放管网已经建成并日趋完善，而广大农村的公共卫生设施却极端缺乏，环境卫生状况处于无管理或半管理状态。当前，农村地区生产、生活污水的排放量，垃圾的数量和种类都在迅速增长，落后的基础设施与日益加大的污染负荷之间的矛盾正日益突出。

最后，缺乏面向农村地区生态经济系统的科技支撑体系。农村地区生态经济系统的科技支撑体系，主要是指农业生产和废弃物处理等方面的技术供给与服务体系。它是连接生态系统和经济系统的中介，对人与自然和谐发展发挥重要作用。但是，当前适用于农村的技术支撑体系存在着不同程度的缺失，相关技术的供给无法满足农民的需求。在农业生产技术的研发环节，科研人员的研究方向与农民实际需求相脱节，或没有考虑农民对技术的承受能力，使研究成果难以应用，影响了农业生产技术的进步；在技术推广环节，缺乏针对小农户分散经营方式的农业技术服务体系，加上政府投入不足，造成基层农技人员下乡积极性较低，使农村技术服务体系的供给严重不足；在农村废弃物处理环节，由于缺少优惠政策、资金投入及社会关注，致使农村环保适用技术的开发和推广薄弱。目前，普遍缺乏农村生活垃圾资源化利用、秸秆综合利用、畜禽粪便综合利用、污染土壤修复等技术，尤其缺少投入、运行费用低、操作维护简便的生活污水处理技术。

（三）农村环保法治体系建设滞后

第一，生态安全保障性法规立法滞后，表现为数量滞后和质量滞后。数量上，除了国家相关政策外，在法律法规中极少对农村生态文明建设事项作出明确规定。质量上，对农村生态文明建设作出规定的纲领性法律法规没有出台，而相关法规也存在"碎片化"情况，农业法、农村经济行政法规比较多，但符合生态文明理念和市场经济要求的法规极少，关于农产品绿色流通、居民生活环境保护、农民权益保障的法律法规欠缺。生态文明建设相关法规修订滞后，难以满足不断深化建设的需要。

第二，在主客观因素影响下，生态执法能力建设不足。农村地域广阔，生产生活区域分散，导致执法过程中普遍存在取证难、认定难的问题；基层执法的设施设备落后，执法主体人员少、依法行政观念薄弱、素质不高，影响执法质量和效率；立法不足，使执行中可塑性太强，自由裁量空间太大，造成法规执行随意性强，对违法企业的处罚力度、执法力度不足，个别地方甚至执法犯法，降低了法规的权威性和实际执法的效果。

（四）农村资源环境管理机制体制不健全

随着城乡收入差距日益拉大，增加农民收入成为农村发展的第一要务，因此，为了一时的经济增量而牺牲环境的行为在各地农村极为普遍。同时，受城市工业化高耗能高收益发展方式的影响，许多农村居民对生态问题的理解还处于无意识状态。在此背景下，生态文明的美好未来还不足以激励广大村民约束自己的行为，切实可行的管理制度才是推动生态文明建设的必要手段。较之城市环境治理成效的凸显，农村环境没有大的改变，其中一个重要原因是当前农村资源环境管理体制难以满足实际需求，规划、管理、治理制度未能跟上生态文明建设本身的进程。

第一，管理体制薄弱。在国家层面，虽然有环保、林业、农业等职能部门积极推进农村生态文明建设，但并未形成综合性决策管理机构，导致各项生态建设政策缺乏统一部署和推进，而基层乡镇规模大小不一，特别是经济欠发展地区，受经费、人员等影响，关于生态文明建设的职能定位不清，并明显存在监管力量不足的问题。以环保系统为例，在省市县三级已经全面设立环保专职机关，在乡一级却未设立专门的环保部门或配备专职工作人员，且设备落后，不利于监管职责的发挥。

第二，组织实施的机制分散。就农村环境治理单项工作而言，发改委支农项目重点支持农业和农村基础设施建设、农村社会事业；农业部开展测土配方施肥、启用沼气、农业综合开发项目；水利部开展农村饮水安全工程；卫计委推行农村改水改厕项目等。由于这些项目都是按照部门职责归属组织实施，因此在管理上就形成了多个部门"齐抓共管"的模式。这一模式的优势是有利于发挥各部门在农村改革和生态文明建设中的作用，但容易导致重复建设、重复投资和监管空白、激励空白。

第三，缺乏长效资金投入机制。农村的生态文明建设，不仅要下大力气进行农业产业结构调整，还需要加强农村基础设施等建设，保障资金投入，进行农村生态环境的综合治理。目前，在我国农村基层政府普遍财力紧张、农民收入不高的情况下，不可能要求农民将"生计资本"投入到生态建设中，因此仅仅依靠基层和农民自给自足式发展是明显不足的。

四、农村生态文明建设的方向

基于中国农村的现实处境，我国农村的生态文明发展应着力突出环境问题，加大生态环境保护力度，改革生态环境监管体制，推动绿色发展，走效益型的发展道路，把绿色产业作为农村经济的发展方向。

（一）发展理念方面

建设生态文明是人类社会行为模式的一次深刻变革，必须转变和更新思想观念。习近平同志指出："把生态文明建设融入经济、政治、文化、社会建设各方面和全过程，协同推进新型工业化、城镇化、信息化、农业现代化和绿色化。"绿色化是以习近平同志为核心的党中央继"四化同步"战略以后确立的新的发展战略，并由此一并成为统筹经济社会和生态系统协调发展的"五化协同"战略。从实践层面看，绿色化是"五位一体"中国特色社会主义建设事业总布局重要组成的生态文明建设治国理念的具体化、可操作化。换言之，绿色化是建设生态文明的重要路径、方法和手段。

因此，必须把绿色化内化为农村生态文明建设的重要路径和重要抓手，以大力发展绿色产业和绿色经济为引领，以实质创新、应用和推广一批绿色核心技术为突破口，以大力发展生态农业，全面构筑现代绿色农业产业发展新体系。

目前，在城市和农村中"重经济轻环境、重速度轻效益、重局部轻整体、重当前轻长远、重利益轻民生"的问题仍然存在，甚至不惜以牺牲生态环境为代价片面追求 GDP 的高速增长。因此，要在各级领导干部和广大群众中深入开展科学发展观和生态文明理念教育，尤其要把生态道德纳入社会运行的公序良俗，切实转变农村中各种不符合科学发展观和生态文明要求的思想观念、发展方式和陈旧习惯。

(二) 资源循环利用方面

农业部、国家发展改革委等六部委印发《关于推进农业废弃物资源化利用试点的方案》的通知，提出农业废弃物资源化利用是农村环境治理的重要内容。强调要围绕解决农村环境脏乱差等突出问题，聚焦畜禽粪污、病死畜禽、农作物秸秆、废旧农膜及废弃农药包装物等五类废弃物，以就地消纳、能量循环、综合利用为主线，采取政府支持、市场运作、社会参与、分步实施的方式，注重县乡村企联动、建管运行结合，着力探索构建农业废弃物资源化利用的有效治理模式。

据农业部、环保部估算，全国每年产生畜禽粪污38亿吨，综合利用率不到60%；每年生猪病死淘汰量约6000万头，集中的专业无害化处理比例不高；每年产生秸秆近9亿吨，未利用的约2亿吨；每年使用农膜200多万吨，当季回收率不足2/3。这些未实现资源化利用无害化处理的农业废弃物量大面广、乱堆乱放、随意焚烧，给城乡生态环境造成了严重影响。但这些废弃物既是造成面源污染的源头，又是农业生态系统的重要养分来源。只有放错了位置的资源，没有不可利用的垃圾。通过秸秆还田、生物质发电、发展沼气等，大量废弃物都可以变为有机肥料和生物质能源，实现废弃物减量化、无害化、资源化，创造经济价值、环境价值和民生价值。应加强政策扶持和引导，鼓励农民使用有机肥，逐步减少化肥使用量；鼓励运用生物技术防治病虫害，减少农药使用量；鼓励废弃物再利用，减少环境污染。这些方面各地已有成熟的经验、做法，应当认真总结，积极推广。

(三) 科技创新与应用方面

第一，有机肥料生产和使用技术的突破。未来我国农业增产，化肥仍然不可或缺，但要逐渐减少用量。重点围绕全国36.6亿吨有机肥资源（农作物秸秆、绿肥、规模化养殖场畜禽粪便和农家肥）的转化利用，组织科研力量攻关，力求在配套技术和设备上有重大突破。

第二，良种培育技术的突破。保护地方特有品种，加强对野生资源的驯化和新品种的培育，不断开发出丰产性好、抗逆性强、适应性广、品质优良的新品种。

第三，新型肥料的开发。针对不同农作物、不同栽培方式，专门研制叶面肥、微量元素肥料、氨基酸肥料、缓控释肥等各种新型肥料，增产增效，减少污染。

第四，生物农药研制技术的突破。随着化学农药的普及，我国传统土农药使用逐渐减少。实际上，土农药采用现代技术开发，不仅灭虫效果好，而且无药害。

第五，污染修复技术的突破。为有效根治环境污染，近年来国内外研制了一系列污染修复技术，包括植物修复、微生物修复以及物理修复、化学修复、生物工程修复技术，或兼而有之的复合型修复技术。这些技术在一定区域内试验、应用，都取得了较好的成效，但目前还没有一种修复技术可以治理各种类型的环境污染。

（四） 总体布局与政策法规倾斜方面

目前，我国18亿亩耕地的农区承担着几乎全部粮棉油的生产任务，所产粮食的40%又要被用来饲养畜禽，而大片山区、草原的开发利用则很不充分，发展草产业、木本粮油产业潜力很大。对此，一些专家学者呼吁"种草养畜，粮草并举，建设大农业"，解决"人畜争粮"矛盾，实现农区、山区、草原平衡协调发展。这一倡议符合我国实际，应当认真研究、规划、实施，由只注重18亿亩农区的"小农业"转变为面向包括山区、牧区、农区在内的100亿亩农用地的"大农业"。

改革开放以来，我国经济社会事业快速发展，成就辉煌。相比之下，城市快于农村、工业快于农业，农业农村发展相对滞后。党中央及时作出了工业反哺农业、城市带动农村、推进城乡一体化的战略决策。在整个扶农强农的政策倾斜中，需要重点支持生态化现代农业农村建设，加快"石油农业"向"生态农业"转化，特别应当加大对农业废弃物综合开发利用、循环农业和绿色有机农业发展以及面源污染治理的扶持。尤其是在政绩考核方面，要按照建设生态化现代农业农村要求，修订单纯考核经济指标、忽视生态环境和社会民生指标的考评标准、办法，加大经济发展质量、生态环境、社会和谐、民生改善方面的权重，使政绩考核对农业农村又好又快发展起到引领、导向、保障作用。

第四节 实施乡村振兴战略背景下的农村生态文明建设路径选择

实施乡村振兴战略，就是要坚持农业农村优先发展，按照产业兴旺、生态宜居、乡风文明、治理有效、生活富裕的总要求，建立健全城乡融合发展体制机制和政策体系，加快推进农业农村现代化。农村生态文明建设是国家生态文明建设的一个重要组成部分，与城市及其他领域的生态文明建设构成一个完整的建设体系。因此，政府作为农村生态文明建设的主导者，应站在全局高度，严格遵循农村发展规律，按照公平公正的原则，在优先保护自然生态环境的基础上，将生态文明理念融入农村政治、经济、文化和社会制度的建设和优化过程中去，推动农业生产、农民生活、农村生态协调发展，实现城乡共同发展。

一、完善顶层设计，统筹规划农村生态发展

所谓顶层设计，就是指政府按照农村生态文明建设的目标，从国家整体发展高度出发，对农村未来发展做出的总体构想和战略设计。

（一） 立足总体战略，确立农村生态文明建设目标

党的十九大提出，2020年，是全面建成小康社会决胜期。要按照全面建成小康社会各项要求，统筹推进经济建设、政治建设、文化建设、社会建设、生态文明建设，实施乡村

振兴战略，按照"产业兴旺、生态宜居、乡风文明、治理有效、生活富裕"的总要求，建立健全城乡融合发展体制机制和政策体系，加快推进农业农村现代化。因此，农村生态文明建设也必须按照这一指导思想，确立正确的建设目标，保证经济、社会、自然与人的协调发展。坚持生态文明发展理念，实现农业农村现代化，就是要实现经济社会的生态化和生态环境的人文化。"经济社会生态化和生态环境人文化"是生态文明建设的理想目标和方式，"经济社会生态化"促使现有的产业结构、技术、组织、消费和社会向低碳、环保转变，是一种适应性转型；"生态环境人文化"则更为贴合农村产业和功能定位。农村生态文明不是工业化背景下的现代化，应发展绿色农业优势和地球生态屏障的功能，按照生态环境空间的特征，将生产生活环境与自然高度融合，以换取大自然人文化的生态发展回报。

（二）注重生态公平，促进农村生态文明建设可持续发展

生态公平是生态文明的重要理论支点和实现方式，其涉及人与自然和人与社会关系的协调解决。从根本上说，生态公平就是人类在利用、保护自然资源方面承担着共同的责任。主体对于自然的开发和补偿应是对等的，谁在资源共享上获益多，谁对自然资源保护责任也越大。在人类实践活动中，由于人的实践方式和效能的不同，对自然界产生的影响也不同，从不同的实践行为的差别和效能出发，来制定生态补偿机制，这是构建生态公平的基础性工作。因此，加强农村生态文明建设，国家要构建生态公平的产业补偿和地区补偿机制，不同的产业对自然的利用、保持及获益程度是不同的。农村生态文明建设不仅要缩小城乡公共服务差距、提高农村居民生活质量、让农村分享城市和工业带来的有益成果，还应避免城乡"生态环境保护的二元化"，公平对待城乡资源开发利用与环境保护问题。按照农业和农村的特点和发展规律，通过经济、政治、社会、技术和文化等现代元素与传统农村文化的整合，形成有利于农村经济与生态可持续化的体制、机制和法制。

（三）科学决策和规划，保证农村生态文明建设的科学化

现代社会发展日新月异，绿色技术、绿色产业发展相继迸发，越来越成为反映一国核心竞争力强弱的重要标志性因素甚至是制约性因素，也必然成为反映一国、一个民族综合国力大小、生产力发展水平高低的重要因素。习近平同志指出："生态文明建设事关中华民族永续发展和'两个一百年'奋斗目标的实现，保护生态环境就是保护生产力，改善生态环境就是发展生产力。"千百年来，人类社会过分强调人类自我改造自然及征服自然的能力，却有意无意地忽略了自然生产力的力量。因此，加强农村生态文明建设，必须克服盲目性和随意性，按照生态文明建设要求，国家总体部署农村资源环境和发展规划。一是划定生态红线，尽快制定科学合理的国土资源开发保护制度，明确城乡资源的开发利用和保护强度，运用市场机制推动实现城乡资源同价交易；开放人口流动机制，实现农村人口与环境承载力的平衡；合理设计城乡发展规划和格局，科学推动城镇化建设。在此基础上，各级政府要根据当地农村硬件基础，合理规划种植养殖区、乡村产业区、农民居住

区，促使农村资源能源有效循环。二是完善生态规划制度，完善国家生态宏观战略性指导意见，鼓励地方特色化发展，科学审核地方生态发展规划，监督规划执行情况，并及时将规划内容上升为法律法规和制度，从而保证规划的延续性和有效性。各地可以根据当地农村特色发展优势产业，打造地域性生态产品及品牌。三是建立政府科学决策和评价制度，形成正确的发展观和政绩观，积极推动公众参与生态文明建设，建立重大问题集体决策制度以及建立专家咨询和社会听证等制度。

二、推进农村法制建设，完善农村生态环境保护监管和治理体系

农村生态文明建设离不开有效保护监管和长期治理，构建保护监管和治理体系是保证农村生态文明建设的根本。

（一）建立完整的农村生态文明建设相关法律法规体系

按照公平公正的原则，国家制定统一的《自然资源保护法》，补充修订《环境保护法》，明确界定城乡资源产权和环境保护制度，强化《农业法》等法律中关于防治农业生态环境破坏的措施。国家各部门应梳理各类与农村发展相关的政策法规，剔除不符合国家生态文明要求和不适应农村生态文明建设的规定，制定统一的农村生态文明建设条例，引导发展生态农业、保护资源环境、普及生态教育等。各级地方政府及相关机构应在各类政策、措施、办法制定过程中融入生态环境保护理念。促进农村经济发展的前提必须是对农村生态环境的保护，只有如此才能保证农村经济的健康可持续发展。

（二）建立高效能的行政执法和监督机制

加强执法队伍建设是提高执法能力的首要条件，要按照农村居住特征，配备流动或固定的行政执法和公共服务机构和人员，加强基层执法设施设备。细化执法标准和程序，提高执法权威性。健全农村生态环境监管制度，扩大监管范围，加大监测检查频率，强化监管队伍的执法力度，真正做到防患于未然。同时，要完善执法监督机制。公众监督、行政监督和司法监督是建设生态文明的重要监督途径。农村生态文明建设需要严格司法形成强大的生态法律的社会威慑力，推动执法的公平正义。

（三）完善农村生态文明建设治理体系

围绕中央提出的"完善党委领导、政府负责、社会协同、公众参与的社会管理格局"，地方政府应强化行政的公共服务职能，发挥基层自治组织、协会等社会主体的作用，完善农村生态文明建设治理体系。

1. 完善行政管理体制机制

按照生态文明的要求，行政部门应以社会公共利益维护者的身份，为广大农村居民提供便利的公共服务，并依法履行监督管理和行政执法职责。在国家层面上，要在厘清职责的基础上建立推动农村生态文明建设的协调机制，将各部门生态投资和配套措施集中投放，充分发挥部门"齐抓共管"的合力。在基层组织机构建设上，采用行政和自治相结合

的方式，建立县、乡镇、村和村小组四级生态环保工作机构和人员配置，推动农村资源和生态建设目标的实现。

2. 提升资源环境管理和保护能力，构建双向的实施机制

在相对传统和封闭的农村地区，要通过自上而下的资源环境管理制度将科学发展理念和现代管理方式传播进去，有效遏制生态破坏行为；同时，要构建自下而上的居民自治为主的管理制度，通过发挥市场的激励作用，推进生态文明建设。

3. 建立生态建设的长效投入机制

农村生态文明建设能否长久保持，在很大程度上取决于是否形成了由政府和社会各方共同参与的长效投入机制。国家加大农村生态投入，不仅是建设生态文明的要求，而且也是城乡公平发展的重要内容。因此，科学制定资金投入标准，固定国家财政投入、省级财政补贴、地方配套和农民自筹，并通过吸引社会和其他组织融资、贷款等方式，以直接的资金投入机制、间接的生态技术支持为农村生态文明建设谋取长效发展之道。

三、加大农村环境保护基础设施建设，形成农村生态文明建设参与制度

（一）加大农村环境保护基础设施建设

农村环境保护基础设施建设是农村生态文明建设的基石。第一，政府要进一步加大农村环境保护基础设施建设的资金投入，加强监管，让政府资金真正用于农村环境保护基础设施建设。第二，扩宽融资渠道，引入社会资本进入农村环境保护基础设施建设，尤其是吸纳农村当地的厂矿企业资金进入其中。第三，地方政府应给予农村环境保护基础设施建设一定的优惠政策和措施，同时对于在生产生活过程中主动修建污水处理、废气处理、垃圾回收处理等基础设施的农村集体、农村厂矿企业等，在一定条件下给予补偿或有偿转让等措施或办法。

（二）推广农业新科技发展生态农业

推进农村生态文明建设必须要发展农业新科技。第一，农业科技部门应主动适应各地农民需求推广农业新科技，长期开展农业科技服务活动，推动农业科技下乡下田，让农民掌握最新农业科技知识和技能，提高化肥和农药的利用率，提升农业灌溉率。第二，农业科技人员应鼓励农民发展生态农业，经过科技人员讲解和田间试验让农民接受并发展生态农业，真正从源头上推进农村生态文明建设。

（三）加强农村生态文明建设教育

从文化的角度看，乡村是农业文明的产物，工业化集中高消耗的发展方式本身不符合农村发展规律。然而抵制和克服工业文明带来的物质主义、病态消费主义和唯 GDP 主义等负面影响，保护农村美丽的自然风貌和完整的生态功能，需要乡村全覆盖的生态技术和生态知识普及教育制度。具体包括对基层领导干部生态价值观教育、企业组织的生态社会

责任观教育和农村居民的生态健康观教育，促使领导干部形成正确的政绩观，培育村民和企业组织的优美自然环境的自豪感。同时，要注意汲取中国五千年传统文明精华，充分挖掘寻求乡村本土的公共秩序和善良风俗与生态文明理念的契合点，催生新型农村生态化"公序良俗"。

（四）提升农民生态文明意识

农民是农村生态文明建设的重要成员，提升农民生态文明意识是推动农民生态文明建设的重要环节。第一，农村基层工作人员作为带头人要深入群众中进行生态环境保护教育。第二，通过电视广播、墙报、文艺演出等活动形式加强生态环境保护宣传。第三，要充分利用新媒体进行多渠道宣传，通过手机微信、网络平台等制作微知识、微动漫进行生态文明知识宣传，使生态环境保护意识逐步提升。第四，在教育和宣传的基础上，完善村民自治委员会制度，鼓励农业协会等组织积极参与本地生态建设决策过程，为广大村民参与生态文明建设开拓渠道，通过制定村规民约、聘请义务监督员等方法，普及生态化的生产生活方式，加强监督管理，推动农村生态文明建设不断发展。

参 考 文 献

[1] 刘汉成，夏亚华著. 乡村振兴战略的理论与实践［M］. 北京：中国经济出版
社. 2019.

[2] 温铁军，张孝德主编. 乡村振兴十人谈乡村振兴战略深度解读［M］. 南昌：江
西教育出版社. 2018.

[3] 刘奇著. 乡村振兴，三农走进新时代［M］. 北京：中国发展出版社. 2019.

[4] 苟文峰等著. 乡村振兴的理论、政策与实践研究［M］. 北京：中国经济出版
社. 2019.

[5] 蔡竞主编. 产业兴旺与乡村振兴战略研究［M］. 成都：四川人民出版社. 2018.

[6] 胡登峰，潘燕等著. 安徽乡村振兴战略研究报告2018版［M］. 合肥：合肥工业
大学出版社. 2018.

[7] 陈俊红. 北京推进实施乡村振兴战略的对策研究［M］. 北京：中国经济出版
社. 2019.

[8] 张禧，毛平，赵晓霞著. 乡村振兴战略背景下的农村社会发展研究［M］. 成都：
西南交通大学出版社. 2018.

[9] 史文静主编. 乡村振兴宁波农村文明示范线创建记录［M］. 杭州：浙江大学出
版社. 2018.

[10] 巢洋，范凯业，王悦著. 乡村振兴战略重构新农业重构适合中国国情的农业
"产融五阶"体系［M］. 北京：中国经济出版社. 2019.

[11] 倪锦丽著. 吉林省农村一二三产业融合发展研究［M］. 长春：吉林人民出版
社. 2019.

[12] 刘奇著. 乡村振兴［M］. 北京：中国农业出版社. 2020.

[13] 乡村振兴规划实践［M］. 昆明：云南科技出版社. 2020.

[14] 张晓山著. 乡村振兴战略［M］. 广州：广东经济出版社. 2020.

[15] 林树恒编著；赵刚责编. 广西乡村振兴报告［M］. 北京：中国农业出版社. 2020.

[16] 万俊毅编著；赵刚责编；温思美，谭砚文总主编. 中心城市的乡村振兴［M］.
北京：中国农业出版社. 2020.

[17] 梁爽编著. 体验乡村振兴［M］. 北京：经济科学出版社. 2020.

[18] 张孝德著. 与官员谈乡村振兴［M］. 北京：中共中央党校出版社. 2019.

[19] 王有强主编. 协同推进乡村振兴［M］. 北京：清华大学出版社. 2019.

［20］马欣著. 乡村治理与乡村振兴研究［M］. 北京：现代出版社. 2020.

［21］张顺喜. 扎实推进乡村振兴［M］. 中国言实出版社. 2019.

［22］陈放，韩纪升主编. 乡村振兴创意田园［M］. 北京：中国农业出版社. 2019.

［23］沈欣. 乡村振兴农道方案［M］. 合肥：中国科学技术大学出版社. 2019.

［24］胡振兴，李永强，张丹丹编；闫庆健，王惟萍责编. 乡村振兴战略简明读本［M］. 北京：中国农业科学技术出版社. 2020.

［25］肖金成编著. 中国乡村振兴新动力［M］. 北京：中国农业出版社. 2020.

［26］王红霞著. 文化扶贫与乡村振兴［M］. 哈尔滨：黑龙江教育出版社. 2018.

［27］沈晔冰编著. 文化产业与乡村振兴［M］. 杭州：浙江教育出版社. 2018.

［28］陈勇，唐洪兵，毛久银编著. 乡村振兴战略［M］. 北京：中国农业科学技术出版社. 2018.

［29］姜长云等著. 乡村振兴战略［M］. 北京：中国财政经济出版社出版社. 2018.

［30］王鑫著. 乡村振兴与农村一二三产业融合发展［M］. 北京：中国农业科学技术出版社. 2020.

［31］周应恒著. 江苏乡村振兴战略研究［M］. 北京：经济管理出版社. 2020.

［32］侯秀芳，王栋，王慧编. 乡村振兴战略下村镇空间优化与农村产业发展研究［M］. 青岛：中国海洋大学出版社. 2020.

［33］史安静主编. 乡村振兴战略简明读本［M］. 北京：中国农业科学技术出版社. 2019.

［34］桂拉旦编著. 旅游扶贫与乡村振兴研究［M］. 北京：经济科学出版社. 2019.